Singin' in the Rain

Waxmann Verlag GmbH
Steinfurter Straße 555, 48159 Münster
info@waxmann.com

Populäre Kultur und Musik

Herausgegeben von Michael Fischer
im Auftrag des Zentrums für Populäre Kultur und Musik
der Universität Freiburg
und Nils Grosch im Auftrag der Universität Salzburg

Band 12

Waxmann 2014
Münster · New York

Joachim Brügge, Nils Grosch (Hrsg.)

Singin' in the Rain

Kulturgeschichte eines
Hollywood-Musical-Klassikers

Waxmann 2014
Münster · New York

Gedruckt mit Unterstützung
der Stiftungs- und Förderungsgesellschaft der Paris-Lodron-Universität Salzburg sowie
der Universität Mozarteum Salzburg

Bibliografische Informationen der Deutschen Nationalbibliothek

Die Deutsche Nationalbibliothek verzeichnet diese Publikation in der
Deutschen Nationalbibliografie; detaillierte bibliografische Daten sind
im Internet über http://dnb.d-nb.de abrufbar.

Populäre Kultur und Musik, Bd. 12

Print-ISBN 978-3-8309-3009-9
E-Book-ISBN 978-3-8309-8009-4
ISSN 1869-8417

© Waxmann Verlag GmbH, Münster 2014

www.waxmann.com
info@waxmann.com

Umschlaggestaltung: Pleßmann Design, Ascheberg
Umschlagabbildung: © moodboard Premium / fotolia.com
Gedruckt auf alterungsbeständigem Papier, säurefrei gemäß ISO 9706

Printed in Germany

Inhalt

Vorwort

Der vorliegende Sammelband ist das Ergebnis eines wissenschaftlichen Symposiums, das im Juli 2013 in Salzburg stattfand. Der Gedanke zu einer wissenschaftlichen Veranstaltung über *Singin' in the Rain* entstand aus unseren Gesprächen zum Musical, dem unser gemeinsames Interesse gilt. Der interdisziplinäre Forschungsschwerpunkt Populäres Musiktheater soll in den kommenden Jahren in Salzburg weiterhin ausgebaut werden.

Der von der Paris-Lodron-Universität Salzburg und der Universität Mozarteum Salzburg gemeinsam getragene Schwerpunkt Wissenschaft & Kunst erwies sich als idealer Rahmen für die Durchführung einer solchen interdisziplinären Veranstaltung. Beiden Universitäten sowie der Stiftungs- und Förderungsgesellschaft der Paris-Lodron-Universität Salzburg danken wir für die Unterstützung der Drucklegung.

Joachim Brügge und Nils Grosch, Salzburg im Dezember 2013

Nils Grosch, Jonas Menze

Anmerkungen zur musikalischen Dramaturgie und Struktur von *Singin' in the Rain*

Von wem ist *Singin' in the Rain*?
Intertexte, Selbst-Reflexivität und Autorschaft

> »there is no such thing as an auteur in the musical film… I am not an auteur, and nobody else is an auteur who makes a film. It takes a lot of people, a lot of co-operation«. (Gene Kelly)[1]

In der Wahrnehmung von *Singin' in the Rain* als ein Gene-Kelly-Film mag man eben jene »klassifikatorische Funktion« des Autorenbegriffs sehen, deren Konstruktion Michel Foucault erst durch den Umgang mit Texten legitimiert gesehen hat.[2] Zugleich wäre (mit John Fiske) anzumerken, dass es sich bei einem Film wie *Singin' in the Rain* um eine populäre Textur *sui generis* und somit eine graduell andere Autorenfunktion als der von Foucault verhandelten Autoren-Texte handelt, denn:

> In der Tat ist die Verehrung des Autoren-Künstlers ein notwendiges Korrelativ zu der Verehrung des Textes. In der Populärkultur ist das Objekt der Verehrung aber weniger der Text oder der Künstler, sondern eher der Darsteller – und dieser Darsteller, wie beispielsweise Madonna, existiert nur intertextuell.[3]

Es mag von daher müßig erscheinen, die Autoren von *Singin' in the Rain* ausmachen zu wollen – im Sinne der Auteur-Theorie, in deren Fokus auch Kelly aufgrund seiner Betätigung als Regisseur, Choreograph und Hauptdarsteller geriet.[4] Dennoch ist das Kollektiv, organisatorisch gebündelt in der sogenannten Freed-Unit bei Metro-Goldwyn-Mayer (MGM), dessen kreative Produktivkraft hinter dem Film steht, wichtig für das Verständnis des dramaturgischen Funktionierens

---

1   Gene Kelly zit. nach Parkinson, David: *Dancing in the Streets*. In: *Sight and Sound* 3/1 (1993), S. 30–33, hier: S. 33.

2   Vgl. Foucault, Michel: *Was ist ein Autor?* In: *Texte zur Theorie der Autorschaft*. Hg. von Fotis Jannidis u.a., Stuttgart 2000, S. 198–229, hier: S. 210.

3   Fiske, John: *Populäre Texte, Sprache und Alltagskultur*. In: *Grundlagentexte zur sozialwissenschaftlichen Medienkritik*. Hg. von Marcus S. Kleiner. Wiesbaden 2010, S. 438–454, hier: S. 452.

4   Vgl. Wollen, Peter: *Singin' in the Rain*. London 1992, S. 52f.

und der Struktur. Dabei geben die sogenannten »Credits«, die in Relation mit Honorar- und Tantiemenregelungen stehen, nur eine formalisierte Auskunft, die »klassifikatorischen Funktionen« (Foucault) Rechnung trägt. Über die kreativen Hintergründe können (und wollen) sie keine Auskunft geben. Die Differenzierung – jenseits der Frage nach »Urhebern« – ergibt sich letztlich aus der Produktionsgeschichte und erweist sich auch als entscheidend für das Verständnis der intertextuellen Aussagestruktur und Dramaturgie des Films.

MGM-Produzent Arthur Freed beauftragte die Autoren Betty Comden und Adolph Green 1950 mit dem Schreiben eines Drehbuchs für ein Musical, das *Singin' in the Rain* heißen und auf dem Katalog der Songs beruhen sollte, die Freed zusammen mit dem Komponisten Nacio Herb Brown in den 1920er und 1930er Jahren geschrieben hatte.[5] Einige der verwendeten Songs aus dem Freed/Brown-Katalog waren bereits mehrfach in MGM-Produktionen aufgetaucht und dadurch zu populären Klassikern geworden.[6] Mit *Make 'Em Laugh* (ebenfalls von Freed und Brown) und *Moses Supposes* (Text: Comden und Green; Musik: Roger Edens) entstanden zudem zwei originäre Songs. Darüber hinaus wurde der Song *Fit As A Fiddle* integriert, der von Al Hoffman und Al Goodhart für den Film *College Coach* (1932) komponiert worden, jedoch dem Schnitt der Kinofassung zum Opfer gefallen war.[7]

Der Titel *Make 'Em Laugh* verweist in vieler Hinsicht auf den als Muster zugrunde gelegten *Be A Clown* von Cole Porter, einen Song aus dem MGM-Musical *The Pirate* von 1948 – ebenfalls von Arthur Freed produziert und mit Gene Kelly in der Hauptrolle besetzt. Laut Regisseur Stanley Donen fehlte im Freed/Brown-Katalog eine passende Solo-Nummer für den Cosmo-Darsteller Donald O'Connor, in der dieser seine artistisch-komödiantischen Fähigkeiten präsentieren konnte. Folgt man der Darstellung der Geschehnisse von Earl J. Hess und Pratibha A. Dabholkar, nahm Freed den Wunsch nach einem Song im Stile von *Be A Clown* etwas zu wörtlich. Donen wertet den Song als hundertprozentiges Plagiat.[8] Musikdrama-

---

5   Vgl. Robinson, Alice M.: *Betty Comden and Adolph Green. A bio-bibliography*. Westport 1994, S. 17.

6   Der Film wurde hiermit auch beworben. So hieß es im Filmtrailer: »The SONGS you LIKE! The EXCITEMENT you EXPECT«; der Trailer ist enthalten auf der Doppel-DVD *singin' in the Rain Two-Disc Special Edition*, Turner 2002, DVD 1, 3'26-3'31.

7   Vgl. Fordin, Hugh: *M-G-M's Greatest Musicals. The Arthur Freed Unit*. New York 1996, S. 558–562; Flügel, Trixi Maraile: *Das Musical im Rahmen des klassischen Hollywood-Kinos*. Alfeld/Leine 1997, S. 104. Motivisch ist der Song durch die Textzeile »I'm ready for love« mit dem Titelsong von *Singin' in the Rain* verbunden.

8   Vgl. Hess, Earl J. & Dabholkar, Pratibha A.: *Singin' in the Rain. The making of an American Masterpiece*. Lawrence 2009, S. 72.

turgisch ist aber zugleich seine Funktion als zitathaftes Pastiche mit intertextueller Verweisfunktion evident.[9]

In den Film-Credits werden Comden und Green als Autoren des Drehbuchs genannt, mit dem Hinweis »Suggested by the Song ›Singin' in the Rain‹«, womit indirekt Freeds Beitrag zur Handlung in Form seiner Songtexte gewürdigt wird. Für die Songtexte erhält Freed die alleinigen Credits, für die Musik allein Nacio Herb Brown. Der Beitrag von Comden und Green sowie Hoffman und Goodhart zu den Songtexten wird nicht genannt, ebenso wenig Roger Edens als Komponist des Songs *Moses Supposes*.

Es ist jedoch davon auszugehen, dass Edens gerade auch bei der musikalischen Dramaturgie und Konzeption des Films eine zentrale Rolle gespielt hat. Der in den Credits als Komponist der Filmmusik genannte Nacio Herb Brown war an der kompositorischen Durchführung des Films selbst offenbar nicht aktiv beteiligt. Mit Arthur Freeds Aufstieg zum Produzenten bei MGM war seine kreative Zusammenarbeit mit Brown zu Ende gegangen und dieser zog sich bis Ende der 1940er Jahre aus dem Showbusiness zurück.[10] Eine kreative Beteiligung Browns am Produktionsprozess von *Singin' in the Rain* ist – abgesehen von der umstrittenen Musik zu *Make 'Em Laugh* – nicht dokumentiert und erscheint somit unwahrscheinlich. Die zahlreichen Underscores und die im Hinblick auf die für die Choreographie komponierten Instrumentalabsätze gehen vermutlich zum überwiegenden Teil auf Edens zurück. Dieser war auch vom ersten Moment an in den Produktionsprozess involviert und unterstütze Comden und Green bereits bei der Auswahl der Songs.[11] Zudem erforderte die enge Verknüpfung von Musik und Choreographie während des Produktionsprozesses eine detaillierte Abstimmung zwischen Choreographie, Regie und Arrangements. Edens erfüllte eine Vielzahl unterschiedlicher Aufgaben in der Freed-Unit, vom Arrangeur bis zum ausführenden Produzenten[12], und war in der Produktion von *Singin' in the Rain* u. a. dafür verantwortlich, die Musik nach den Vorgaben der Choreografen-Regisseure einzurichten.[13] Sein Anteil an *Singin' in the Rain* reichte somit in mehrfacher Hinsicht in den Kompetenzbereich des Komponierens hinein, ohne dass er als Komponist genannt wird. Offenbar sollte die Instanz des Komponisten bei der Herstellung des Films explizit ausgespart werden und somit den präexistenten Songs von Freed und Brown vorbehalten bleiben. Neben den an der Choreographie ausgerichteten Arrangements finden sich vielfach *Mickey Mousing*-Effekte in der Orchestrierung (beispielsweise als akustische Untermalung zweier gespannter Gummibänder in *Fit*

---

9   Es ist davon auszugehen, dass die Rechte an *Be A Clown* ebenfalls bei MGM lagen.

10   Vgl. Hess & Dabholkar: *Singin' in the Rain*, S. 2ff.

11   Vgl. Hirschhorn, Clive: *Gene Kelly. A Biography*. London 1974, S. 206f.

12   Vgl. Hess & Dabholkar: *Singin' in the Rain*, S. 9.

13   Vgl. Wollen: *Singin' in the Rain*. London 1992, S. 28f.

As A Fiddle oder der zu Saiteninstrumenten umfunktionierten Regenmäntel in *Good Morning*), welche die strukturelle Integration von Musik und Choreographie stützen.[14]

Schließlich wurde ironischerweise nicht nur in der Filmhandlung, sondern auch bei der Produktion des Films auf eine »versteckte« Synchronisation der Darsteller zurückgegriffen: Debbie Reynolds Sprechstimme wurde in den Szenen, in denen sie Jean Hagen synchronisiert, von Jean Hagen selbst gesprochen.[15] Bei *Would You?* hingegen wird Reynolds wiederum von der Sängerin Betty Noyes synchronisiert, die für ihre Arbeit keine Film-Credits erhielt und in den verschiedenen Publikationen zu *Singin' in the Rain* gelegentlich als Betty Royce identifiziert wird.[16] Hier macht sich *Singin' in the Rain* mit dem Verschweigen eines künstlerischen Beitrages erneut gerade des Vergehens schuldig, das im Film am Beispiel der fehlenden Nennung Kathy Seldens kritisiert wird.

Darüber hinaus lässt sich eine weitere Parallele zwischen der Handlung des Films und seinem eigenen Produktionsprozess ziehen. So handelt es sich in beiden Fällen um einen Film im Film, dessen Rahmenhandlung aufgrund seiner Produktionsumstände um eine Auswahl von *musical numbers* herum konstruiert wird.[17] Intertextuelle und selbstreferenzielle Verweise spielen in diesem Wirkungsgefüge eine zentrale Rolle.[18] Die im Folgenden skizzierten intertextuellen Bezüge erfolgen keinesfalls ausschließlich unter dem Vorzeichen ausdrücklich ausgewiesener Zitate mit eindeutig indentifizierbaren Prätexten, sondern vielfach in Form ästhetischer Anspielungen auf spezifische Gattungstraditionen, die systemreferenzielle Züge annehmen[19] und hierdurch die musikalische Dramaturgie und Rezeption des Films prägen.

Bereits die Konzeption von *Singin' in the Rain* um ein Repertoire bekannter, teilweise über zwei Jahrzehnte alter Songs herum – »eine Anthologie von Selbstzita-

---

14 Die Credits für die Orchestrierung erhielten Conrad Salinger, Wally Heglin und Skip Martin; die Vokalarrangements werden Jeff Alexander zugeschrieben.

15 Vgl. Card, James: *»More Than Meets The Eye« in Singin' in the Rain and Day for Night*. In: *Literature/Film Quarterly 12/2* (1984), S. 87–95, hier: S. 92.

16 Vgl. Flügel: *Das Musical im Rahmen des klassischen Hollywood-Kinos*, S. 125.

17 Vgl. Chumo II, Peter N.: *Dance, Flexibility, and the Renewal of Genre in Singin' in the Rain*. In: *Cinema Journal 36/1* (1996), S. 39–54, hier: S. 44.

18 Dem hier verwendeten Intertextualitätsbegriff liegt ein weites Verständnis von Texten zugrunde, nach dem sich auch Filme als kohärente kulturelle Artikulationen und damit als Texte fassen lassen; vgl. Hickethier, Knut: *Einführung in die Medienwissenschaft*. Stuttgart & Weimar 2003, S. 106ff.

19 Vgl. Pfister, Manfred: *Konzepte der Intertextualität*. In: *Intertextualität. Formen, Funktionen, anglistische Fallstudien*. Hg. von Ulrich Broich und Manfred Pfister. Tübingen 1985, S. 1–30, hier: S. 17ff.

ten«, wie Robert Stam zutreffend kommentiert hat[20] – schafft die Grundlage für die außerordentliche Selbstreflexivität sowie Strukturiertheit um ein Netz intertextueller Referenzen, die die Struktur und Dramaturgie des Films maßgeblich prägen. Die Blütezeit des Filmmusicals war bereits vorüber. Die Songs von Freed und Brown waren stilistisch hingegen noch fest in seiner Tradition verankert. Comden und Green griffen diesen Umstand in ihrem Drehbuch auf und spielten damit, indem sie den Film als Backstage- bzw. Show-Musical konzipierten, die Handlung in das Jahr 1927 zurückverlegten und den Umbruch vom Stumm- zum Tonfilm und explizit den Wirbel um die Premiere des Films *The Jazz Singer* (1927) zum Auslöser machten. Der Einsatz von stilistisch »alten« Songs wird dadurch legitimiert und der Rahmen für eine diegetische Integration der Stücke vorbereitet. Der Medienwandel durch die Entwicklung des Tonfilms und die daraus resultierenden Probleme der Filmstudios und ihrer Künstler dominieren den zentralen Handlungsstrang des Films.[21] Explizit wird dabei auch die Rolle des Musical-Films reflektiert: Mit *The Jazz Singer* und dem fiktiven *The Dancing Cavalier* wird sowohl die Überlegenheit des Tonfilms gegenüber dem Stummfilm als auch des Musicals gegenüber dem Spielfilm zelebriert. Die Produktionsgeschichte bereitet somit den Boden für die selbstreferenzielle und intertextuelle Backstage-Story des Films.

Die Integration bekannter Songs in einen neuen Kontext kaschiert die Herkunft dieser Songs nicht, sondern markiert deutlich die impliziten intertextuellen Verweise auf ihre Vorgeschichte innerhalb der MGM-Produktionen: »*Singin' in the Rain* traces the history of MGM musicals.«[22] Damit wurden beim zeitgenössischen Kinopublikum Assoziationen an die Blütezeit des Filmmusicals sowie der Musical Comedy am Broadway hervorgerufen. Auch im neuen Kontext ging insbesondere durch entsprechende Zitate in Ausstattung und Choreographie der ursprüngliche Wirkungszusammenhang der Songs nicht verloren. Ganz im Gegenteil entfaltet *Singin' in the Rain* sein volles Potenzial für den Zuschauer erst bei Kenntnis seiner stilprägenden Vorgänger.

In der Fülle an intertextuellen Verweisen des Films, insbesondere in den Bezügen zu Genres und Stilen des Musiktheaters (und des Musikfilms)[23] sowie in der selbstbewussten Inszenierung eigener Produktionsroutinen und -technologien erweist sich gleichzeitig das selbstreflexive Potenzial von *Singin' in the Rain*. »Self-

---

20   Stam, Robert: *Reflexivity in Film and Literature. From Don Quixote to Jean-Luc Godard.* New York 1992, S. 91.

21   »*Singin' in the Rain* revels in its own intertextuality in what Kelly himself called a ›conglomeration of bits of movie lore‹«, ebd., S. 91.

22   Mast, Gerald: *Can't help singin'. The American musical on stage and screen.* Woodstock 1987, S. 260.

23   Vgl. hierzu auch Card, James: »*More Than Meets The Eye*« in Singin' in the Rain and Day for Night. In: *Literature/Film Quarterly* 12/2 (1984), S. 87–95.

reflectivity as a critical category has been associated with films [...] which call attention to the codes constituting their own signifying practices.«[24]

Die Selbst-Reflexivität von *Singin' in the Rain* beginnt bereits mit dem Auftritt Gene Kellys, Debbie Reynolds' und Donald O'Connors im Vorspann: Sie haben zu diesem Zeitpunkt noch keine Rollenidentität angenommen, nur ihre eigenen Namen wurden eingeblendet. Sie adressieren das Publikum direkt mit *Singin' in the Rain*, wodurch der Rahmen für einen *Musical*-Film, in dem die Handlung durch Songs unterbrochen werden kann, explizit gesteckt wird. Gleichzeitig schlagen sie durch ihre Kostüme eine direkte Brücke zur Produktion des Songs in dem MGM-Film *The Hollywood Revue of 1929*.[25]

Diese Rahmung wird schließlich durch die letzte Szene bestätigt, in der Don und Kathy zusammen vor einem Filmplakat für den Film *Singin' in the Rain* (mit Don Lockwood und Kathy Selden in den Hauptrollen) zu sehen sind: Der vorangegangene Film wird hierdurch als »Auftritt« markiert[26] und eine Brücke zwischen den Protagonisten sowie dem fiktionalen Publikum des Films und dem reellen Filmpublikum geschlagen.[27]

Die Darstellung der Film- und Tontechnik und die mit der Umstellung auf den Tonfilm verbundenen technischen Pannen beruhen zu einem großen Teil auf reellen Begebenheiten.[28] Comden und Green hatten die Umstellung auf den Tonfilm selbst miterlebt und kannten die mit dieser Zeit verbundenen Anekdoten, wie beispielsweise die Geschichte John Gilberts, dessen Stummfilmkarriere endete, nachdem er in einem Tonfilm improvisiert und permanent die Textzeile »I love you« wiederholt hatte.[29] Somit ist die im Film pointiert inszenierte Darstellung der Herausforderungen an die Studios durch das Aufkommen des Tonfilms sowie ihr Einfluss auf die Bedeutung des Musical-Films in ihrem Kern historisch reflexiv.

Doch nicht nur der Wandel der technischen Determinanten der Filmproduktion und infolgedessen auch der verschiedenen Filmgattungen wird selbstreflexiv inszeniert. Auch die Entwicklung der Bühnen-Vorläufer des Film-Musicals und seiner Choreographien werden in *Singin' in the Rain* in einer zentralen Systemrefe-

---

24 Feuer, Jane: *The Self-Reflexive Musical and the Myth of Entertainment*. In: *Film Genre Reader*. Hg. von Barry Keith Grant. Austin 1986, S. 329–343, hier: S. 342.

25 Vgl. Flügel: *Das Musical im Rahmen des klassischen Hollywood-Kinos*, S. 105.

26 Vgl. ebd., S. 129.

27 Vgl. Feuer: *The Self-Reflexive Musical and the Myth of Entertainment*, S. 329–343, hier: S. 336.

28 Vgl. Flügel: *Das Musical im Rahmen des klassischen Hollywood-Kinos*, S. 118; Hirschhorn, Clive: *Gene Kelly. A Biography*. London 1974, S. 211f.

29 Vgl. Robinson, Alice M.: *Betty Comden and Adolph Green. A bio-bibliography*. Westport 1994, S. 17f.

renz aufgegriffen. Die *Gotta-Dance*-Sequenz ist für Carol J. Clover ein »genealogischer Herkunftsnachweis«[30], der auf die Entertainment-Tradition am Broadway zurückverweist. Die Szene erzählt im Schnelldurchlauf das Klischee des Aufstiegs eines Tänzers vom Hausieren an den Türen der Produzenten über Engagements in Burlesque und Varieté bis hin zu den Follies.[31] Somit kehrt der Film die Herkunft seines Stils, der darin affirmativ (und keineswegs gebrochen) verwendeten Darstellungsmittel historisch gewordener Theatergattungen (Vaudeville, Revue, Musical Comedy) und seiner theatralischen und filmischen Elemente nach außen, vernetzt auf dramaturgischer Ebene Inhalt (Handlungszeit) und Form (Gestaltung) und macht zugleich diese Vernetzung offensichtlich.

Hierdurch rückt in besonderem Maße die Integration von Musik und Tanz als auf der einen Seite zentrale Herausforderung des Musical-Films und auf der anderen Seite als stilprägendes Element der musikalischen Dramaturgie populärer Musiktheatergattungen in den Blickpunkt.

Exkurs: *Rain on the Roof*

In einer geschichteten historisierenden Verweisdramaturgie tritt uns 1971, in Stephen Sondheims Musical *Follies,* das damals schon zwei Jahrzehnte alte Hollywoodmusical *Singin' in the Rain*, in Form eines durchbrochenen und zeitlich gespiegelten Pastiches entgegen. Aber als was wird *Singin' in the Rain* herbeizitiert, zu was wird es durch die Brille der 1970er Jahre?

Zunächst zu den Lyrics: Ein plötzlicher Regen zwingt ein junges Paar Unterschlupf zu nehmen, was ihnen die Möglichkeit des intimen Beisammenseins gibt, das ihnen offenbar unter anderen Umständen nicht erlaubt ist. Der Regen wird somit als Liebesgarant besungen. Damit ist schon die entscheidende Verbindung zur *Singin'-in-the-Rain*-Thematik, genauer gesagt zum Song *Singin' in the Rain* von 1927, gegeben. Indes: Das singende Paar ist kein junges Paar. Emily und Theodore Whitman – so die Namen der Rollen in Sondheims Show – sind laut Charakterisierung der Rollen im Libretto »a tiny, bright, papery couple in their seventies«.[32]

Zur Musik: Die *popular song form* (die am Broadway des frühen 20. Jahrhunderts etablierte Form des populären Theaterliedes: AABA) mit ihrem bouncigen Musikstil im gemäßigten Quickstep (Halbe = 100) und die interpolierten, schnell in den rhythmischen Fluss auf querstehenden Taktpunkten (T. 29: 4 – T. 30: 3 – T. 31: 1 –

---

30 Vgl. Clover, Carol J.: *Dancin' in the Rain*. In: *Singen und Tanzen im Film*. Hg. von Andrea Pollach. Wien 2003, S. 187–212, hier: S. 193.
31 Vgl. Hirschhorn: *Gene Kelly. A Biography*, S. 218.
32 Goldman, James & Sondheim, Stephen: *Follies: A Musical*. New York [o.J.], S. 28.

T. 36: 1, 2) rhythmisch platzierten Küsse, die als sublimierte Step-Schritte interpretiert werden können[33] – all dies verweist indes eher auf den Revuestil der 1920er und 1930er Jahre als den Theaterstil der 1950er Jahre – was zudem mit dem Titel des Werkes »Follies« korrespondiert. So schieben sich in dieser *Singin' in the Rain*-Assoziation zwei theatergeschichtliche Stile und dramatische Genres in bemerkenswerter Verwobenheit übereinander. Beide Ebenen wurden in der Besetzung einer konzertanten Aufführung von *Follies* nochmals besonders sprechend verkörpert, die 1985 am Lincoln Center in New York gezeigt wurde.[34] Hier traten in den Rollen von Emily und Theodore Betty Comden und Adolph Green auf. Comden und Green (Jahrgang 1917 resp. 1914) waren in der US-amerikanischen Theaterlandschaft in beiden Genres und in zwei Tätigkeitsfeldern Stars gewesen: Zunächst hatten sie, insbesondere in Revueproduktionen, als Darsteller und Tänzer Karriere gemacht, machten sich aber alsbald einen Namen als Autoren von Songtexten und Libretti von Musical Comedies, zunächst 1949 in Zusammenarbeit mit Leonard Bernstein und Jerome Robbins in *On the Town*, dann besonders erfolgreich mit *Singin' in the Rain* (und einer Reihe weiterer Film- und Bühnenshows sowie verschiedener Musical-Songs).

Rain on the Roof ruft also schon im Jahr 1971 *Singin' in the Rain* weniger als einen Repräsentanten seiner Entstehungszeit in Erinnerung als vielmehr jener Zeit, aus der nicht nur die Songs, sondern die dort weitgehend ungebrochen zum Tragen kommenden Theaterstile stammen – der Handlungszeit also, der Jahre um 1930. Der Film wird somit in der Rückschau durch die Brille von *Follies* als etwas imaginiert, das in seinem Kompositions- und Erzählstil, in seinem Gestus und seiner musikdramaturgischen Struktur, in der offenen Revue- und Musical-Comedy-Tradition zu verorten ist, und eben nicht für die Zeit seiner Entstehung einsteht. Diese erscheint aus der Rückschau kaum denkbar ohne ein Umgehen mit der Gattungsnorm des *integrated book musicals*, die sich seit 1943 durchzusetzen begann und die die Bühnenshows des Broadway auch in den 1950er Jahren sowie den sie umgebenden ästhetischen Diskurs dominierte.[35]

---

33 In manchen Produktionen, z. B. 1971 und 2011, wurde vor T. 36 eine 2-taktige, unbegleitete Stepp-Einlage integriert.

34 Als Filmdokumentation: *Follies in Concert.*

35 Ähnliches lässt sich für die Nummer *Ah Paris,* die in *Follies* direkt auf *Rain on the Roof* folgt, sagen, ein Pastiche in Anspielung auf Cole Porters *Can Can* (1953) bzw. den Song *I Love Paris* daraus.

Integration

In der Tat weist die musikalische Dramaturgie von *Singin' in the Rain* durchaus die grundlegenden strukturellen Eigenschaften der (noch nicht ›integrierten‹) Musical Comedy auf, die die musikalischen Erzähltechniken der Revue zu einem guten Teil übernahm und weiterentwickelte. Das bedeutet nicht einfach ›musikalische Komödie‹, sondern eine spezifische Gattungstradition, die sich im frühen 20. Jahrhundert herausgebildet hatte (am Beispiel von *Lady be Good!* von 1926 lässt sich diese strukturelle Beschaffenheit, auch anhand des Entstehungsprozesses, recht gut nachvollziehen). Dazu gehörte, dass in der Regel früh im Planungsstadium ein (flexibel handhabbarer) Fundus an musikalischen Nummern, die in der Regel für eine spezifische Show komponiert wurden, existierte. Die bei *Singin' in the Rain* zum Tragen kommende Strategie des *catalog musicals*, bei dem ein präexistentes musikalisches Repertoire die Ausgangsbasis bildet, ist davon nicht weit entfernt. Ebenfalls frühzeitig wurden die für eine Show repräsentativen Stars fixiert. Deren jeweiliges Image war dann die Ausgangsbasis, auf der Librettisten die Rollen der Komödie konstruierten. Um diese Rollen und musikalischen Nummern herum wurde dann ein Libretto entworfen. Vorgabe war ebenso eine zweiaktige Struktur, in deren Verlauf zumeist eine Liebesgeschichte um ein junges Paar nach dem oft vereinfacht dargestellten Schema »boy meets girl, boy loses girl, boy gets girl« entwickelt wurde. Ästhetisches Prinzip war hier die Bezugnahme auf bestimmte musikalische, tänzerische und theatralische Stile (wie etwa die *popular song form*, spezifische Tanzmusikstile, die wiederum die notwendigen Verknüpfungen von Musik und Choreografie zu gewährleisten hatten), wobei in der Regel musikalischer und tänzerischer Stil einer Produktion wesentlich durch die Stars mitgeprägt wurde.[36]

Nicht nur die aus den 1920er und 1930er Jahren stammenden Stil- und Songvorlagen von *Singin' in the Rain*, sondern auch die Gestaltung selbst verortet sich fest in den Traditionen der Musical Comedy, also einer bereits aus Sicht des Musiktheaters der frühen 1950er Jahre »altmodischen« Theatertradition.

Schon in den 1940er Jahren hatten sich diese koproduktiven Strukturen verändert, was paradigmatisch an den von Richard Rodgers und Oscar Hammerstein als Autoren vertretenen Stücken zur Kenntnis genommen wurde.[37] Nun kam es zur Auf-

---

36 So vermerkt Chumo II (wie Anmerkung 17, S. 51), wie insbesondere in der Choreographie von *Singin' in the Rain* Gattungsgrenzen gezielt gesprengt werden, indem »the performers celebrate their liberation in genre«.

37 Paradigmatisch formulierte der Dirigent und Komponist Lehman Engel: »In a form which seeks to integrate drama, music, and dance, the qualities of all its elements must hang together; and what they must hang upon are the characters and action they have been created

wertung des Librettos und der (meist linear konzipierten) Handlung zur konzeptionellen Ausgangsbasis für die ganze Show, also wenn man so will, zu einer Literarisierung des Konzepts vom Musical, und einer tendenziellen Annäherung an aristotelische Gestaltungsprinzipien, von denen die Revue und die Musical Comedy weit enfernt sind.[38] Hinzukommt die in den Rodgers & Hammerstein-Musicals besonders lobend wahrgenommene Homogenität der theatralischen Einzelelemente.

> When a show works perfectly, it's because all the individual parts complement each other and fit together. No single element overshadows any other. In a great musical the orchestrations sound the way the costumes look. That's what made *Oklahoma!* work. All the components dovetailed. There was nothing extraneous or foreign, nothing that pushed itself into the spotlight yelling ›Look at me!‹. It was a work created by many that gave the impression of having been created by one.[39]

Die damit einhergehende Annäherung des Musicals an Konventionen etablierter theatralischer Erzählstrukturen sowie einen auf Kohärenz, Organizität und stilistische Geschlossenheit fokussierten Werkbegriff hat am Broadway zu einem theaterkritischen Diskurs geführt, der das sogenannte *integrated musical* zu einer neuen Norm erklärte, an der übrigens auch die Musical Comedies nach *Oklahoma!* (z. B. die Cole Porter Shows *Kiss me, Kate* und *Can Can*) nicht vorbeikamen.

Man konnte sich, vereinfacht gesagt, nicht einfach auf die Bühne stellen und einen Song singen und dazu tanzen; das Vorkommen von Musik und Tanz bedurfte in weit höherem Maße als noch in der Musical Comedy oder gar in der Revue einer dramaturgischen Legitimierung. Zur Lösung dieser Legitimierungsnot rückten insbesondere drei Techniken in den Blick, denen gewissermaßen eine Schlüsselfunktion für den Aspekt der Integration zukommt: Erstens konnten durch Handlung und Dialog emotionale Kulminationspunkte hergestellt werden, die Erklingen von Musik als dramaturgische Unterstützung nahelegten. Zweitens spielte die musikalisch-textliche Gestaltung von Übergängen zwischen Dialog und Song selbst eine wichtige Rolle, denn nunmehr wurde der Genrewechsel abgemildert durch interpolierte Abschnitte wie Melodramen oder rezitativische Vorstrophen. Ein dritter Aspekt ist die Weiterentwicklung der dramatischen Handlung durch Musik- und Tanznummern, etwa durch Traumballette, die Protagonisten zu Erkenntnissen und Entscheidungen führen (wie in *Okahoma!* oder *One Touch of Venus*), oder Liebesballaden und Liebesduette, an deren Ende die Liebesbeziehung an einem anderen dynamischen Punkt steht als noch am Anfang. So ließ sich das Erklingen nicht-diegetischer Musik durch eine direkte Bezugnahme zu Handlung

---

around.« Engel, Lehman: *The American Musical Theatre: A Consideration.* New York 1967, S. 37.

38 Vgl. auch die Kritik an dieser Sichtweise bei McMillin, Scott: *The Musical as Drama: A Study of the Principles and Conventions Behind Musical Shows from Kern to Sondheim.* Princeton 2006, S. 1–30.

39 Rodgers, Richard: *Musical Stages: An Autobiograph.* New York 1978, S. 262f.

und dramatischer Spannungsentwicklung plausibel machen. Diegetische Musik hingegen, die dramaturgisch auf einer anderen Ebene zu verorten ist, entzieht gewissermaßen diesen genannten Legimierungsstrategien, die Musik als (aktiven) Teil der Handlung durch diese begründet erscheinen lassen. Diegetische Musik hingegen erscheint in handlungsstarken dramatischen Kontexten aufgrund ihrer Funktionalisierung als Realitätsfragment ohnehin nicht begründungsbedürftig. So lässt sich erklären, dass Rodgers und Hammerstein nur sehr selten diegetische Musik einsetzten; selbst in einem Werk wie *The Sound of Music,* das mit seiner (zumindest teilweisen) Backstage-Handlung ein reichhaltiges Erklingen diegetischer Musikanteile nahegelegt hätte.

Auch Edens bekannte sich wenige Jahre nach der Mitarbeit an *Singin' in the Rain* zu einem solchen Konzept von »integration«:

> Another thing I was interested in at that time – it's always been my idea in musicals, of course – was attempting to integrate song into dialogue. [...] I believe that songs in film musicals should be part of the script itself, actually sung dialogue.[40]

Dass Comden, Green und Edens in *Singin' in the Rain* Musiknummern fast ausschließlich als diegetische Musik integrieren, stellt den Begriff »Integration« allerdings auf eine ganz andere Basis, als ihn die Konzeption der integrierten Musicals vorgibt: Integration bedeutet nicht das funktionale und technische Einpassen von Musik und Tanz in die Handlung, sondern das Anpassen von Handlung in ein durch Musik- und Tanznummern reguliertes (wenngleich flexibel vorbestimmtes) Gerüst.

Das für die dramaturgische Struktur von *Singin' in the Rain* konstitutive Zusammenspiel der aus der Musical Comedy entlehnten Strukturprinzipien mit intertextuellen und selbstreflexiven Verweisstrategien möchten wir abschließend an einem Beispiel verdeutlichen. Schlüsselmomente dramatischer Gestaltung sind im Musical (in Musical Comedies ebenso wie in integrierten *book shows*) häufig musikalische Liebesduette oder Liebeserklärungen. Comden und Green wählten für Dons Liebeserklärung an Kathy den Song *You Were Meant For Me,* den Freed und Brown 1929 für den Revuefilm *Hollywood Revue of 1929* komponiert hatten, und lassen ihn Don selbst singen. Als – wie es auf den ersten Blick scheint – nichtdiegetische Nummer nähert sich diese in ihrer dramaturgischen Konzeption weiter als alle anderen in *Singin' in the Rain* dem von Rodgers und Hammerstein etablierten Konzept der Integration an. Und doch wird dieser Charakter in ganz wesentlichen Aspekten zurückgenommen, worin sich letztlich auch hier das Insistieren auf den Stil der Musical Comedy bestätigt.

Die Liebeserklärung ist bereits längst vorbereitet, und wird – ebenso wie die vorausgehende Szene und insgesamt das dramaturgische Setting, das sie umgibt,

---

40 Johnson, Albert: *Conversation with Roger Edens.* In: *Sight and Sound* 27 (1958), S. 179–182.

schon recht klar im Green-Comdenschen Skript des Drehbuchs umrissen. Schon in der dem Song vorausgehenden Szene gestehen sich Kathy und Don indirekt ihre Liebe. Sie tut dies, als sie sich verrät, dass sie seine Filme gesehen und Berichte über ihn in Zeitschriften gelesen hat, und er, als er zugibt, dass er seit der ersten Begegnung immer an sie hat denken müssen: »I haven't been able to think of anything but you ever since.«[41] Kurz darauf heißt es: »Kathy – I'm trying to say something to you –– But I'm such a ham I –, well I just can't do it without the proper setting.« Daraufhin führt er sie in eine Studiobühne und inszeniert Bühnenbild, Licht und Windtechnik zu einem romantischen Szenario, platziert sie auf der Leiter mit dem Kommentar eines romantischen Erzählers: »Milady is seated on her balcony – in a rose trellised bower!«

Noch bevor der Song gesungen wird legen ihm die Librettisten in den Mund: »You're lovely in the moonlight, Kathy, … even lovelier than you looked in my dreams –––«. (p. 50) Der letzte Halbsatz fiel im Filmdreh dann heraus. Er verdoppelte auch lediglich die bevorstehende Liebesbotschaft, die faktisch schon – sowohl für das Publikum wie auch für Kathy – mit der Aussage, er wolle ihr etwas sagen, brauche aber das passende Szenario dazu, implizit ausgesprochen ist. Durch die musikalische Szene, durch Song und Tanz, wird für den Plot diese Aussage lediglich bestätigt, nicht hergeleitet, nicht entwickelt.

Der Refrain selbst ist auf einer Melodik gebaut, bei der eine Oktav zunächst aufgespreizt und dann symmetrisch über die große Sekunde in die im Zentrum liegende Quinte geführt wird, in der Bridge dann chromatisch abwärts durchschritten wird, und stellt eine durchaus markante, formal in sich ruhende Komposition dar. Diese wird in der Bearbeitung von 1952 zwar formal, zum Teil auch harmonisch erweitert[42], in ihrer Substanz jedoch kaum modifiziert. Dies lässt sich auch für die Lyrics sagen, die typisch schlagerhaft eine allgemein gehaltene Liebesbotschaft beinhalten[43], die auch im Film nicht für die Situation angepasst wird, sodass der Popsong in seiner allgemeinen Funktion gleichwertig aufrecht erhalten bleibt.

---

41 *Singin' in the Rain: The MGM Screenplay.* Burbank, CA 1952/2012, S. 49f.

42 Insb. in T. 39/40: G-Dur als Doppeldominante zur Subdominant-Parallele; wird im Arrangement für den Film erheblich erweitert.

43 Wie die Identifikationsangebote, die ein solcher Text macht, angenommen werden können, zeigt paradigmatisch folgender Kommentar zum Song: »I lost my Dad 10 months ago and my Mum on Saturday. This was their favourite tune. My Dad used to play the organ and sing this song to my Mum who looked like Debbie Reynolds when she was young. We played this song at my Dad's funeral and my Mum will have the same. They were in love for the 70 years they were married. The tune is very special.«; http://www.youtube.com/watch?v=PqsrVQfNYPc, Abruf 4.7.2013.

Notenbeispiel 1: *You Were Meant for Me*[44]

Obwohl der Song von Don selbst, also nicht etwa in einer von ihm verkörperten Bühnenrolle, und dabei als Liebesbotschaft an Kathy direkt gerichtet vorgetragen wird, kommt Don in seiner Rolle die Aufgabe zu, Inszeniertheit und Theatralität mit einer großen Zahl von Mitteln herzustellen: Licht, Bühnenbild, Windmaschi-

---

44 *Singin' in the Rain. Basierend auf dem MGM-Film.* Piano-Conductor. [Klavierauszug, Leihmaterial o. D.] Music Theatre Int., New York.

ne usw., die dem selbstreflexiven Charakter des Filmmusicals gewissermaßen die Krone aufsetzen. Dons Einsatz der Technik am Filmset enthüllt und inszeniert (bzw. mystifiziert[45]) gleichermaßen die Geräte und damit Produktionsweisen, die üblicherweise zur Erzeugung der Stimmung in Filmmusicals eingesetzt wurden und damit Konstituenten für die Bedeutungsgenerierung des Genres darstellen. »Love is presented as a studio construct«, kommentiert Robert Stam treffend diese Form der Inszenierung.[46]

Das legitimiert eine selbständige Musiknummer – mit anschließendem Tanz mit Kathy. Der gemeinsame Tanz stellt szenisch gewissermaßen ihre affirmative Antwort dar und inszeniert das harmonische Miteinander des jungen Paares, ohne dabei den Charakter des Theatralischen einem realistischen Verfließen oder Synthetisieren der beiden Ebenen preiszugeben.

Vergleichbar den Mitteln des epischen Theaters werden durch die strikt aufrecht erhaltene »Trennung der Elemente«[47] zugleich die als historisch, gewissermaßen als veraltet gebrandmarkten etablierten Traditionen der Musical Comedy, wie es der Vortrag eines schlagerhaften Refrainsongs als Liebeserklärung mit anschließendem *softshoe*-Tanz und abschließend gesungener Schlusszeile zweifelsohne darstellt, als durchaus inszeniert gekennzeichnet und erst dadurch dramaturgisch gerechtfertigt.

Auch die Einfassung durch ein vorgeschaltetes orchestrales Underscoring, das im Übrigen eine eng an der Handlung orientierte Abfolge von illustrativen musikalischen Formeinheiten darstellt, und eine Vorstrophe, die nur zum Schein Dialog und Song miteinander verbindet (tatsächlich wurde sie 1:1 aus dem Freed/Brown-Song aus *Hollywood Revue of 1929* übernommen), wirkt allenfalls als eine ferne Verneigung vor Formstrategien des integrierten Musicals. Tatsächlich beginnt die Underscore-Musik der Szene in dem Moment, in dem Kathy und Don die Studiobühne betreten. Die Parallelisierung von Ortswechsel und Musikeinsatz koppelt die nicht-diegetische Musik (die dann ja bald zur diegetischen wird) durch ihre Anbindung an den illusionskonstruierenden Raum des Studios, in dem auch die im Song ausgesprochene Liebeserklärung als Theaterakt erläutert wird.

---

45 Vgl. Feuer: *The Self-Reflexive Musical and the Myth of Entertainment*, S. 329–343, hier: S. 334.

46 Stam: *Reflexivity in Film and Literature*, S. 91.

47 »Der große Primarkampf zwischen Wort, Musik und Darstellung [...] kann einfach beigelegt werden durch die radikale Trennung der Elemente.« Brecht, Bertolt: *Anmerkungen zur Oper ›Aufstieg und Fall der Stadt Mahagonny‹*. In: Ders.: *Gesammelte Werke 17*. Frankfurt a.M. 1967, S. 1004–1016, hier: S. 1010.

Die von Comden, Green und Eden geleistete Integration bedeutete eben nicht die Einpassung von Musik in einen linear gedachten Plot, sondern vielmehr – gerade umgekehrt – die legitime Funktionalisierung von Musik und Tanz in gezielt als historisch gekennzeichneten Ästhetiken, wobei die besondere musikdramaturgische Pointe eben darin besteht, dass sie – ohne von der psychologischen Dimension einer nachträglich hinzu erfunden Handlung abhängig zu sein – dramaturgisch und künstlerisch ganz offen von dieser abgetrennt und somit einem eigenen Kosmos – demjenigen der Sphäre der »alten« Follies und Musical Comedy zugehörig – erkennbar bleibt.

Olaf Jubin

Singin' in the Rain als Klassiker des amerikanischen Filmmusicals

Der nachstehende Aufsatz untersucht das Phänomen *Singin' in the Rain* multiperspektivisch, um Antworten auf die folgenden Fragen zu finden: Was macht den Film so amerikanisch, und wie bzw. wieso avancierte er zu einem der beliebtesten Meilensteine in der Geschichte Hollywoods?

Ein typisches Produkt des Studiosytems

Singin' in the Rain (SITR) ist eines jener vollendeten Werke, wie es nur die Produktionsbedingungen des klassischen Hollywoodkinos hervorbringen konnten; seine Entstehungs- und Rezeptionsgeschichte sind untrennbar verbunden mit dem System der Arbeitsteilung, wie es die großen amerikanischen Studios über Jahrzehnte hinweg perfektioniert hatten, dem hohen Grad an Professionalität, welches die besten Genrefilme jener Zeit auszeichnen, und der Art und Weise, wie US-Filme in die Kinos gebracht und später im Fernsehen und auf Video bzw. DVD und Blu-Ray zweitverwertet wurden.

Die Produktion des 1952 entstandenen Musicals folgte ganz dem traditionellen Verfahren bei Metro-Goldwyn-Mayer (MGM), zum einen bewährte Kräfte auf einem Gebiet arbeiten zu lassen, auf dem sie bereits Erfahrung gesammelt hatten, und zugleich neuen Talenten eine Chance zu geben. Die Drehbuchautoren Betty Comden und Adolph Green waren schon mehrfach vom Studio beschäftigt worden; ihr Bühnenmusical *Billion Dollar Baby* und ihr Filmmusical *Good News* waren ebenfalls beide in den 20er Jahren angesiedelt[1], was bedeutete, dass sie sich in der Ära bestens auskannten. Natürlich hatte das Autorenteam auch schon bei *On the Town/Heut' geh'n wir bummeln* (1949) überaus erfolgreich mit dem Regieteam Stanley Donen/Gene Kelly zusammengearbeitet, was MGM zusätzlich den Entschluss erleichterte, den Film in die Produktion zu geben. Dass zwei

---

1   Vgl. Behlmer, Rudy: *America's Favorite Movies: Behind the Scenes.* New York 1982, S. 255.

Künstler gemeinsam Regie führten, zählte auch zu den erprobten Zutaten, obschon es in den meisten anderen Filmindustrien undenkbar wäre.[2]

Bestimmte Entscheidungen blieben jedoch dem Produzenten Arthur Freed überlassen: So legte er selbst *SITR* als Titel des Films fest – einen Titel, den alle übrigen Beteiligten absolut lächerlich fanden.[3] Noch Jahre später beschwerte sich Stanley Donen: »The title of the picture never should have been *SITR*. Look at the picture. It's not about the weather. [...] The title should have been *Hollywood*.«[4]

Freed wollte außerdem ein unverbrauchtes Gesicht für die weibliche Hauptrolle und zog alle Musicaltalente, die bei MGM unter Vertrag standen, in Erwägung. Kathryn Grayson war jedoch zu alt, Pier Angeli schlicht ungeeignet, June Allyson zu erwachsen und Jane Powells Stimme zu opernhaft; somit blieb nur eine einzige junge Schauspielerin übrig: die neunzehnjährige Debbie Reynolds.[5] Reynolds war von MGM unter Vertrag genommen worden, nachdem sie 1948 die Wahl zur »Miss Burbank« gewonnen hatte; vor *SITR* war sie als Nebendarstellerin oder Komparsin in lediglich fünf Filmen zu sehen gewesen,[6] und wie sie selbst eingestand: »I was certainly no dancer by any means, or no great *anything* for that matter.«[7]

Weil Reynolds' Tanzkünste beschränkt waren, musste eine erfahrenere Tänzerin für die »Broadway Melody«-Sequenz gefunden werden, und die Wahl fiel schließlich auf eine weitere Schauspielerin, die seit Jahren in MGM-Filmen aufgetreten war, ohne den Durchbruch geschafft zu haben, Cyd Charisse, deren Karriere durch ihren Kurzauftritt einen enormen Anschub erhielt.

Wie bei allen großen Studioinvestitionen wurden Testvorführungen angesetzt, um die Publikumstauglichkeit des Endproduktes auszutarieren; diese fanden am 21.12.1951 im kalifornischen Riverside und am 27.12.1951 in Pacific Palisades, einem Stadtteil im Westen von Los Angeles, statt; wie ebenfalls üblich wurde der Film im Anschluss an die Auswertungen der Publikumsreaktionen um einige Szenen gekürzt.[8] Eine weitere Hollywood-Tradition waren Privatvorführungen

---

2 In der gesamten Filmgeschichte gibt es nur wenige Beispiele für derartige Gemeinschaftsarbeiten, darunter das Œuvre des englischen Regie-Duos Michael Powell/Emeric Pressburger und die Werke der amerikanischen Geschwisterpaare Joel und Ethan Coen sowie Andy und Lana Wachowski.

3 Vgl. Hirschhorn, Clive: *Gene Kelly. A Biography*. Chicago 1975, S. 208–209.

4 Zitiert in Silverman, Stephen M.: *Dancing on the Ceiling. Stanley Donen and His Movies*. New York 1996, S. 142.

5 Vgl. Hirschhorn: *Gene Kelly. A Biography*, S. 209.

6 Vgl. Behlmer: *America's Favorite Movies: Behind the Scenes*, S. 260.

7 Zitiert in Hirschhorn: *Gene Kelly. A Biography*, S. 209.

8 Vgl. Hess, Earl J. & Dabholkar, Pratibha A.: *Singin' in the Rain. The Making of an American Masterpiece*. Lawrence 2009, S. 172–173.

unter Anwesenheit berühmter Filmschaffender, und *SITR* wurde am 7.3.1952 auf dem MGM-Gelände einer ausgewählten Gruppe von Künstlern, darunter George Cukor, Humphrey Bogart, Groucho Marx, Farley Granger, Ben Hecht, Frank Loesser und Alfred Newman, gezeigt. Zuletzt sollte auch nicht unerwähnt bleiben, dass bestimmte Regeln des jeweiligen Filmstudios durchaus auch die persönlichen Vorlieben und Abneigungen der Studioleitung reflektierten: Um Studioboss Louis B. Mayer nicht zu verärgern, der Frauen in Hosen unattraktiv fand, erlaubte Arthur Freed nicht, dass in den vom ihm produzierten Filmen Frauen Hosen trugen, selbst nachdem Mayer als Leiter von MGM durch Dore Schary ersetzt worden war, weshalb man auch in *SITR* vergeblich nach ihnen Ausschau hält.[9]

Eine Prestigeproduktion mit hohen Schauwerten

Im Gegensatz zu seinem Vorgänger mochte Schary keine Musicals, die er als trivial und wirklichkeitsfremd ansah; er stimmte ihrer Produktion einzig und allein deshalb zu, weil sie kommerziell erfolgreich und mit dem Namen des Studios so eng verknüpft waren.[10] War der Beschluß jedoch erst einmal gefallen, ein Musical in Angriff zu nehmen, war MGM bereit, immense Summen für die Produktion auszugeben: Der gesamte Film verschlang letztendlich $2.540.800 und überstieg sein Budget damit um fast $621.000,[11] was zumindest zum Teil auf die aufwändige »Broadway Melody«-Sequenz zurückzuführen war.[12] Im Gegensatz zu den heutigen Gepflogenheit der US-Filmindustrie machte die Gage der Darsteller übrigens nicht mehr als einen Bruchteil der Gesamtkosten aus; Donald O'Connor beispielsweise erhielt lediglich $90.000.[13]

Wie alle Großproduktionen der »Freed Unit« prunkte auch *SITR* mit hohen Schauwerten: sorgfältig gestaltete Kulissen und Kostüme, und eine ausgefeilte Farbdramaturgie, wie sie nur das vergleichsweise teure Technicolor ermöglichte. Judy Gerstel weist darauf hin, dass im Film die ersten Farbexperimente Stanley Donens aufzufinden sind; so stehen weiß und silber (die Blitzlichter der Photographen, die Scheinwerfer, Dons weißer Mantel und Hut, Linas Silberlamé-

---

9   Vgl. Silverman: *Dancing on the Ceiling. Stanley Donen and His Movies*, S. 156.

10   Vgl. Cohan, Steven: *Incongruous Entertainment. Camp, Cultural Value, and the MGM Musical*. Durham/London 2005, S. 254.

11   Vgl. Behlmer: *America's Favorite Movies: Behind the Scenes*, S. 267.

12   Für die Balletteinlage waren zunächst nur $85.000 vorgesehen, doch am Ende kostete sie $605.960 (und damit ca. $64.000 mehr als das Ballett in *An American in Paris*); die Proben für die Sequenz dauerten einen Monat, und die Aufnahmen beanspruchten zwei Wochen. (Vgl. ebd.)

13   Vgl. Silverman: *Dancing on the Ceiling. Stanley Donen and His Movies*, S. 155.

Umhang mit dem Weißfuchskragen, ihr platinblondes Haar und weißgeschminktes Gesicht) für Falschheit, blau und goldgelb hingegen symbolisieren Phantasie, Ausgelassenheit, Übermut und Aufrichtigkeit:[14] Die Titelnummer wird folglich von Blau- und Orange- bzw. Gelbtönen dominiert, mit gelegentlichem Rot (der Feuermelder) und Grün (das Gebüsch).[15] Die rosa-, lila- und aprikotfarbenen Scheinwerfer in der *You Were Meant for Me*-Nummer sorgen für Romantik, und in *Broadway Melody* ist die Unterwelt charakterisiert durch rot und schwarz als die traditionellen Farben der Hölle, während die Kleider der »flapper dancers« wiederum wie Flammen vornehmlich in rot, gelb und orange gehalten sind.[16]

Ein Film des Produktionsgenres Musical

Bei ihrer ersten Begegnung mit Don äußert sich Kathy ausgesprochen herablassend über die Filme, in denen er auftritt und die ihn zum Star gemacht haben: »If you've seen one, you've seen them all«. Dieser Vorwurf wird oft auch gegen die beiden amerikanischsten aller Genres, den Western und das Musical, vorgebracht und ist als Kurzbeschreibung Peter Chumo zufolge in diesem Falle nicht nur keineswegs unangebracht, sondern vielmehr eindeutig gerechtfertigt.[17]

Denn als Kulminationspunkt einer langen Reihe von Hollywoodmusicals vereint *SITR* tatsächlich in sich die wichtigsten Elemente all dessen, was das Genre bis zu jenem Zeitpunkt hervorgebracht hatte: Der Film bezieht sich dezidiert auf *The Jazz Singer* (1927) als das erste Filmmusical überhaupt und hat eine Busby-Berkely-Montagesequenz; *You Were Meant for Me* erinnert an die Fred Astaire/Ginger Rogers-Filme; und schon allein Gene Kelly und sein höchst individueller Tanzstil erlauben jede Menge Assoziationen an frühere (MGM-)Filme, so dass sich durchaus behaupten lässt, dass man alle Musicals gesehen hat, wenn man sich *SITR* ansieht.[18]

Ohne Frage kann man *SITR* als typisches Genreprodukt der späten 40er und frühen 50er Jahre kategorisieren. Zu jener Zeit waren »catalogue pictures« ein bewährtes Subgenre im Musical; »catalogue pictures« bastelten eine Handlung um

---

14 Vgl. Gerstel, Judy: *Singin' in the Rain (1952)*. In: *The A List: The National Society of Film Critics' 100 Essential Films*. Hg. von Jay Carr. New York 2002, S. 266.

15 Vgl. Wollen, Peter: *Singin' in the Rain*. London 1992 (BFI Film Classics), S. 28.

16 Vgl. Ewing, Marylin M.: *›Dance!‹ Structure, Corruption, and Syphilis in Singin' in the Rain*. In: *Journal of Popular Film and Television* 34/1 (2006), S. 12–23, hier: S. 13.

17 Vgl. Chumo II, Peter N.: *Dance, Flexibility, and the Renewal of Genre in Singin' in the Rain*. In: *Cinema Journal* 36/1 (Herbst 1996), S. 39–54, hier: S. 39.

18 Vgl. ebd., S. 40.

das Werkverzeichnis eines bekannten und beliebten Unterhaltungskomponisten herum.

Dieses Verfahren, Lizenzgebühren zu vermeiden, indem man Lieder verwandte, für die MGM bereits die Rechte besaß,[19] war gang und gebe, aber *SITR* erhob die gängige Praxis der Rechteaus- bzw. Rechteverwertung zur neuen Kunstform, denn das Musical vollbrachte das Kunststück, den Evergreens von Freed und Nacio Herb Brown neues Leben zu verleihen und dem Massengeschmack der frühen 50er Jahre anzupassen: In *SITR* sind die Songs einerseits in der Vergangenheit Hollywoods verankert, aber andererseits verleiht ihnen der Film durch die Art und Weise ihrer Darbietung und Orchestrierung zugleich Modernität.[20]

Eine Revitalisierung erfährt auch das Filmmusical als solches, und zwar auf der Ebene des Tanzes, welcher in *SITR* besondere Agilität erfordert, denn hier liegen Tanz und Athletik ausgesprochen nah beieinander. Viele der Einlagen beinhalten Stunts und Akrobatik:[21] *Fit as a Fiddle* unterstreicht, wie kompatibel haarsträubender Slapstick und musikalische Darbietungen sein können;[22] und die atemberaubende Soloeinlage *Make 'Em Laugh* geht bis an die Grenzen des physisch Möglichen.[23] Sie vereint Elemente von Stuntwork und Tanz auf eine Weise, dass es schwierig ist, genau zu sagen, wo das eine anfängt und das andere aufhört.[24]

In *SITR* kommen die ausgelassensten und fröhlichsten Tanzeinlagen ohne Worte aus – die höchste Form der Kommunikation ist hier die Bewegung, aber nicht die steife Bewegung der Stummfilmzeit, sondern die fließende Bewegung des Tänzers.[25] Don etwa beweist seine Tauglichkeit für den Tonfilm (und damit für die Erneuerung der Kunstform Film) durch seine Arbeit als Stuntman und seine Tanzeinlagen.[26] Im Vergleich zu Don wird Lina von Anfang an als passiv und steif gezeigt; in mehr als einer Hinsicht fehlt ihr seine Beweglichkeit.[27] Kathy hingegen demonstriert sowohl ihre gesanglichen und tänzerischen Fähigkeiten als auch ihr Talent für Slapstick in der Partyszene, in der sie *All I Do Is Dream Of You* zum Besten gibt.[28]

---

19 Vgl. Knapp, Raymond: *The American Musical and the Performance of Personal Identity.* Princeton 2006, S. 70.
20 Vgl. Cohan: *Incongruous Entertainment*, S. 228.
21 Vgl. Chumo: *Dance, Flexibility, and the Renewal of Genre in Singin' in the Rain*, S. 40.
22 Vgl. ebd., S. 41.
23 Vgl. ebd., S. 48
24 Vgl. ebd., S. 48.
25 Vgl. ebd., S. 51.
26 Vgl. ebd., S. 47.
27 Vgl. ebd., S. 42.
28 Vgl. ebd., S. 41.

Referenzen zur Geschichte Hollywoods

Wie so viele andere Werke des Autorenteams Comden und Green ist auch *SITR* in der Unterhaltungsindustrie der USA angesiedelt; beide kannten sich bestens aus mit der Geschichte der »glamour factory«, den symbolträchtigen öffentlichen Auftritten der Stars sowie den Standardprozeduren der Filmstudios, und nehmen in ihrem Drehbuch ausgiebig darauf Bezug: Zu sehen sind die glanzvollen Filmpremieren auf dem roten Teppich, die verregneten Testvorführungen, welche die Stars verkleidet mit Sonnenbrillen und tief ins Gesicht gezogenen Hüten besuchen, und die berühmt-berüchtigten Hollywoodparties.[29]

Nahezu alle Figuren im Film sind mehr oder weniger berühmten Vorbildern nachempfunden:[30] Der »flapper« Zelda Zanders basiert auf Clara Bow, und die »femme fatale« Olga Mara wurde von Nita Naldi inspiriert. Don Lockwood ist stark an Douglas Fairbanks angelehnt, während Kathy Selden sowohl an Janet Gaynor und Ruby Keeler erinnert als auch an eine Naive im Stil von June Allyson.[31] Der Regisseur Roscoe Dexter wiederum hat Züge von Josef von Sternberg und Charlie Chase, obwohl die meisten Experten in ihm eine unverhohlene Parodie auf Busby Berkeley erkennen wollen.[32] Studiochef R. F. Simpson ist eine eher milde satirische Abrechnung mit Arthur Freed,[33] der weithin für seine Tolpatschigkeit bekannt war.[34] Klatschkolumnistin Dora Bailey schließlich steht ohne Zweifel stellvertretend für Louella Parsons, die sich dessen bewusst war und von sich aus anbot, im Film mitzuspielen, was MGM allerdings ablehnte.[35]

Nicht ganz so eindeutig ist zu klären, an wem sich Comden und Green für ihre vielleicht bemerkenswerteste Figur orientierten: »Stummfilmsirene« Lina Lamont. In ihrem Fall reicht die Liste potentieller Vorbilder von »America's Sweetheart« Mary Pickford[36] über Anita Page, die eine Zeit lang mit Nacio Herb Brown verheiratet war, und Mae Murray[37] bis hin zu Norma Talmadge, die aufgrund ihres starken Brooklyn-Akzents im Tonfilm nicht ankam.[38]

---

29 Vgl. Casper, Joseph Andrew: *Stanley Donen.* Metuchen/London 1983 (Filmmakers Series Nr. 5), S. 45.

30 Vgl. hier und im Folgenden, wenn nicht anders ausgewiesen, Casper: *Stanley Donen,* S. 46–47.

31 Vgl. Hirschhorn: *Gene Kelly. A Biography,* S. 212.

32 Vgl. ebd., S. 211 und Silverman: *Dancing on the Ceiling. Stanley Donen and His Movies,* S. 162.

33 Vgl. Hirschhorn: *Gene Kelly. A Biography,* S. 212.

34 Vgl. Knapp: *The American Musical and the Performance of Personal Identity,* S. 71.

35 Vgl. Silverman: *Dancing on the Ceiling. Stanley Donen and His Movies,* S. 156.

36 Vgl. Casper: *Stanley Donen,* S. 46.

37 Vgl. Silverman: *Dancing on the Ceiling. Stanley Donen and His Movies,* S. 158.

38 Vgl. Cohan: *Incongruous Entertainment,* S. 236.

Eine weitere Inspiration für Lina scheint die Figur der Billie Dawn in *Born Yester-day/Die ist nicht von gestern* (1950) gewesen zu sein; diese Rolle wurde sowohl am Broadway als auch in der Filmfassung von einer engen Freundin von Comden und Green, Judy Holliday, gespielt, die für ihre Darstellung einen Oscar gewann. Holliday wäre die Idealbesetzung für Lina gewesen,[39] aber als *SITR* gedreht wur-de, war sie bereits ein zu großer Star, um eine Nebenrolle zu übernehmen.[40] MGM testete deshalb mehrere Vertragsschauspielerinnen, darunter Nina Foch,[41] für die Rolle, bevor die Wahl auf Jean Hagen fiel, welche Billie Dawn in einer Tourneeproduktion von *Born Yesterday* gespielt hatte. Gene Kelly erläuterte spät-er: »I just told Jean to act Judy acting Billie Dawn in *Born Yesterday* – and it was easy after that.«[42]

Einzig und allein die Figur des Cosmo war nicht an jemand Bestimmtes ange-lehnt,[43] selbst wenn ihn ein Detail mit Produzent Arthur Freed verbindet: Wie Freed zu Beginn seiner Karriere beim Film ist auch Cosmo dafür verantwortlich, als Pianist für die richtige Stimmung am Stummfilmset zu sorgen.[44]

Das Musical und seine Bedeutsamkeit: ein Genre rechtfertigt sich selbst

SITR bewegt sich gekonnt im Spannungsfeld zwischen Hochkultur und solcher Populärkulturformen der USA wie Vaudeville und Slapstick; das Letztere dabei den Sieg davontragen, kann als typisch amerikanisches Verständnis von sowohl Kunst als auch Unterhaltung gewertet werden. Nur im Showbusiness der Verei-nigten Staaten ist der Begriff des »Unterhaltungskünstlers« kein Euphemismus, sondern Ausdruck der Ambitionen und des Selbstverständnisses der betreffenden Entertainer.

Der Film entzaubert solche hochgeachteten künstlerischen Errungenschaften wie den Stummfilm und das klassische Theater und glorifiziert zugleich die Musical Comedy.[45] Das Musical wird hierbei präsentiert als adäquater Ausdruck des mo-dernen amerikanischen Temperaments, wie es sich im Gesang und Tanz zeigt –

---

39 Vgl. Behlmer: *America's Favorite Movies: Behind the Scenes*, S. 260.
40 Vgl. Silverman: *Dancing on the Ceiling. Stanley Donen and His Movies*, S. 158.
41 Vgl. Behlmer: *America's Favorite Movies: Behind the Scenes*, S. 260.
42 Zitiert in Hirschhorn: *Gene Kelly. A Biography*, S. 211.
43 Vgl. ebd., S. 212.
44 Vgl. Wollen: *Singin' in the Rain*, S. 30.
45 Vgl. Feuer, Jane: *The Hollywood Musical*. London/Basingstoke 1982, S. 91.

und in ihrer Fusion von körperlicher Beweglichkeit, stimmlicher Ausdruckskraft und emotionaler Energie.[46]

Den ganzen Film stehen Dons Tanzeinlagen als spontane Bekundungen von Freude und Fröhlichkeit im direkten Gegensatz zu den gekünstelten Action-szenen seiner Stummfilme und zur Unaufrichtigkeit seiner öffentlichen Auftritte abseits der Leinwand.[47] Der Bruch zwischen den hohlen Phrasen, die Don in sei-ner Ansprache an das Radiopublikum drischt, und der auf den ersten Blick wenig »würdevollen« Realität seines Aufstiegs zum Star enthüllt vor diesem Hinter-grund auch und gerade Hollywoods permanentes Bestreben, sowohl massentaug-liche Unterhaltung zu produzieren als auch höhere kulturelle Weihen zu erlan-gen,[48] d.h. Populär- und Hochkultur auf Biegen und Brechen zu vereinen.[49]

Der Film kritisiert dieses Unterfangen als unsinnig, indem er ausgiebig alt-bewährte Slapstick-Einlagen wie den Tritt in den Hosenboden, den Frack, der in der Tür eingeklemmt ist, die Sahnetorte im Gesicht und den missbilligenden Po-lizisten zelebriert.[50] Die letzten Zweifel daran, dass der Film auf der Seite der Kul-tur der breiten Masse steht, werden spätestens von *Make 'Em Laugh* und *Moses Supposes* ausgeräumt. In beiden Nummern spielen Schicklichkeit und Anstand nicht die geringste Rolle; letztere hat geradezu anarchische Züge.

In »Singin' in the Rain« schließlich triumphiert Vaudeville als Populärkultur über die »klassischen« Formen der Kunst; zu den gewollt-elitären Läden, an denen Kelly in dieser Sequenz vorbeitanzt, gehören das Hutgeschäft »La Valle«, ein Buchladen für Erstausgaben, und die Kunsthochschule »Mount Hollywood«.[51] Scheinbar improvisierend bedient sich Don verschiedener, 1952 künstlerisch we-nig anerkannter Genres wie dem Jazz – er »spielt« Gitarre –, dem Zirkus, der Stummfilmkomödie – er macht Charlie Chaplin nach – und dem MGM-Musical, wenn er ganz im Stil von Gene Kelly in Pfützen herumplanscht. Damit tut er ge-nau das, was Cosmo zuvor im Film als wenig gesittetes Verhalten mit den Wor-ten umreißt »he jumps about to music«.

---

46 Vgl. Mast, Gerald: *Can't Help Singin'. The American Musical on Stage and Screen.* Wood-stock/New York 1987, S. 266.

47 Vgl. Cohan: *Incongruous Entertainment*, S. 186.

48 Vgl. Ames, Christopher: *Movies about the Movies. Hollywood Reflected.* Lexington 1997, S. 61.

49 Im Bereich des Filmmusicals zeigt sich jenes Bestreben u.a. in der Praxis des Filmstudios MGM, dem jungen Stargespann Mickey Rooney und Judy Garland mit ihren Vaudeville-geschulten und Jazz-inspirierten Gesangsdarbietungen ein weiteres junges Paar mit klassi-scher Gesangsstimme zur Seite zu stellen. In dem 1939 entstandenen Streifen *Babes in Arms/Musik ist unsere Welt* etwa sind dies Douglas McPhail und Betty Jaynes.

50 Vgl. Casper: *Stanley Donen*, S. 45.

51 Vgl. ebd., S. 50.

Die beiden Frauenfiguren im Film lösen den scheinbaren Widerspruch zwischen »low brow« und »high brow« auf ihre Weise: Kathys elitäre und herablassende Einstellung zum Film wird als Pose enthüllt, was nur ein Anzeichen dafür ist, dass jeglicher Konflikt zwischen Hoch- und Unterhaltungskultur im Grunde illusionär ist; diese Schlussfolgerung wird auch dadurch begünstigt, dass im Film kein Repräsentant der »klassischen Kultur« auftritt.[52]

Da *SITR* Kultur aber vornehmlich als Kultur der breiten Öffentlichkeit definiert, sondert sich Lina auch von allen künstlerischen und kreativen Menschen ab, wenn sie hochmütig erklärt »I aint people«.[53] Trotzdem macht die negative Haltung des Films zu Lina und ihrer ungeschliffenen Persönlichkeit auf den ersten Blick wenig Sinn angesichts der Tatsache, dass er ganz auf Seiten der Populärkultur und damit bis zu einem gewissen Grad auf der Seite der ungebildeten Masse steht.[54]

Warum also wird Lina als Betrügerin kritisiert, während die übrigen Protagonisten als Retter in der Not gefeiert werden, obwohl *alle* Charaktere des Films auf technische Hilfsmittel angewiesen sind, um den schönen Schein bzw. den schönen Ton zu wahren? Der Unterschied liegt vor allem darin, dass Don, Cosmo und Kathy um ihre Abhängigkeit von der Technik wissen und sie bewusst einsetzen, denn erst die (Ton-)Technik ermöglicht ihnen, ihr wahres Talent zu zeigen. In Linas Fall jedoch sollen die technischen Hilfsmittel ihren *Mangel* an Talent verbergen, und das ist in einem Musical unverzeihlich, denn in diesem Genre ist nur ein Allround-Darsteller, also jemand, der schauspielern, singen und tanzen kann, ein richtiger Künstler.[55]

Das »Mundtotmachen« der Kathy Selden als Spiegel der Kommunistenhatz in Hollywood

Peter Wollen stellt heraus, dass die Grundsituation des Films eine Variante von Hans Christian Andersens *Die kleine Meerjungfrau* ist: Einem guten Mädchen wird von einer bösen Hexe die Stimme gestohlen, und sie kann ihren Liebsten nicht eher heiraten, bis sie ihr liebliches Organ wieder hat.[56] *SITR* mag somit

---

52 Vgl. Ames: *Movies about the Movies. Hollywood Reflected*, S. 61. Ein solcher Repräsentant findet sich nur ein Jahr später mit der Figur des Bühnenregisseurs Jeffrey Cordova in dem von Vincente Minnnelli inszenierten Filmklassiker *The Band Wagon/Vorhang auf!* (1953), der ebenfalls auf einem Originaldrehbuch von Comden und Green basiert.

53 Vgl. Chumo: *Dance, Flexibility, and the Renewal of Genre in Singin' in the Rain*, S. 52.

54 Vgl. Ames: *Movies about the Movies. Hollywood Reflected*, S. 69.

55 Vgl. Mast: *Can't Help Singin'. The American Musical on Stage and Screen*, S. 265.

56 Vgl. Wollen: *Singin' in the Rain*, S. 54–55.

märchenhafte Züge haben, trotzdem lässt sich argumentieren, dass der Film sehr wohl die Zeit widerspiegelt, in welcher er entstand, und dass das Musical realitätsbezogen auf dem Hintergrund der politischen Verhältnisse in den USA Anfang der 50er Jahre interpretiert werden kann.

Seine Handlung lässt sich nämlich auch wie folgt zusammenfassen: Kathy Seldon soll »mundtot« gemacht werden und kommt daher auf eine schwarze Liste. Diese Attacke wird initiiert von einer Informantin, welche die Medien nutzt, um ein rückgratloses Filmstudio unter Druck zu setzen. Dass sich das Ganze auf der Leinwand in einem Happy-End auflöst, ist der einzige Unterschied zur wahren Geschichte des amerikanischen Filmwesens, und zeugt klar von vergeblichem Wunschdenken.[57]

1951 ging die Kommunistenhatz in Hollywood unter Senator Joseph McCarthy in die zweite Runde. Das »House Un-American Activities Committee (HUAC)« hielt Anhörungen in der Filmmetropole ab, und zahlreiche Künstler bangten um ihren Arbeitsplatz. Grund zur Nervosität hatten auch mehrere der Kreativkräfte, welche für *SITR* verantwortlich zeichneten, allen voran Gene Kelly. Der Schauspieler bewegte sich seit seiner Zeit in New York in linksgerichteten Kreisen und war in Los Angeles in der Schauspielgewerkschaft aktiv.[58] Wegen dieser Tätigkeiten und wegen seiner politischen Ansichten war Kelly bereits 1947 und 1948 vom Tenney Komitee öffentlich kritisiert worden. Zudem unterstützte er das »Committee for the First Amendment (CFA)«, das gegründet wurde, als HUAC die sogenannten »Unfreundlichen 19« vorlud und reiste mit dem Komitee nach Washington, um vor HUAC auszusagen, was in einem politischen Desaster für das CFA (und Kelly) endete.[59] Kellys Ehefrau, Betsy Blair, die eine Zeit lang sozialistischen Überzeugungen anhing und verschiedenen kommunistischen Deckorganisationen angehörte, wurde sogar auf die schwarze Liste gesetzt und bekam von 1949 bis 1955 keine einzige Rolle mehr in Hollywood.[60]

Nach Beendigung der Dreharbeiten zu *SITR* entschied Kelly, dass es an der Zeit war, nach Europa zu gehen, und reiste nach Frankreich, wo er am 1.1.1952 eintraf. Insgesamt blieb er bis Anfang August 1953 und somit 18 Monate in Europa,[61] und auch wenn er als offiziellen Grund Steuerersparnis angab, scheint es wahrscheinlich, dass die Hexenjagd auf kommunistische Kräfte in der Filmindustrie bei seinem Entschluss, die USA zu verlassen, eine maßgebliche Rolle gespielt hat.

---

57 Vgl. ebd., S. 51.
58 Vgl. ebd., S. 47.
59 Vgl. Ewing: ›*Dance!*‹ *Structure, Corruption, and Syphilis in Singin' in the Rain*, S. 17.
60 Vgl. Wollen: *Singin' in the Rain*, S. 48.
61 Vgl. ebd., S. 50.

Ebenfalls in Gefahr, ins Kreuzfeuer des Ausschusses zu geraten, waren die Drehbuchautoren Comden und Green; sie hatten u.a. während ihrer Zeit als Mitglieder »Revuers« einen bissigen Sketch über HUAC geschrieben.[62]

Angesichts dieser Ereignisse ist die Diskrepanz zwischen Fiktion und Wirklichkeit besonders markant: Im Gegensatz zu R. F. Simpson, dem Chef von »Monumental Pictures«, der selbstlos sogar geschäftliche Einbußen in Kauf nimmt, um einer hilflosen Künstlerin zu ihrem Recht zu verhelfen, verhielten sich die Studiobosse im Los Angeles der 50er Jahren ganz und gar nicht so, wie sie in *SITR* dargestellt werden – gerecht und menschlich: Louis B. Mayer, Jack Warner und Walt Disney hatten keinerlei Hemmungen, in Washington auszusagen, und denunzierten mehrere Personen in der Filmindustrie, die sie im Verdacht hatten, Kommunisten zu sein.[63]

Dore Schary, der Mayer als Chef von MGM abgelöst hatte, war zwar ein Liberaler, der aus seiner Überzeugung kein Geheimnis machte, konnte aber den später verurteilten »Hollywood Zehn« nicht helfen, obwohl er ihrer Sache gewogen war; es ist schwer zu sagen, ob Schary nicht genug Macht oder schlicht nicht genug Rückgrat hatte.[64] Tatsache bleibt, dass das nächste Projekt, an dem Kelly nach seiner Rückkehr aus Europa mitarbeiten sollte, *Huckleberry Finn*, auf Anweisung Scharys von Arthur Freed gestoppt wurde, nachdem dessen Drehbuchautoren, Donald Odgen Stewart and E.Y. Harburg, ebenfalls auf die schwarze Liste kamen.[65]

Neigt man dieser politischen Lesart des Films zu, wie soll man dann die Titelnummer interpretieren, die in ihrer Euphorie so gar nicht mit der harschen Realität Hollywoods im Jahr 1951 vereinbar scheint? Für Peter Wollen zeigt sie Kellys Entschluss, allen beruflichen Schwierigkeiten zum Trotz optimistisch zu bleiben – auch wenn er einst naiv und gedankenlos war (d. h. dem Kommunismus nahe stand), ist er doch fröhlich und patriotischer Amerikaner.[66]

Die Starpersönlichkeit Gene Kellys

Gene Kelly begann seine steile Karriere am Broadway, wo er 1940 in der Rolle des Pal Joey im gleichnamigen Musical von Richard Rodgers und Lorenz Hart den Durchbruch feierte; diese Rolle brachte ihn auch zu MGM. Gleich sein erstes Filmprojekt, *For Me and My Gal* (1942) an der Seite von Judy Garland, machte

---

62 Vgl. ebd., S. 49.
63 Vgl. Ewing: ›Dance!‹ Structure, Corruption, and Syphilis in Singin’ in the Rain, S. 18.
64 Vgl. Silverman: *Dancing on the Ceiling. Stanley Donen and His Movies*, S. 139.
65 Vgl. Wollen: *Singin’ in the Rain*, S. 50.
66 Vgl. ebd., S. 51.

ihn zum Kinostar und begründete sein Image und seine Persönlichkeit als Star, die sich folgendermaßen umreißen lassen: der selbstbewusste, egoistische, athletische und körperlich aktive Amerikaner, wie er im Buche steht.[67]

Seine ganze Karriere hindurch schien Kelly darüber besorgt zu sein, dass sein Beruf als Tänzer seine männliche Erscheinung unterminierte,[68] und so bemühten sich Kelly und MGM, durch einen emphatischen Anspruch auf heterosexuelle Männlichkeit dem Vorurteil entgegenzuwirken, Balletttänzer als Beruf sei weibisch.[69] Ganz in diesem Sinne betitelte Kelly seine Fernsehsendung, die 1958 auf NBC ausgestrahlt wurde, *Dancing: A Man's Game* und behauptete: »[A]ny dancer [...] who looks sissy while dancing is just a lousy dancer.«[70]

Was Kelly offensichtlich beunruhigte, war die Tatsache, dass er nicht nur männlich, sondern auch sexy war, wenn er tanzte; in seinen Tanzeinlagen hat er ein erotisches Potential, welches die klassische Geschlechtertrennung von männlich und weiblich aufweicht.[71] Als Musicaldarsteller wird Kelly zum erotischen Schauobjekt, was seine Männlichkeit einerseits bestätigt, aber seine Heterosexualität andererseits potentiell unterläuft,[72] denn der männliche Tänzer als visuelles Objekt (der Begierde) verstieß gegen die Geschlechternormen,[73] auch und gerade der amerikanischen Nachkriegsjahre. Die Folge ist eine paradoxe Situation: Das Tanzen war Ausdruck von Kellys Männlichkeit, aber er befürchtete zugleich, dass er jene Männlichkeit durch das Tanzen grundsätzlich in Frage stellte.[74]

Für Kelly, der sich selbst als den »Marlon Brando« und Fred Astaire als den »Cary Grant unter den Tänzern« bezeichnete,[75] war es von großer Wichtigkeit, in seinen Rollen diejenigen Charaktereigenschaften herauszustellen, welche seine angeborene Virilität bezeugten, als da wären Selbstvertrauen, Sportlichkeit und Rücksichtslosigkeit, mit einem Wort Großspurigkeit. Seine durchtrainierte Konstitution reflektierte darüber hinaus auch ein Verständnis von Männlichkeit, wie es Ende der 40er Jahre in der amerikanischen Arbeiterklasse zu finden war, einem Sozialmilieu, in welchem Kelly sich selbst ansiedelte: »What I wanted to do was

---

67 Vgl. Cohan: *Incongruous Entertainment*, S. 164. Cohan benutzt hier den englischen Begriff »cocky«, um Kelly zu beschreiben; die Doppeldeutigkeit dieses Adjektivs verweist bereits darauf, wie bedeutsam seine männliche Ausstrahlung für Kellys Starpersönlichkeit war.
68 Vgl. Cohan: *Incongruous Entertainment*, S. 152.
69 Vgl. Knapp: *The American Musical and the Performance of Personal Identity*, S. 76.
70 Zitiert in Cohan: *Incongruous Entertainment*, S. 155.
71 Vgl. ebd., S. 156.
72 Vgl. ebd., S. 169.
73 Vgl. ebd., S. 159.
74 Vgl. Cohan, Steven: *Case Study: Interpreting Singin' in the Rain*. In: *Reinventing Film Studies*. Hg. von Christine Gledhill und Linda Williams, S. 53–71, hier: S. 71.
75 Vgl. Hirschhorn: *Gene Kelly. A Biography*, S. 138.

dance [...] for the common man. The way a truckdriver would dance when he would dance, or a bricklayer, or a clerk, or a postman… I grew up with all these kinds of peoples, you know.«[76]

Es war jedoch nicht nur die Aggressivität seines Tanzstils, welche helfen sollte, die Erotisierung seines Körpers zu kompensieren, sondern auch die Rollen, welche MGM für ihn aussuchte. Das Studio stellte Kelly für gewöhnlich einen weniger (alpha-)männlichen Co-Star (z.B. Frank Sinatra, Phil Silvers, Oscar Levant, Donald O'Connor oder Van Johnson) als besten Kumpel zur Seite[77] und kreierte auf diese Weise ein homosoziales Männerbündnis. Kelly der Star definiert sich hauptsächlich durch diese Beziehungen als Mitglied der amerikanischen Arbeiterklasse: er ist von irischer Abstammung, pflegt seine Männerfreundschaften, die in der Jugendzeit entstanden sind, und ist ein sexueller Draufgänger – all dies sind Eigenschaften, die ihn deutlich vom eher femininen Verhalten seines besten Freundes abheben.[78]

Hilfreich in dieser Hinsicht war auch, dass Gene Kellys Leinwandimage zudem stark mit dem Militär verbunden war, spielte er doch mehrfach Matrosen, Soldaten und Veteranen.[79] In all seinen Filmen entwickelt sich indessen der Charakter, den Kelly spielt, im Verlauf der Handlung weg vom kleinen Mann der Arbeiterklasse und deren Verständnis von Geschlechterrollen hin zu einem Protagonisten der Mittelklasse mit ihrer Ideologie einer ausschließlich heterosexuellen Orientierung.[80] Dies geschah vornehmlich dadurch, dass der beste Freund durch die weibliche Hauptfigur ersetzt wird und am Ende des Films für gewöhnlich die Ehe steht.

Eine vergleichbare Entwicklung des Geschehens findet sich auch im Musical *SITR*, das aber trotzdem ein »queer reading« erlaubt.[81] In diesem Zusammenhang ist es bedeutsam, dass der Film zweifelsfrei die Romanze zwischen Don und Kathy in den Vordergrund stellt, dass aber die Gesangs- und Tanznummern nicht als Beleg für die Bedeutsamkeit dieser Romanze herangezogen werden können,[82] zumal Don zwar mehrere Tanzeinlagen mit Cosmo hat, aber keine einzige nur

---

76 Zitiert in Cohan: *Incongruous Entertainment*, S. 151.
77 Vgl. ebd., S. 152.
78 Vgl. ebd., S. 165. Raymond Knapp zufolge ist es vor diesem Hintergrund kein Zufall, dass in neueren Filmen die Figur des asexuellen Kumpels häufig durch die eines homosexuellen besten Freundes ersetzt wird. (Vgl. Knapp: *The American Musical and the Performance of Personal Identity*, S. 75).
79 Vgl. Cohan: *Incongruous Entertainment*, S. 163.
80 Vgl. ebd., S. 165.
81 Eine ausführliche diesbezügliche Interpretation findet sich bei Knapp: *The American Musical and the Performance of Personal Identity*, S. 76.
82 Vgl. Cohan: *Incongruous Entertainment*, S. 191.

mit Kathy.[83] Selbst die Titelnummer, die sich auf einer Ebene als Ausdruck von Dons (hetero-)sexuellem Verlangen interpretieren lässt, kann ebenso gut als rein autoerotisches Vergnügen an Gesang und Tanz verstanden werden.[84]

In *SITR* kommt das heterosexuelle Liebespaar nicht dadurch zustande, dass ein Mann und eine Frau zusammengebracht werden, sondern durch die Eliminierung des zusätzlichen und als überflüssig gekennzeichneten zweiten männlichen Protagonisten, und wie eine detaillierte Analyse beweist, sind Kathy und Cosmo in hohem Grade austauschbar.[85] Ist es im Übrigen nicht Don, für den Cosmo *Make 'Em Laugh* improvisiert? In dieser Nummer wird Cosmo zum Schauobjekt für Don, der als Stellvertreter für das Publikum fungiert, wodurch die Szene für Alexander Doty zu einem Paradebeispiel für verdrängtes homosexuelles Verlangen avanciert.[86]

Dem Geschlechterverständnis in den USA der frühen 50er Jahre entsprechend, werden die Probleme im Film von Frauen verursacht und von Männern gelöst; bezeichnenderweise geht auch der Betrug von Lina aus.[87] Auf der reinen Handlungsebene werden die weiblichen Charaktere als Unruhe stiftend präsentiert; sie sind der Grund für sämtliche Probleme, die Don hat: Linas Stimme gefährdet seine Karriere, und Kathys Kritik an seiner Schauspielkunst untergräbt sowohl seine Leinwandpersönlichkeit als männlicher Held als auch sein privates Selbstvertrauen.[88] Deshalb muss Kathy, die kein Blatt vor den Mund nimmt, in »Broadway Melody« durch die stumme Cyd Charisse ersetzt werden.[89]

Wer die Ordnung stört, wird unweigerlich zur Ordnung gerufen, und dementsprechend werden die weiblichen Figuren durch wiederholte Demütigung bestraft (Lina), als gefügsame Naive ruhig gestellt (Kathy) bzw. erst zum erotischen Objekt degradiert und dann als herzloser Vamp entlarvt (die Puppe des Gangsters).[90] Nicht zuletzt weil die Nummer Cyd Charisse als das sexualisierte Schau-

---

83 Vgl. Knapp: *The American Musical and the Performance of Personal Identity*, S. 76.
84 Vgl. Cohan: *Incongruous Entertainment*, S. 189. Weil die Nummer aus diesem Mangel an Konkretheit nicht besonders stark in der Handlung verankert ist, kann sie gut als markanter Auszug des gesamten Films für sich stehen, was erklärt, warum sie so oft als Ausschnitt Verwendung findet. (Vgl. ebd.)
85 Vgl. Mellencamp, Patricia: *Spectacle and Spectator: Looking through the American Musical Comedy*. In: *Explorations in Film Theory: Selected Essays from Ciné Tracts*. Hg. von Ron Burnett. Bloomington 1991, S. 3–14, hier: S. 6.
86 Vgl. Doty, Alexander: *Flaming Classics: Queering the Film Canon*. New York 2000, S. 11.
87 Vgl. Wollen: *Singin' in the Rain*, S. 56.
88 Vgl. Cohan: *Incongruous Entertainment*, S. 194.
89 Vgl. ebd.
90 Vgl. Cohan: *Case Study*, S. 63.

objekt präsentiert, bestätigt »Broadway Melody« dann sowohl Dons als auch Kellys Status als heterosexuellen Star.[91]

So lässt sich zusammenfassen, dass der Film Kellys Leinwandimage dem gängigen Verständnis der Geschlechterrollen und von Sexualität anpasst, wie es Anfang der 50er Jahre in den Vereinigten Staaten vorherrschte – mittels eines deutliche(re)n Absetzens und Gegenüberstellens von männlich und weiblich sowie heterosexuell und homosexuell wird Männlichkeit gemäß den Normen jener Zeit ausgesprochen rigide definiert.[92]

Das vielleicht beste Beispiel des »American sense of (pure) fun«

Gene Kellys Gesangs- und Tanzeinlagen vermitteln häufig ein Gefühl von kindlicher Freude und Ausgelassenheit,[93] weshalb »Singin' in the Rain« in vielfacher Hinsicht perfekt für ihn war. Das Evergreen ist ein Hohelied an den Optimismus, das laut Comden und Green niemand singen kann, ohne die Zeile »There's a smile on my face« in die Tat umzusetzen.[94]

Um in die richtige Stimmung für die Titelnummer zu kommen, dachte Kelly daran, »wieviel Spass Kinder haben, wenn sie in Regenpfützen herumplatschen« und beschloss, in dieser Nummer wieder zum Kind zu werden:[95] Wie ein kleiner Junge testet Don die Schwerkraft aus, erklettert Straßenlaternen, balanciert auf der Bordsteinkante und kann scheinbar nicht zwischen leblosen und lebendigen Objekten unterscheiden, weswegen er die Reklamefigur im Schaufenster der Apotheke besingt.[96]

Vielleicht ist es jener »American sense of (pure) fun«, der *SITR* zu so einem Publikumsfavoriten gemacht hat; bestimmt jedoch war er der Ausgangspunkt für den ebenso ungewöhnlichen wie radikalen Plan, welchen der US-Komiker Steve Martin vor einigen Jahren unterbreitete. In einem Beitrag in *Variety*, der selbsternannten »Bibel des Showbusiness«, vom 20. März 2003 wurde Martin mit dem Vorschlag zitiert, George W. Bush und Saddam Hussein in einen Raum zu sperren und sie zu zwingen, sich gemeinsam *SITR* anzugucken, um die bevorstehende Invasion Iraks durch die USA zu verhindern. Der Komiker begründete seine Idee folgendermaßen: »[T]he nature of that movie is to celebrate joy and fun and silli-

---

91 Vgl. Cohan: *Incongruous Entertainment*, S. 195–196.
92 Vgl. ebd., S. 198.
93 Vgl. Wollen: *Singin' in the Rain*, S. 13.
94 Vgl. Comden, Betty & Green, Adolph: *Singin' in the Rain*. New York 1972 (The MGM Library of Film Scripts), S. 4.
95 Vgl. Wollen: *Singin' in the Rain*, S. 13.
96 Vgl. Casper: *Stanley Donen*, S. 5.

ness. So how could two men, even those who have vast ideological differences such as when and how much to bomb the living daylights out of each other, hate one another after seeing *Singin' in the Rain*?«[97]

Der Aufstieg zum gefeiertsten Musical aller Zeiten

Wer sich heutzutage über *SITR* informieren möchte, stößt wieder und wieder auf Superlative: Der Film wird als *das* klassische Filmmusical bezeichnet,[98] ja als »the most peerless of musicals«[99] gepriesen. Nicht eine einzige Einstellung des Films sei veraltet; er habe sich Frische und Strahlkraft bewahrt,[100] und bei der Titelnummer handele es sich um »the single most memorable dance number on film«.[101] Das Musical selbst sei »one of the liveliest, smartest and most brilliantly self-referential films ever made«.[102] Wie Adolph Green ausführt: »It's a favorite film the world over. There and here people are always telling us that the family sits together to watch it.«[103]

Als eines von insgesamt acht Musicals, welche MGM 1952 in die Kinos brachte, erhielt der Film überwiegend positive Kritiken.[104] Dennoch stand *SITR* zunächst im Schatten eines noch erfolgreicheren anderen MGM-Musicals: *An American in Paris (AAIP)*, dessen Lieder bekannter und berühmter waren,[105] spielte $8 Millionen ein und übertraf damit den Nachfolgefilm an der Kinokasse.[106] Im April 1952, dem Monat der Uraufführung von *SITR*, gewann *AAIP* sechs Oscars (darunter den für den »Besten Film des Jahres«) sowie einen Sonder-Oscar für Gene Kelly. In der gesamten Geschichte der Academy Awards waren vorher lediglich zwei weitere Musicals als »Bester Film« ausgezeichnet worden: *The Broadway Melody* (1929) und *The Great Ziegfeld/Der grosse Ziegfeld* (1936).

Der Chef von MGM, Dore Schary, beschloss, daraus Gewinn zu schlagen und brachte den Film wieder in die Kinos, kappte im Gegenzug aber das Werbe-

---

97 Zitiert in Cohan: *Incongruous Entertainment*, S. 202.

98 Vgl. Knapp: *The American Musical and the Performance of Personal Identity*, S. 70.

99 Ebd., S. 83.

100 Vgl. Hirschhorn: *Gene Kelly. A Biography*, S. 219.

101 Wollen: *Singin' in the Rain*, S. 9.

102 Romney, Jonathan: *All in the Genes*. In: *New Statesman* vom 27. November 2000, S. 42–43, hier: S. 43.

103 Zitiert in Laffel, Jeff: *Betty Comden and Adolph Green*. In: *Films in Review*, 43/3–4 (März/April 1992) und 43/5–6 (Mai/Juni) 1992, o. S.

104 Vgl. Hess & Dabholkar: *Singin' in the Rain*, S. 178.

105 Vgl. Knapp: *The American Musical and the Performance of Personal Identity*, S. 71.

106 Vgl. Hess & Dabholkar: *Singin' in the Rain*, S. 186.

budget für *SITR,* um Kosten zu sparen,[107] und schob den Film damit praktisch aufs Abstellgleis.[108] Nichtsdestotrotz wurde er mit einem Einspielergebnis von insgesamt \$7.665.000[109] zu einem überragenden Kassenerfolg.

Ein knappes Jahr später erhielt *SITR* selbst nur zwei Oscar-Nominierungen (für Jean Hagen als »Beste Nebendarstellerin« und »Best Scoring of a Musical Picture«), was im Nachhinein völlig unverständlich scheint, und ging bei der Preisverleihung leer aus; Adolph Green mutmaßte in diesem Zusammenhang: »I think they were thrown by the fact that the picture was funny. Really funny.«[110]

Der Film wurde 1958 und 1962 von MGM erneut in die Kinoauswertung gegeben, bevor er 1963 ans amerikanische Fernsehen verkauft wurde,[111] wo er wenig später von der Ankunft des Farbfernsehens profitierte.[112] Anfang der 70er Jahre wurde dann das Skript in einer Reihe berühmter MGM-Drehbücher publiziert.

Maßgeblichen Anteil an der Neu-/Wiederentdeckung des Films hatte der MGM-Kompilationsfilm *That's Entertainment – Das gibt's nie wieder* von 1974, der in seinem Trailer behauptete, dass MGM das Musicalgenre erfunden habe,[113] und *SITR* besonders herausstellt. In einer Sequenz erklärt Frank Sinatra den Streifen schlicht zum besten Filmmusical, das je gedreht worden ist.[114] Der Kompilationsfilm wurde zum Kassenschlager, und im Anschluss kam auch *SITR* wieder ins Kino.[115]

Ab Anfang der 80er Jahre wurde das Musical auch wieder verstärkt im Fernsehen ausgestrahlt;[116] über die Jahre hatte der einstige »Todfeind« der Filmindustrie mehrere Generationen die Wertschätzung alter Hollywoodfilme wie *SITR* gelehrt, und dafür gesorgt, dass all das, was 1952 »insider jokes« waren, schon 20 Jahre später als Allgemeinwissen gelten konnte.[117] 1983 erschien das Musical schließlich erstmals auf Video.

---

107 Vgl. Silverman: *Dancing on the Ceiling. Stanley Donen and His Movies,* S. 169 und Wollen: *Singin' in the Rain,* S. 9.

108 Vgl. Wollen: *Singin' in the Rain,* S. 9.

109 Vgl. Fordin, Hugh: *The World of Entertainment. Hollywood's Greatest Musicals.* Garden City 1975, S. 362.

110 Zitiert in Laffel: *Betty Comden and Adolph Green,* o. S.

111 Vgl. Cohan: *Incongruous Entertainment,* S. 200.

112 Vgl. Hess & Dabholkar: *Singin' in the Rain,* S. 218.

113 Vgl. ebd., S. 265.

114 Vgl. ebd.

115 Vgl. Wollen: *Singin' in the Rain,* S. 52.

116 Vgl. ebd.

117 Vgl. Hirschhorn: *Gene Kelly. A Biography,* S. 219.

Mitter der 80er Jahre erwarb Medienmogul Ted Turner das MGM-Werkverzeichnis; es wurde zum Grundstock für den Kabelsender »Turner Network Television«, der 1988 auf Sendung ging, und bildete 1994 auch die Basis für einen weiteren Sender, der sich auf klassische Hollywoodfilme spezialisierte, »Turner Classic Movies«. 1993 wurde zu Werbezwecken »The Turner Archival Project« ins Leben gerufen. Das Projekt gibt Interviews mit Veteranen der Studiozeit in Auftrag, deren Ausstrahlung das Interesse an alten Filmen intensivieren sollen; bis 2003 wurden mehr als 300 von diesen Interviews aufgezeichnet.[118] All diese Entwicklungen und Bestrebungen verankerten Metro-Goldwyn-Mayer im Bewusstsein der Öffentlichkeit als die wichtigste Filmfirma der Studioära und schufen die Marke »MGM«.[119]

Im Zuge dieser Neubewertung klassischer Hollywoodstreifen erfuhr *SITR* 1990 die seltene Ehre in der »Hollywood Bowl« mit Live-Orchesterbegleitung aufgeführt zu werden. Kurze Zeit darauf wurde das Musical als Laserdisc in der »Criterion Collection« veröffentlicht, was den Film neben die Werke solch anerkannter Regiegrößen wie Ingmar Bergman, Federico Fellini und Alfred Hitchcock einreihte.[120] Seitdem findet sich der Film regelmäßig auf amerikanischen Listen der »Besten Filme aller Zeiten« wieder;[121] er war auch unter den ersten 25 Klassikern, die das »US National Film Registry« für zukünftige Generationen archivierte.[122]

In diesem Zusammenhang sei auch auf die »Liste der zehn besten Filme aller Zeiten« verwiesen, welche die Filmzeitschrift *Sight and Sound*, Hausorgan des »British Film Institute«, alle zehn Jahre mittels einer groß angelegten Umfrage unter Filmkritikern, Filmwissenschaftlern und Regisseuren erstellt, und die dem kürzlich verstorbenen amerikanischen Filmrezensenten Roger Ebert zufolge die einzige »Top Ten«-Liste ist, die seriöse Filmschaffende wirklich ernst nehmen.[123] 1982 schaffte es *SITR* auf Platz 4 der besten Filme aller Zeiten,[124] 1992 auf Platz 11, 2002 auf Platz 10, und bei der jüngsten Umfrage im Jahr 2012 auf Platz 20.

---

118 Vgl. Cohan: *Incongruous Entertainment*, S. 259.

119 Vgl. ebd.

120 Vgl. ebd., S. 201.

121 Dem American Film Institute/AFI hat es der Film besonders angetan: 1998 wählte das AFI *SITR* zum besten Filmmusical aller Zeiten und genreübergreifend zum zehntbesten Film aller Zeiten (vgl. hierzu und zu Folgendem Hess & Dabholkar: *Singin' in the Rain*, S. 221). Einige Jahre später kürte es den Titelsong zum drittbesten Filmlied aller Zeiten, nach »Over the Rainbow« und »As Time Goes By«. Im Jahr 2000 wiederum schafft es *SITR* auf Platz 16 der AFI-Liste der lustigsten Filme aller Zeiten; 2002 auf Platz 16 der romantischsten Filme aller Zeiten, und 2007 gar zum fünftbesten Film aller Zeiten.

122 Vgl. Cohan: *Incongruous Entertainment*, S. 200.

123 Ebert, Roger: *Citizen Kane Fave Film of Movie Elite*. In: *Chicago Sun-Times* vom 11. August 2002, S. 25.

124 Auf den ersten drei Plätzen landeten *Citizen Kane*, *La Règle du Jeu* und *The Seven Samurai*.

Die Anerkennung, die der Film ohne Zweifel in der Filmindustrie, im Filmjournalismus und der Filmwissenschaft genießt, muss Staunen machen, entspricht *SITR* doch so überhaupt nicht dem Anforderungsprofil eines typischen Kultklassikers (im Gegensatz bspw. zu *Vertigo/Aus dem Reich der Toten* [1958]): Der Film wurde nicht von einem anerkannten »auteur« gedreht, war kein finanzieller Misserfolg und kam bei den Kritikern sehr gut an, was eine Wiederentdeckung und Neubewertung bis zu einem gewissen Grad überflüssig machte.[125]

Auch wenn *SITR* nie ganz den Kultstatus von beispielsweise *The Wizard of Oz/Das zauberhafte Land* (1939) erreichte,[126] ist es doch ein Film, mit dem die Beteiligten für den Rest ihrer Karriere in Verbindung gebracht wurden, was zumindest bei seinen Regisseuren gemischte Gefühle auslöste. Gene Kelly war irritiert, weil es weder sein eigener Lieblingsfilm war – die Ehre gebührt *On the Town* – noch, wie er fand, seine besten Tanzszenen enthielt.[127] Stanley Donen seinerseits urteilte 1968, auch wenn er *Moses Supposes* für die beste Stepptanznummer in der Geschichte des Films halte,[128] sei die Zeit am Film nicht spürbar vorbei gegangen, er sei »creaky«.[129]

Betty Comden und Adolph Green hingegen standen der Begeisterung für den Film ungleich positiver gegenüber und werden mit den Worten zitiert: »What's wonderful [...] is to be in a strange country where no one knows you until your're introduced as the people who wrote *SITR* and watch everyone smile.«[130] Sie berichten außerdem stolz von einer Begegnung mit François Truffaut, der ihnen ehrfürchtig erzählte, er und Alain Resnais würden den Film nicht nur als Klassiker betrachten, sondern ihn auch regelmäßig in einem Pariser Kino anschauen.[131] Die beiden Drehbuchautoren waren ebenfalls sehr angetan von den lobenden Worten Pauline Kaels,[132] Filmrezensentin des *New Yorker* und berüchtigt für ihre scharfzüngigen Kritiken, die *SITR* zum »probably the most enjoyable of all American movie musicals«[133] erklärte, und sich bereits 1961 als eine der ersten Kriti-

---

125 Vgl. Cohan: *Incongruous Entertainment*, S. 206.

126 Vgl. ebd., S. 205.

127 Vgl. Hess & Dabholkar: *Singin' in the Rain*, S. 212.

128 Die einzige Sequenz, die an die Qualität von »Moses Supposes« heranreiche, sei »Begin the Beguine« in *The Broadway Melody of 1940*. (Vgl. Silverman: *Dancing on the Ceiling. Stanley Donen and His Movies*, S. 161.)

129 Vgl. Silverman: *Dancing on the Ceiling. Stanley Donen and His Movies*, S. 142.

130 Zitiert in Laffel: *Betty Comden and Adolph Green*, o.S.

131 Vgl. Comden & Green: *Singin' in the Rain*, S. 10. Später inspirierte *SITR* Truffaut zu seinem eigenen Oscar-prämierten Film über das Filmemachen, *La Nuit Américaine/Die amerikanische Nacht* (1973).

132 Vgl. ebd.

133 Vgl. Kael, Pauline: *5001 Nights at the Movies. Expanded for the '90s with 800 New Reviews*. New York 1991, S. 683.

ker(innen) dafür stark machte, dem Film mehr Anerkennung entgegenzubringen.[134]

Dass es über die Jahre einfacher und einfacher wurde, *SITR* zu sehen, war nur einer von mehreren Gründen für die zunehmende Beliebtheit des Musicals; als weiteren nennt Peter Wollen in seiner Monographie zum Film das Aufkommen der »Auteur Theorie«; auch wenn sie wie an anderer Stelle näher erläutert, auf *SITR* schwierig anzuwenden ist, nicht zuletzt weil nur Stanley Donen mehrere Filme außerhalb des Musicalgenres gedreht hat, führte die Frage, inwiefern der Streifen typische Themen und filmische Ausdrucksmittel der »Autoren« Kelly und Donen enthielt, doch zu einer intensiveren Auseinandersetzung mit dem Film.[135]

Zu den berühmten Fans des Films zählten neben Regisseuren wie Charlie Chaplin, der den Film zwei Tage, bevor er in die Kinos kam, sah und begeistert war,[136] und Billy Wilder, für den er zu den fünf besten Kinowerken aller Zeiten zählte,[137] auch Ikonen des modernen und klassischen Tanzes, wie Twyla Tharp und Michael Baryschnikow, welche sich den Film wieder und wieder ansahen, um die Tanzszenen zu studieren.[138]

Im Großen und Ganzen waren es somit Filmschaffende, Filmfans und Filmkritiker wie Kael, welche *SITR* zum Kultobjekt erhoben;[139] sie entdeckten den Film für sich als perfektes Beispiel für die Art unprätentiöser Populärkultur, welche während des Studiosystems zur Kunstform avancierte,[140] und widersprachen der in den 50er Jahren vorherrschenden Auffassung, Hochkultur sei von Massenkultur strikt abzugrenzen und das Musical sei nicht mehr als harmloser Eskapismus.[141]

Ein Film über das Filmemachen: Hollywood thematisiert sich selbst

Vor einigen Jahrzehnten entwickelten Filmkritik und Filmwissenschaft ein verstärktes Interesse an selbstreflexiven Filmen, wovon nicht nur Autorenfilme wie Fellinis *8½*, sondern auch *SITR* profitierten. Der Titelsong ist bereits ein Paradebeispiel für die Selbstreflexivität des Klassikers: ein Lied über das Singen, in ei-

---

134 Vgl. Cohan: *Incongruous Entertainment*, S. 207.
135 Vgl. Wollen: *Singin' in the Rain*, S. 52.
136 Vgl. Hess & Dabholkar: *Singin' in the Rain*, S. 180.
137 Vgl. Silverman: *Dancing on the Ceiling. Stanley Donen and His Movies*, S. 146.
138 Vgl. Yudkoff, Alvin: *Gene Kelly. A Life in Dance and Dreams*. New York 1999, S. 218.
139 Vgl. Cohan: *Incongruous Entertainment*, S. 205.
140 Vgl. Kael: *5001 Nights at the Movies*, S. 683.
141 Vgl. Cohan: *Incongruous Entertainment*, S. 205.

nem Filmmusical über Musicals, in einem Hollywoodfilm über Hollywood.[142] Als filmische Auseinandersetzung mit dem Filmemachen stellt der Film Fragen nach dem Verhältnis von Ton und Bild, Authentizität und Inauthentizität u.a.m.[143]

Um höchstmögliche Historizität zu erzielen, wurden für *SITR* im MGM-Archiv nach alten Mikrophonen, Kameras und Scheinwerfern gesucht[144] und berühmte Stummfilmkulissen nachgebaut: In der Nummer »Good Morning« in Dons Hollywoodpalast fand die Dekoration des Greta Garbo-Hits *Flesh and the Devil/Es war* (1926) Wiederverwendung.[145] Für viele Fans liegt die Faszination von *SITR* daher in der Spannung zwischen Künstlichkeit und Wirklichkeit, sowie darin, zu spekulieren, welches das nachgebaute und welches das reale Studio ist, und welche von den Antiquitäten auf der Leinwand original und welche gefälscht sind.[146]

Das Musical respektiert sein Publikum; es wendet sich an den sachkundigen Filmfan, der sich in Hollywoodgeschichte und Genrekonventionen auskennt, und die »Insiderwitze« und Anspielungen versteht,[147] ohne dabei übermäßig seriös zu tun: Für Regisseur Baz Luhrmann liegt der Charme des Klassikers in seinem verspielten Augenzwinkern, seiner Botschaft: »Don't take me seriously because I am just a movie and I am serious about being that.«[148]

Viele Details des Plots haben ihre Parallele in der Karriere von Hauptdarsteller Gene Kelly: Er nahm selbst Sprechunterricht, um seinen Akzent loszuwerden,[149] und bekam des Weiteren die Tücken der Tontechnik am eigenen Leib zu spüren, denn als er Probeaufnahmen für *The Keys of the Kingdom/Schlüssel zum Himmelreich* (1944) machte, liefen Bild und Ton nicht synchron.[150] Auch Kelly wurde mit der mangelnden Phantasie eines Studiobosses konfrontiert – wie R. F. Simpson konnte sich Columbia-Studiochef Harry Cohn eine ausgeklügelte Nummer (den »alter ego«-Tanz in *Cover Girl/Es tanzt die Göttin* 1944) nicht bildlich vorstellen, als sie ihm beschrieben wurde.[151] Zu guter Letzt ließe sich auch noch anführen, dass die künstlerische Partnerschaft und private Freundschaft zwischen Don Lockwood und Cosmo Brown deutliche Züge der Beziehung zwischen Gene Kelly und Stanley Donen trägt.[152]

---

142 Vgl. Ames: *Movies about the Movies. Hollywood Reflected*, S. 67.
143 Vgl. Wollen: *Singin' in the Rain*, S. 53.
144 Vgl. Behlmer: *America's Favorite Movies: Behind the Scenes*, S. 264.
145 Vgl. Cohan: *Incongruous Entertainment*, S. 230.
146 Vgl. Wollen: *Singin' in the Rain*, S. 58.
147 Vgl. Romney: *All in the Genes*, S. 42.
148 Zitiert in Cohan: *Incongruous Entertainment*, S. 207.
149 Vgl. Hirschhorn: *Gene Kelly. A Biography*, S. 99–100.
150 Vgl. ebd, S. 100–101.
151 Vgl. Ewing: ›*Dance!*‹ *Structure, Corruption, and Syphilis in Singin' in the Rain*, S. 14.
152 Vgl. Casper: *Stanley Donen*, S. 45.

Der Film behandelt die zwei schwersten Krisen in der Geschichte des (amerikanischen) Films – die Ankunft des Tons und die Ankunft des Fernsehens; das Musical thematisiert Erstere und wurde während Letzterer gedreht.[153] Der Zeitrahmen von *SITR* verkürzt allerdings das Chaos während der Einführung des Tonfilms auf wenige, nämlich sechs, Wochen[154] und präsentiert das Genre der Musical Comedy durchgängig als den logischen Endpunkt der Einführung des Tonfilms,[155] wobei Hollywood ziemlich eigennützig auf das MGM-Musical reduziert wird.[156]

Zum Zeitpunkt der Dreharbeiten drohte das Fernsehen bereits, das MGM-Musical selbst als überflüssig ad acta zu legen,[157] denn es hatte »live variety shows« im Programm, die an das alte Format der Vaudeville-Darbietungen anknüpften, und eine (billigere und farblosere) Alternative zum Filmmusical darstellten.[158]

Mit *SITR* ging das Genre indes zum Gegenangriff über, indem es die Entwicklung des Stummfilms hin zum perfekten, allumfassenden Gesamt(film)kunstwerk inklusiver perfekter Tanzeinlagen feiert: dem MGM-Musical.[159] Aus diesem Grund stellen die überschwänglichsten Nummern des Films (*Moses Supposes*, *Good Morning* und *Make 'Em Laugh*) sorgfältig die Illusion wieder her, welche die Szenen mit Lina zerstören, denn wie bspw. kann O'Connor singen, wenn er durch Wände kracht?[160] Das pure Vergnügen am und durch den Unterhaltungsfilm konterkariert zusätzlich das Enthüllen der Illusionsmaschinerie und unterläuft die Kritik an seiner mangelnden Authentizität.[161]

Es zeigt sich also, dass das Musical letztendlich davor zurückschreckt, dem Publikum all seine Illusionen über die Traumfabrik zu rauben. Das Studiosystem feiert sich vielmehr selbst, indem es sich ein besseres Zeugnis ausstellt, als es verdient, wie von mehreren Seiten aufgezeigt worden ist: Wenn Lina R. F. davon zu überzeugen versucht, dass »Monumental Pictures« die lukrative Kombination ihres Ruhmes mit Kathys Stimme unbehelligt lassen sollte, vertritt sie den gängigen Standpunkt Hollywoods, dass der Zweck die Mittel heiligt; die Bemühungen des

---

153 Vgl. Ames: *Movies about the Movies. Hollywood Reflected*, S. 57.
154 Vgl. Cohan: *Incongruous Entertainment*, S. 212–213.
155 Vgl. Ames: *Movies about the Movies. Hollywood Reflected*, S. 66.
156 Vgl. Cohan: *Incongruous Entertainment*, S. 210.
157 Vgl. ebd., S. 203.
158 Vgl. ebd., S. 219.
159 Vgl. Romney: *All in the Genes*, S. 42.
160 Wie Gerald Mast hervorhebt, ist die Nummer ebenso »trompe l'oreille« wie »trompe l'oeil« (vgl. Mast: *Can't Help Singin'*, S. 265.)
161 Vgl. Ames: *Movies about the Movies. Hollywood Reflected*, S. 70.

Studiobosses, einer unbekannten Sängerin zu ihrem Recht zu verhelfen, sind angesichts der realen Geschichte Hollywoods ziemlich unglaubwürdig.[162]

Im Film wird der Eindruck erweckt, die Produktionsgesellschaft sei nicht an Profit oder Macht interessiert, sondern an moralischem Verhalten,[163] aber wie lässt sich das mit der Tatsache vereinen, dass »Monumental Picture« niemals zugibt, wie sehr sie in Cosmos Schuld steht, da es *seine* unschätzbaren Ideen sind, die »The Dueling Cavalier« vor dem Ruin retten?[164] In diesem Zusammenhang sei abschließend noch daran erinnert, dass es offenkundig keiner der künstlerisch Beteiligten nötig befand, für Betty Noyce zu intervenieren, die Debbie Reynolds ihre Gesangsstimme lieh und deren Beitrag zum Gelingen von *SITR* von MGM absichtlich verschwiegen wurde.[165]

SITR selbst als Filmlegende: berühmte Anekdoten zur Entstehungsgeschichte des Musicals

Ein wahrer Filmklassiker wird über die Jahre selbst zum Mythos; dieser Prozess wird gefördert durch komische Geschichten und widersprüchliche Schilderungen dessen, was sich vor Beginn und während der Dreharbeiten abgespielt hat. Auch im Falle von *SITR* haben zweifelsohne mehrere Erzählungen, die sich um das Drehbuch, die Besetzung, und die Filmaufnahmen ranken, zur besonderen Aura des fertigen Musicalfilms beigetragen.

Die bekannteste dieser Anekdoten betrifft definitiv die Tatsache, dass der Film Kathy Selden als Multitalent präsentiert, welches einer anderen die Stimme leiht, dass es – wie bereits an anderer Stelle erörtert – in Wirklichkeit jedoch Debbie Reynolds war, die synchronisiert werden musste.

Zu jenen berühmt-berüchtigten Episoden zählt des Weiteren die Schreibblockade des Autorenteams Comden/Green, das sich nicht zwischen drei möglichen Anfangssequenzen entscheiden konnte; die beiden waren bereits entschlossen, MGM ihren Vorschuss zurückzahlen und nach New York zurückzureisen, als Betty Comdens Ehemann Steve vorschlug, einfach alle drei Ideen zu kombinieren,[166] was auf einen Schlag jegliche Probleme aus dem Weg räumte. Nach diesen anfänglichen Schwierigkeiten ging die Arbeit zügig voran, und das Script wurde

---

162 Vgl. ebd., S. 68.
163 Vgl. Mast: *Can't Help Singin'. The American Musical on Stage and Screen*, S. 266.
164 Vgl. Cohan: *Incongruous Entertainment*, S. 239.
165 Vgl. Clover, Carol J.: *Dancin' in the Rain*. In: *Critical Inquiry, 21/4* (Sommer 1995), S. 722–747, hier: S. 725.
166 Vgl. Comden & Green: *Singin' in the Rain*, S. 6–8.

bereits ein Jahr vor Beginn der Dreharbeiten fertiggestellt, während Kelly noch mit *AAIP* beschäftigt war.[167]

In mehreren entscheidenden Punkten weichen die Erinnerungen der Beteiligten jedoch voneinander ab: So besteht Gene Kelly etwa darauf, dass *SITR* von Anfang an als Starvehikel für ihn selbst geplant war,[168] während Comden und Green beteuern, nicht gewusst zu haben, wer die Hauptrolle spielen würde, als sie das Drehbuch verfassten, und Gerüchte hörten, dass Howard Keel für den Film vorgesehen sei.[169]

Auch den »crazy veil«-Tanz betreffend lassen sich die genauen Fakten nicht mehr feststellen, da hier die Angaben, wie lang der Schal von Cyd Charisse war, seit Jahrzehnten zwischen 25 Fuß (oder 7,5 m)[170] und 50 Fuß (oder 15 m)[171] schwanken. Vor kurzem haben Hess et al. folgenden Kompromiss vorgeschlagen: Es sei wahrscheinlich, dass je nach Einstellung zwei Schals mit unterschiedlicher Länge benutzt wurden.[172] Für die Aufnahmen zu jener Nummer wurden drei Flugzeugmotoren benötigt, weshalb sich die Szene Gene Kelly zufolge als außergewöhnlich schwierig herausstellte: »... that particular dance was about as complicated as anything I've ever done.«[173] Der Tanz bereitete jedoch nicht nur während der Dreharbeiten große Probleme, weil das Kostüm, welches Charisse trug, ihre Schamhaare sehen ließ, und diese später von Hand im Labor mit weißer Farbe übermalt werden mußten.[174]

Auch wie die Besetzung der weiblichen Hauptrolle zustande kam, ist umstritten. Debbie Reynolds behauptet, dass Kelly vom Studio unter Druck gesetzt wurde, mit ihr zu arbeiten: »... [Louis B.] Mayer's word was law, and Gene was lumbered with me.«[175] Kelly bestritt dies zunächst: »I wanted Debbie to do the part as soon as I saw her sing »Abba Dabba Honeymoon« from *Two Weeks with Love*. [...] I *insisted* she be used, and *never* had *any* meeting with Mayer concerning *SITR*.«[176]

---

167 Vgl. Wollen: *Singin' in the Rain*, S. 11. Comden und Green kamen Ende Mai 1950 nach Hollywood; die Endfassung des Skripts ist datiert auf den 10. August 1950, Kelly war jedoch bis Ende Januar 1951 mit *AAIP* beschäftigt. (Vgl. Wollen: *Singin' in the Rain*, S. 31–32.)

168 Vgl. Hirschhorn: *Gene Kelly. A Biography*, S. 206.

169 Vgl. Comden & Green: *Singin' in the Rain*, S. 4–5.

170 Vgl. Mast: *Can't Help Singin'. The American Musical on Stage and Screen*, S. 263 und Yudkoff: *Gene Kelly. A Life in Dance and Dreams*, S. 218.

171 Vgl. Hirschhorn: *Gene Kelly. A Biography*, S. 217, und Wollen: *Singin' in the Rain*, S. 42.

172 Vgl. Hess & Dabholkar: *Singin' in the Rain*, S. 164.

173 Zitiert in Hirschorn: *Gene Kelly. A Biography*, S. 218.

174 Vgl. Silverman: *Dancing on the Ceiling. Stanley Donen and His Movies*, S. 165–166.

175 Zitiert in Hirschhorn: *Gene Kelly. A Biography*, S. 210; vgl. ebenso Reynolds, Debbie & Columbia, David Patrick: *Debbie. My Life*. London 1989, S. 87.

176 Zitiert in Hirschhorn: *Gene Kelly. A Biography*, S. 210; Hervorhebungen im Original.

1991 war es dann Kelly, der erzählte, Louis B. Mayer hätte ihm Reynolds aufgezwungen,[177] und diesmal widersprach ihm Stanley Donen: »I don't know what Gene was talking about. [...] We couldn't wait to get her.«[178]

Wie auch immer Debbie Reynolds an die Rolle kam, keiner hat je in Abrede gestellt, wie hart sie proben musste, um die Tanzszenen absolvieren zu können, und so witzelte sie später: »*SITR* and childbirth were the hardest things I ever had to do in my life.«[179] Während allen anderen die Dreharbeiten Vergnügen bereiteten, musste Reynolds in kürzester Zeit erlernen, mit Kelly und O'Connor im wahrsten Sinne des Wortes Schritt zu halten.[180] Was ihr dabei half, war ihre gute Konstitution; aufgrund der Tatsache, dass sie ursprünglich Turnlehrerin werden wollte, war sie körperlich belastbar. Gene Kelly lobte, dass sie so stark wie ein Ochse war,[181] was Reynolds zu der sarkastischen Bemerkung veranlasste, er hätte sie auch dementsprechend behandelt.[182] Die Proben und Dreharbeiten waren so kraftraubend, dass sie nach deren Abschluss nach Lake Tahoe in Erholungsurlaub fuhr, wo sie erstmal 18 Stunden durchschlief.[183]

Donald O'Connor erging es nicht anders; nachdem *Make 'Em Laugh* abgedreht war, ging er schnurstracks nach Hause und konnte für drei Tage das Bett nicht verlassen; als er ins Aufnahmestudio zurückkehrte, informierte ihn Kelly indes, dass er die Szene noch einmal drehen musste, weil Kameramann Hal Rosson das Negativ ruiniert hatte.[184]

Die Ironie, dass Szenen, die so unbeschwert und leicht wirken, körperlich ungeheuer anstrengend waren, betrifft scheinbar auch die berühmteste Nummer des Films. Seit der Uraufführung des Streifens hält sich hartnäckig das Gerücht, das Gene Kelly schwer krank war, als er die Titelnummer aufnahm. Er selbst erläuterte später: »I was [...] a bit concerned that I'd catch pneumonia with all the water pouring down on me, particularly as the day we began to shoot the number I had a very bad cold.«[185] Sein bedenkswerter Gesundheitszustand wird von Rita Moreno bestätigt, die bei den Dreharbeiten zu der Szene anwesend war: »The day of the shoot, Gene Kelly was almost deathly ill [...]. He was running a 103-degree

---

177 Vgl. Silverman: *Dancing on the Ceiling. Stanley Donen and His Movies*, S. 152.
178 Zitiert ebd., S. 153.
179 Reynolds & Columbia: *Debbie. My Life*, S. 92.
180 Wie Debbie Reynolds herausstellt: »... it was sheer agony for me. Everyone else seemed to be having lots of fun but me. I had too much to learn, and in too short a period.« (Zitiert in Hirschhorn: *Gene Kelly. A Biography*, S. 211.)
181 Vgl. ebd., S. 213.
182 Vgl. Yudkoff: *Gene Kelly. A Life in Dance and Dreams*, S. 217.
183 Vgl. Reynolds & Columbia: *Debbie. My Life*, S. 92.
184 Vgl. Silverman: *Dancing on the Ceiling. Stanley Donen and His Movies*, S. 160.
185 Zitiert in Behlmer: *America's Favorite Movies: Behind the Scenes*, S. 263.

fever, and the water was ice-cold.«[186] Hess et al. halten es jedoch für unwahrscheinlich, dass es Kelly dermaßen schlecht ging; auch wenn Kellys Ehefrau ihnen gegenüber bestätigte, dass er immer noch fiebrig war, gehen sie doch davon aus, dass er bereits auf dem Wege der Besserung war.[187]

Wie bei vielen Filmen ist das endgültige Resultat das Ergebnis zahlreicher Änderungen im Vorfeld der Produktion und weist häufig markante Unterschiede zum ursprünglichen Drehbuch und der anfänglichen Konzeption auf. Als Gesangstexter der Nummern hatte Freed geplant, dass der Schwerpunkt des Films auf dem Gesang liegen sollte, weshalb Oscar Levant, ein guter Freund von ihm, die Rolle des besten Kumpels übernehmen sollte.[188] Aber da Kelly den Schwerpunkt auf den Tanz verlagern wollte, wurde an Levants statt Donald O'Connor engagiert.[189]

Für die Solistin in der *Broadway Melody*-Nummer war wiederum zunächst Kellys Assistentin Carol Haney vorgesehen. Freed ließ Probeaufnahmen von ihr machen, entschied sich aber dann für Cyd Charisse, weil er Haney nicht photogen fand.[190] Ihrer Enttäuschung zum Trotz studierte Haney die Choreographie mit Charisse ein, ohne sich etwas anmerken zu lassen.[191]

Aber nicht nur die Besetzung einzelner Rollen änderte sich; auch das Skript wurde abgewandelt: der Titelsong war zunächst als Ensemblenummer für Don, Kathy und Cosmo gedacht, im Stil von *Make Way for Tomorrow* in *Cover Girl*.[192] Diese Idee wurde verworfen, die Figur des missbilligenden Polizisten aber beibehalten.[193] Die urtümliche Abschlussszene des Films sah gleichfalls anders aus: Das Musical sollte enden, wie es begonnen hatte, mit einer Filmpremiere, bei der Herr und Frau Lockwood (Don und Kathy) ihr neuestes gemeinsames Projekt vorstellen, welches den Titel *Broadway Rhythm* trägt. Ebenfalls anwesend sind Cosmo und *seine* Ehefrau – Lina –, von der es heißt, das sie zurzeit in *Jungle Princess* zu sehen ist; ein Film, in dem sie nicht spricht, sondern nur grunzt.[194]

Nach diversen Testvorführungen wurde der Film überdies gekürzt. Arthur Freed entfernte zwei komplette Nummern aus dem Film: die vierminütige Reprise von *All I Do Is Dream of You*, die Don in seinem Schlafzimmer singt und tanzt (und die Kelly für eine seine besten Nummern hielt) und Reynolds Version von *You*

---

186 Moreno, Rita: *Rita Moreno. A Memoir.* New York 2013, S. 98.
187 Vgl. Hess & Dabholkar: *Singin' in the Rain*, S. 135.
188 Vgl. Silverman: *Dancing on the Ceiling. Stanley Donen and His Movies*, S. 151.
189 Vgl. Wollen: *Singin' in the Rain*, S. 32.
190 Vgl. Hess & Dabholkar: *Singin' in the Rain*, S. 158.
191 Vgl. Behlmer: *America's Favorite Movies: Behind the Scenes*, S. 265.
192 Vgl. Silverman: *Dancing on the Ceiling. Stanley Donen and His Movies*, S. 151–152.
193 Vgl. Wollen: *Singin' in the Rain*, S. 12.
194 Vgl. Behlmer: *America's Favorite Movies: Behind the Scenes*, S. 258.

Are My Lucky Star (ebenfalls knapp vier Minuten lang), die ursprünglich nach *You Were Meant for Me* und vor *Moses Supposes* zu sehen war; außerdem fielen zwei Minuten von *Beautiful Girl* der Schere zum Opfer.[195] Nicht nur weil die *Broadway Melody*-Sequenz so kostspielig war, blieb sie unangetastet, obwohl beide Co-Regisseure sie zu lang fanden;[196] das Problem war zu entscheiden, auf welche Art genau die Szene zu kürzen sei, wie Gene Kelly erläuterte: »I'd have liked to trim three minutes ouf of it [...] but I just didn't know where.«[197]

Eine weitere amüsante Geschichte hat mit dem Zauber der Filmkunst bzw. der Illusionskraft des Kinos zu tun: In Hollywood war es ungeschriebenes Gesetz, dass eine Darstellerin kleiner zu sein hatte als ihr Partner, und da Cyd Charisse Gene Kelly um einige Zentimeter überragte, wurde ihr Tanz sorgfältig so einstudiert, dass sie sich immer voneinander wegdrehen, wenn sie nah beieinander sind, oder er bzw. sie nicht aufrecht stehen, damit der Eindruck erweckt wurde, Kelly als der Mann sei größer.[198]

Wie häufig im Film war es viel komplizierter, die Titelnummer vorzubereiten, als sie zu drehen; die Szene war in anderthalb Tagen im Kasten,[199] aber weil MGM seinen Angestellten keine Überstunden bezahlen wollte, musste die Nummer tagsüber unter einer riesigen schwarzen Plane gefilmt werden.[200] Ein weiterer Grund, warum die Aufnahmen am späten Nachmittag beendet zu sein hatten, lag darin, dass halb Culver City um 5 Uhr nachmittags seine Rasensprenkler anschaltete und deshalb der Wasserdruck zu stark sank, um es auf dem Filmgelände »regnen« zu lassen.

Das klare Auseinanderlaufen von Bild und Ton in der Eingangssequenz schließlich verwirrte die Cutter bei MGM offensichtlich so sehr, dass sie mehrere Wochen lang vergeblich versuchten, beides ohne Widersprüche zu kombinieren.[201]

---

195 Vgl. ebd., S. 268.

196 Vgl. Silverman: *Dancing on the Ceiling. Stanley Donen and His Movies*, S. 164. Stanley Donen erläuterte an anderer Stelle: »I [...] felt that the [...] ballet was an interruption of the main thrust of *SITR*« (zitiert in Wollen: *Singin' in the Rain*, S. 59).

197 Zitiert in Hirschhorn: *Gene Kelly. A Biography*, S. 218.

198 Vgl. Behlmer: *America's Favorite Movies: Behind the Scenes*, S. 266.

199 Vgl. Silverman: *Dancing on the Ceiling. Stanley Donen and His Movies*, S. 163.

200 Vgl. Hess & Dabholkar: *Singin' in the Rain*, S. 130.

201 Vgl. Eldridge, David: *Hollywood's History Films*. London/New York 2006 (Cinema and Society Series), S. 156.

Das gab's nie wieder...

SITR markiert einen entscheidenden Einschnitt in der Laufbahn der meisten Beteiligten: So steht der Film etwa am Beginn der Laufbahn von Debbie Reynolds und Cyd Charisse. Während Erstere nie wieder in einem dermaßen gefeierten Film mitspielte, öffnete ihr Auftritt in *Broadway Melody* Tür und Tor für Charisse, die danach zur wichtigsten Tänzerin bei MGM aufstieg. Donald O'Connor hingegen bekam nie wieder eine Rolle, die seinem außergewöhnlichem Talent entsprach, und auch mit Gene Kellys Karriere ging es nach *SITR* bergab, da keines seiner späteren Musicals an die Qualität jenes Filmes heranreicht.[202] Den härtesten Abstieg allerdings musste das Studio selbst verkraften; von der einst so berühmten Produktionsstätte ist heute nicht viel mehr als das Logo übriggeblieben.[203]

Die Dreharbeiten von *Singin' in the Rain* endeten am 21. November 1951; zu jener Zeit hatte MGM dank des Kinoerfolgs von *AAIP* und *Show Boat/Mississippi-Melodie* (1951) noch volle Kassen. Doch das Ende der klassischen Studioära ließ sich bereits erahnen: Aufgrund des langsamen, aber unaufhaltsamen Siegeszugs des Fernsehens ging die Zahl der Kinobesucher von 1948 an in den USA stetig zurück, und der Entscheid des Obersten Bundesgerichts im selben Jahr, dass sich die Studios von ihren Filmtheatern trennen mussten,[204] löste eine schwere Krise aus.

Für MGM und das MGM-Musical war die vertikale Integration der Filmindustrie von besonderer Bedeutung gewesen; der Besitz von Kinos war ein wichtiger Ansporn für das Studio, jährlich eine große Anzahl von Filmen zu produzieren, und die Profite der Lichtspielhäuser finanzierten das Aufnahmegelände, die verschiedenen hochspezialisierten Abteilungen sowie die große Anzahl an Vertragsschauspielern und -technikern, welche zur Realisierung solcher Musicals wie *SITR* unverzichtbar waren.[205] Zwar verkaufte MGM seine Kinos erst 1957, später als die Konkurrenz, um anschließend sofort und zum ersten Mal in seiner Geschichte rote Zahlen zu schreiben,[206] aber die drastischen Sparmaßnahmen setzten bereits viel früher ein: Ab 1953 mußte auch die »Freed Unit« Personal abbauen und auf das qualitativ minderwertige, aber preiswertere Eastmancolor ausweichen.[207] Die

---

202 Vgl. Yudkoff: *Gene Kelly. A Life in Dance and Dreams*, S. 218.

203 Bezeichnenderweise begnügen sich die von MGM produzierten Kompilationsfilme *That's Entertainment I* (1974), *II* (1976) und *III* (1994) mit Selbstbeweihräucherung und verschweigen das tragische Schicksal der Produktionsfirma. (Vgl. Cohan: *Incongruous Entertainment*, S. 252.)

204 Vgl. ebd., S. 220.

205 Vgl. ebd., S. 219.

206 Vgl. ebd., S. 254.

207 Vgl. Hess & Dabholkar: *Singin' in the Rain*, S. 189.

Produktion von Musicals ging stark zurück, und 1956 brachte MGM nur noch vier Filme jenes Genres in die Kinos; 1957 waren es fünf, 1958 vier und 1959 nur ein einziges.[208]

Vor diesem Hintergrund kommt *SITR* einmal mehr besondere Bedeutung zu, selbst wenn man nicht zur Nostalgie neigt: Der Film ist in vielfacher Hinsicht der Höhepunkt und das Ende einer außergewöhnlichen Ära.

---

208 Vgl. Cohan: *Incongruous Entertainment*, S. 253.

Frédéric Döhl

»From Arthur Freed Down«:
Über den Produzenten als Teil kooperativer Autorschaft im amerikanischen Musical am Beispiel der »Arthur Freed Unit«

»Well, we are all here, aren't we?«[1]
Alan Jay Lerner über Arthur Freed

Der Produzent als Mitautor?

Arthur Freed wurde als Arthur Grossmann 1894 in Charleston geboren. Auf seinem Grabstein im Hillside Memorial Park in Los Angeles findet man freilich ein anderes Datum vermerkt: 1895.[2] Eine erste kleine, absurd-amüsante Mahnung daran, mit welcher Art historiographischem Gegenstand man es im Falle Freeds zu tun hat, einer Figur, die sich in vielfacher Hinsicht den etablierten Standards musikwissenschaftlicher Lexikographie und Gewohnheiten musikgeschichtlicher Hagiographie entzieht.

Es ist diese Eigenart jenes Künstlers, der sich dieser Beitrag zuwendet. Und schon beim Wort Künstler mag der eine oder andere stutzen. Denn was an dieser Stelle interessieren soll, ist das, wofür der Name Freeds an erster Stelle Berühmtheit erlangt hat: sein Schaffen als Produzent für MGM zwischen *The Wizard of Oz* von 1939 und *The Light in the Piazza* von 1962, in dessen Zentrum *Singin' in the Rain* von 1952 als einer der Höhepunkte steht. Freed blieb zwar bis 1970 bei MGM, konnte aber aus diversen Gründen kein großes Projekt mehr realisieren. Namentlich blieb *Say It With Music* unvollendet, das Hauptwerk jener Jahre, eine Kooperation mit Irving Berlin, in das enorm viel Arbeit und Herzblut Freeds geflossen ist. Damit steht jenes gescheiterte Prestigeprojekt wie ein Symbol für den Niedergang nicht nur des Produzenten Freed und seiner Macht in Culver City, sondern

---

1   Alan Jay Lerner, zitiert nach Previn, André: *No Minor Chords. My Days in Hollywood*. New York 1991, S. 61. Das Zitat im Titel stammt von Wollen, Peter: *Singin' in the Rain*. London 1992, S. 54.

2   Vgl. die Abbildung im Eintrag zu »Arthur Freed«. In: http://www.findagrave.com/cgi-bin/fg.cgi?page=gr&GRid=3825 (Abruf am 24. September 2013).

für jenen des Studiosystems Hollywoods selbst,[3] für das Freed lange Zeit als Inbegriff wie nur wenige andere stand.

Das Interesse gilt also den Jahren 1939 bis 1962 und Freeds Wirken in dieser Ära als Namensgeber dessen, was man schon damals in Hollywood die »Arthur Freed Unit« nannte. Es geht also um Arthur Freed, den Produzenten, und Arthur Freed, der personellen Konstante der »Arthur Freed Unit«, und diesbezüglich die Frage, inwiefern man seinen Beitrag zu einem Film wie *Singin' in the Rain* als autorschaftliche Leistung denken kann, vielleicht sogar denken muss, um erfassen zu können, wie Werke wie dieses zustande gekommen sind.

Im Umkehrschluss heißt dies, dass nicht Arthur Freed, der Textdichter, zur Untersuchung ansteht. Mit Blick auf *Singin' in the Rain* ist dieser Fokus nicht selbstverständlich. Schon deswegen bedarf es eines Worts hierzu. Denn bekanntlich stellt dieser Film in Freeds Œuvre jener Jahre insofern die berühmt-berüchtigte die Regel bestätigende Ausnahme dar, als dass er Freed auch als Textdichter featured. Diese Profession, der er zunächst bald zwei Jahrzehnte und nicht ohne einigen Erfolg nachgegangen war, hatte er in seinem Wirken für MGM nach *The Wizard of Oz* aufgegeben. Nicht zuletzt Freed selbst war diese nicht selbstverständliche Facette seiner Beteiligung an *Singin' in the Rain* auch außerordentlich wichtig, wie sich zum Beispiel aus einem Memo erschließen lässt, das er im Juli 1951 an den Marketingleiter bei MGM, Ralph Wheelright, sandte:

> Dear Ralph: Just received the copy of the advertising billing for *Singin' in the Rain*, and I notice that you omitted the most important credit of the last ten years in not giving credit to the famous writers and composers of screen musicals, Nacio Herb Brown and Arthur Freed. I do not care how much you reduce my credit as the producer, but as an artist I rebel against not receiving proper credit as a lyricist.[4]

Mit Nacio Herb Brown hatte Freed ab 1929 im aufkommenden Tonfilm als Textdichter für Musicalproduktionen gewirkt. Ihre gemeinsamen Werke jener Zeit bilden das Rückgrat des Scores von *Singin' in the Rain*. Mehr noch haben Brown und Freed mit *Make 'Em Laugh* für den Film sogar eine neue Nummer geschrieben, die schon für sich allemal interessante Fragen mit Blick auf die Kategorie Autorschaft aufwerfen würde, der vielfach konstatierten Übereinstimmungen mit

---

3   Vgl. zum Studiosystem Christensen, Jerome: *America's Corporate Art. The Studio Authorship of Hollywood Motion Pictures*. Stanford 2012.

4   Arthur Freed, zitiert nach Fordin, Hugh: *M-G-M's Greatest Musicals. The Arthur Freed Unit*. New York 1996 [Reprint von New York 1975], S. 361f. Vgl. zur Ironie dieser Episode Christensen, Jerome: *America's Corporate Art. The Studio Authorship of Hollywood Motion Pictures*. Stanford 2012, S. 161–163.

Cole Porters *Be a Clown* wegen, welches aus dem ebenfalls von Freed produzierten Gene-Kelly-Film *The Pirate* von 1948 stammt.[5]

Dabei ist dies nur ein Beispiel für zahlreiche Momente auf allen Ebenen von *Singin' in the Rain*, die mit Borrowing und Self-Borrowing zu tun haben. Hierin wirft der Film mannigfaltige Fragen von Autorschaft auf,[6] die im Kontext von Postmoderne und Digitalisierung heute 60 Jahre später mehr denn je Aktualität genießen, aber zugleich auch für geradezu klassische Gegenstände der Musikgeschichtsschreibung stehen[7] – wie für das ganz grundsätzliche theoretische Dilemma, wie mit dergleichen Fragestellungen umzugehen sei. Man denke hierzu etwa nur an Theodor Adornos Diagnose in seiner *Ästhetischen Theorie*:

> Gleichzeitig ist nichts der theoretischen Erkenntnis moderner Kunst so schädlich wie ihre Reduktion auf Ähnlichkeiten mit älterer. Durchs Schema »Alles schon dagewesen« schlüpft ihr Spezifisches; sie wird auf eben das undialektische, sprunglose Kontinuum geruhiger Entwicklung nivelliert, das sie aufsprengt [...].[8]

Die Kategorien Borrowing und Self-Borrowing sind jedoch nicht die Themen, denen an dieser Stelle mit Blick auf *Singin' in the Rain* nachgegangen werden soll. Ebenso wenig wie einer generellen Bestandaufnahme und Einordnung Freeds als Textdichter, auch wenn natürlich offenkundig ist, dass der Akt des Songwritings im Team eine hinlänglich etablierte Spielart kooperativer[9] autorschaftlicher Prozesse ist. Allerdings sei bei dieser Gelegenheit zumindest einmal auf den bislang kaum näher beleuchteten Umstand hingewiesen, dass es sich bei einer Position wie sie in diesem Beitrag vertreten wird, wonach man sich Freeds Einfluss auch

---

5   Vgl. Wollen, Peter: *Singin' in the Rain*. London 1992, S. 29; Clover, Carol J.: *Dancin' in the Rain*. In: *Hollywood Musicals, the ›Film‹ Reader*. Hg. von Steven Cohan. New York 2001, S. 157–174, hier: S. 158f; Hess, Earl J. & Dabholkar, Pratibha: *Singin' in the Rain. The Making of an American Masterpiece*. Lawrence/KA 2009, S. 94f. Die Nähe zwischen den beiden Stücken ist im Übrigen viel vager als die Kommentare in der Literatur vermuten lassen. Das Thema der Lieder ist dasselbe, aber natürlich auch relativ allgemein und unoriginell. Eine signifikant platzierte melodische Gemeinsamkeit kommt hinzu. Das war es.

6   Vgl. Anm. 30.

7   Vgl. Burkholder, J. Peter: »The Uses of Existing Music: Musical Borrowing as a Field«. In: *Notes 50* (1994), S. 851–870; Burkholder, J. Peter: »Borrowing«. In: *New Grove Dictionary of Music and Musicians*, 2nd Edition. Hg. von Stanley Sadie, Bd. 4. London 2001, S. 5–41; Meconi, Honey (Hg.): *Early Musical Borrowing*. New York 2004; Schneider, Klaus: *Lexikon »Musik über Musik«*. Kassel 2004; Reynolds, Christopher A.: *Motives for Allusion. Context and Content in Nineteenth-Century Music*. Cambridge/MA 2003; Metzer, David: *Quotation and Cultural Meaning in Twentieth-Century Music*. Cambridge 2004; Klein, Michael L.: *Intertextuality in Western Art Music*. Bloomington 2005.

8   Adorno, Theodor W.: *Ästhetische Theorie*. Frankfurt am Main 1973, S. 36.

9   Kooperative und kollektive Autorschaft werden in der Literatur synonym gebraucht. Eine einheitliche Terminologie hat sich insofern noch nicht etabliert. Vgl. Hartling, Florian: *Der digitale Autor. Autorschaft im Zeitalter des Internets*. Bielefeld 2009, S. 37.

auf die künstlerische Arbeit als substantiell zu denken hat, naheliegen würde, in einem weiteren Schritt einmal zu klären, wie denn eigentlich sein Verhältnis zu den Kategorien Borrowing und Self-Borrowing und das seines Œuvres als Produzent insgesamt beschaffen waren bzw. sind. Denn bekanntlich ist *Singin' in the Rain* nicht der einzige Film, der unter Freeds Ägide entstanden ist, dem bei allen innovativen Aspekten auf allen Ebenen ein nostalgisches selbstreflexives Setting zu eigen ist.

Für die stattdessen hier interessierende Frage nach dem Status des Produzenten als Teil kooperativer autorschaftlicher Prozesse lässt sich nun aus besagtem Schreiben Freeds an Wheelright ebenfalls etwas Instruktives ableiten. Auffallend ist nämlich, dass Freed in Aussagen wie der soeben angeführten zwischen »Artist« und »Producer« unterschied. Mehr noch gedachte Freed seinem Wirken als Textdichter besonderes Gewicht zu. Das erstaunt, drängt es sich doch mit Blick auf sein Œuvre insgesamt nicht gerade als das wichtigste Moment auf. Jedenfalls verfügte er über keine Begabung und Wirkungsgeschichte als Lyricist, die ihn von Dutzenden anderen Textdichtern aus den Kreisen von Tin Pan Alley, Broadway und Hollywood abhebt. Gegen Freed, den Produzenten, lässt sich eine solche Einschränkung schwerlich vorbringen. Umso auffälliger, dass er solche Aussagen sogar im Kontext jenes Films getroffen hat, der weithin als »arguably his greatest achievement«[10] als Produzent wahrgenommen wird. Diese Wirkung von *Singin' in the Rain* konnte Freed sicherlich im Juli 1951 noch nicht voraussehen, ein halbes Jahr vor Veröffentlichung des Films. Aber es war wohl nicht bloßer Eitelkeit geschuldet, was ihn dazu trieb, dafür Sorge zu tragen, dass sein Name auch als Textdichter auf den Filmplakaten erscheint. Dort steht er nun zweifach, am Fuße einmal links, einmal rechts. Und natürlich, möchte man sagen, ist der Name des Produzenten Freed größer gesetzt als jener des Textdichters Freed. Freeds ursprünglich anderslautende Intention dürfte durch jene Differenz motiviert gewesen sein, die er zwischen »Artist« und »Producer« ausgemacht hat und zwar im Blick auf den Status des jeweiligen Beitrags als Autor, wie er selbst ausführte. Aber es kommt nicht von ungefähr, dass sich diese zunächst von Freed geäußerte Intention nicht durchsetzte und dem Produzenten Freed mehr Platz eingeräumt wurde und bis heute wird, auf diesem Plakat wie überhaupt in der Rezeption dieses Künstlers.

Aber wie kommt es, dass Freed zwischen »Artist« und »Producer« differenziert? Was ist eigentlich sein Beitrag als Produzent zu Werken wie *Singin' in the Rain*? Worin unterscheidet sich dieser von klassischen Autorenfiguren, den Regisseuren etwa (Stanley Donen/Gene Kelly) oder den Drehbuchautoren (Betty Comden/

---

10 Hischak, Thomas: *The Oxford Companion to the American Musical.* New York 2008, S. 264.

Adolph Green), worin ist er ihnen aber vielleicht auch gleichwertig, wenn schon nicht gleichartig?

Der Begriff Autorschaft ist dabei im Sinne des deutschen Pendants Urheberschaft gemeint, das heißt als genereller Ausdruck für den Werkschöpfer. Ist doch der Autor als Author (engl.) – Auteur (frz.) – Autor (span.) – Autore (ital.) in den meisten westlichen Sprachen und Diskursen der Begriff der Wahl, um für alle Künste den Werkschöpfer zu bezeichnen, keineswegs nur für die Literatur. Dies ist nicht nur im Kontext der Gesetze zum geistigen Eigentum so zu konstatieren, sondern auch für die einschlägigen, derzeit wieder verstärkt geführten theoretischen Diskurse jenseits der Krise des Urheberrechts.[11]

Nach dem Beitrag des Produzenten Freed zu *Singin' in the Rain* zu fragen, ist verschiedenen Beweggründen geschuldet, von denen der geringste die historiographische Pflicht ist, dass man im Kontext eines Buchs zu diesem Film schlicht und einfach über Freed, den Produzenten, sprechen muss, zu groß ist die Bedeutung der »Arthur Freed Unit« für das Hollywood Musical der 1940er und 1950er Jahre und zu zentral wiederum die Rolle von *Singin' in the Rain* für beide, »Arthur Freed Unit« wie das Hollywood Musical. Andere Beweggründe sind weit spannender. Denn sie führen ungleich tiefer in jene Umstände, unter denen dieser Korpus der MGM-Musicals jener Ära entstanden ist.

Zu Freeds Talent für Talente

Der erste Gesichtspunkt, der zum Nachdenken auffordert, ergibt sich unmittelbar aus der Beschäftigung mit dem Genre Musical: Interessiert man sich nämlich für das Musical, gleichgültig ob im Film oder auf der Theaterbühne, stößt man unvermeidlich immer wieder auf Namen, die durch die historiographischen Erzählungen und Beschreibungen von Werken und Werkentstehungen geistern, ohne dass klar ist, was diese eigentlich jeweils tun, wie konkret ihr Beitrag zur Entstehung des jeweiligen Werks oder einer spezifischen Produktion desselben ist, Figuren wie Freed, Jack Cummings, Joe Pasternak, George Abbott, Harold Prince oder Cameron Mackintosh.

Auf Freed stieß ich im Zusammenhang mit diesem Phänomen das erste Mal während der Lektüre von André Previns autobiographischem Buch *No Minor Chords. My Days in Hollywood*. Previn prägte das Metier des Hollywood-Musicals wesentlich mit, insbesondere hinsichtlich der Adaption von Bühnenwerken für den Film mit Arbeiten wie *Kiss Me Kate*, *Porgy and Bess* oder *My Fair Lady*. Ab 1945 stand er bei MGM unter Vertrag und wirkte abgesehen von dem dreijährigen In-

---

11 Vgl. Anm. 30.

termezzo seines Wehrdienstes Anfang der 1950er Jahre immer wieder an Produktionen Freeds mit. Im Zusammenhang von Previns Beschreibung der Produktion von *Gigi*, für welche er den ersten seiner vier Oscars bekommen sollte, beschrieb er folgende Begebenheit:

> An even greater good fortune was to work with »The Freed Unit« – the most prestigious, self-contained group of people on the Culver City lot. The list of musicals Arthur Freed had produced was amazing. [...] He was not very social, and quite taciturn, and sometimes he seemed a far cry from the dynamo his reputation had painted him. A few nights before the filming of *Gigi* began, a group of us were having dinner in Paris, at the Mediterranée Restaurant – Cecil Beaton, Vincente Minnelli, Alan Jay Lerner, Fritz Loewe, myself, Joe Ruttenberg, Preston Ames, Hermione Gingold, and Louis Jourdan. Hermione said that she had been wondering about something. »I know Mr. Freed's credits,« she said, »and they're phenomenal. You've all worked with him before, but it's my first time. I keep watching him, but he doesn't seem to be doing much. What is it that he does that's so special?« Alan gave her the answer. »Well,« he said, looking around the table, »we're all here, aren't we?«[12]

Was für eine ungewöhnliche Beschreibung, die sich von allem unterscheidet, was man in Previns illustrem, an Anekdoten reichen Band über Kolleginnen und Kollegen aus seinen Tagen in Hollywood lesen kann. Nach dem Besonderen an der vermeintlichen Überfigur Freed befragt, lobt einer der prominentesten Librettisten des Broadway dessen Befähigung, andere Künstler zusammenzubringen.

Lerners Hinweis hat zunächst einmal einen faktischen Kern: Freed entschied in der Tat über das Personal seiner Produktionen. Insofern ist der Begriff »Arthur Freed Unit« mehr als passend. Das gilt zuvorderst für Roger Edens, »his second-in-command«.[13] Neben diesem gab es zwar personelle Konstanten in der »Arthur Freed Unit« wie Vincente Minnelli oder Gene Kelly. Aber selbst diese zentralen Figuren waren keineswegs an jeder Produktion der »Arthur Freed Unit« beteiligt, wie die Übernahme der Regie bei *Singin' in the Rain* durch Kelly und Stanley Donen anstelle von Minnelli illustriert, der gerade noch den Dreh von *An American in Paris* mit Kelly in der Hauptrolle geleitet hatte, in vielem Referenzpunkt und Schwesterwerk von *Singin' in the Rain*. Man muss sich die »Arthur Freed Unit« also eher als einen größeren Pool von Künstlern und Produktionsmitarbeitern vorstellen als ein festes Team, die nicht in den immer gleichen, sondern eben in wechselnden Konstellationen für MGM an Filmmusicals zusammenarbeiteten. Zum Teil produzierte man sogar parallel. So wurde von Mitgliedern der »Arthur Freed Unit« zeitgleich zu *Singin' in the Rain* der Film *The Belle of New York* gedreht, mit Fred Astaire und Vera-Ellen in den Hauptrollen. Immer wieder kamen

---

12 Previn, André: *No Minor Chords. My Days in Hollywood.* New York 1991, S. 61.

13 Betty Comden und Adolph Green, zitiert nach Baer, William: *Classic American Films. Conversations with the Screenwriters.* Westport/CT 2008, S. 2.

zudem neue Leute dazu und andere gingen. Auch insofern ist der Begriff »Arthur Freed Unit« mehr als passend, bezeichnet er doch die einzige nicht ersetzbare personelle Konstante.

Es gibt viele Aussagen von Künstlern wie Lerner, die Teil dieser Produktionsteams waren, welche die von Previn kolportierte Anekdote bestätigen, wonach Freeds »greatest skill lay in his ability to assemble the best available talent into a tight-knit team and to inspire them to maximum creativity«[14], dieses dann in Ruhe arbeiten zu lassen und zwar auf allen Ebenen der Produktion, on-screen wie off-screen. Die Drehbuchautoren von *Singin' in the Rain*, Betty Comden und Adolph Green, verwiesen auf diese Eigenart Freeds, die dafür sorgte, dass die »Arthur Freed Unit« für mehr als zwei Jahrzehnte eine Institution blieb: »He was also a man who was used to working with highly talented people, and that's what made the Freed unit so unusual.«[15] Previn drückte es wie folgt aus: »He adored talent, and he went out of his way to help and promote creative people. [...] At the same time, he was tough and occasionally ruthless, but if you had done good work for him, he was forever loyal and would hire you time and time again.«[16] Charles Waters, u.a. Regisseur von *The Belle of New York*, blies in dasselbe Horn: »Arthur's greatest talent was to surround himself with talent.«[17] Gene Kelly kommentierte: »He knew talent and how to use it, what projects were best to do and what people were best to work on them.«[18] Und bei Irving Berlin schließlich liest es sich wie folgt:

> My evaluation of Arthur Freed as a producer is this: His greatest talent was to know talent, to recognize talent and to surround himself with it. [...] He discovered a lot of people and he would take much more pride in that than in writing *Singin' in the Rain*. But again, I must say his greatest talent was his recognition of talent.[19]

Lerner, Comden/Green, Previn, Walters, Kelly und Berlin stehen mit ihren gleichlaufenden Einschätzungen exemplarisch für eine Vielzahl ähnlicher Statements. Es kann nicht überraschen, dass diese Einmütigkeit nicht von ungefähr

---

14 Gerstner, David A.: *The Routledge International Encyclopedia of Queer Culture*. New York ²2011, S. 230. Vgl. auch Hess, Earl J. & Dabholkar, Pratibha: *Singin' in the Rain. The Making of an American Masterpiece*. Lawrence/KA 2009, S. 8: »Freed's great strength lay in his ability to recognize talent and acquire it for his unit.«

15 Betty Comden und Adolph Green, zitiert nach Baer, William: *Classic American Films. Conversations with the Screenwriters*. Westport/CT 2008, S. 2.

16 Previn, André: *No Minor Chords. My Days in Hollywood*. New York 1991, S. 61.

17 Charles Waters, zitiert nach Davis, Ronald L.: *Just Making Movies. Company Directors on the Studio System*. Jackson/MI 2005, S. 45.

18 Vgl. Gene Kelly, zitiert nach Hess, Earl J. & Dabholkar, Pratibha: *Singin' in the Rain. The Making of an American Masterpiece*. Lawrence/KA 2009, S. 12.

19 Irving Berlin, zitiert nach Fordin, Hugh: *M-G-M's Greatest Musicals. The Arthur Freed Unit*. New York 1996 [Reprint von New York 1975], S. 525.

kommt. Dezidiert spiegelt sich hierin die von Freed geäußerte Auffassung, was wesentliche Aufgabe eines Produzenten sei:

> The main thing I was looking for as a producer was new talent, real talent, and most of the pictures I made were with talented people that I had brought in – people like Stanley Donen, Gene Kelly, and Minnelli.[20]

Dieses anhaltend glückliche Händchen in Sachen Personalrekrutierung und -organisation, das man allseits Freed attestiert, ist sicherlich ein wesentlicher Beitrag zu der Serie das Genre prägender Filmmusicals, die MGM in dieser Ära gelang. Mit Blick auf die Frage kooperativer Autorschaft ist sie jedoch denkbar weit von dem entfernt, was man üblicher als Autor im Sinne von Werkschöpfer versteht. Bis dato erscheint es mehr ein Stiften von Rahmenbedingungen zu sein, unter denen die eigentlichen Werkschöpfer dann jeweils zusammenkommen und kooperieren.

Dies für sich allein genommen wäre natürlich schon eine beachtliche Leistung gewesen, denn es ist keineswegs selbstverständlich, dass es Freed möglich war, studiointern konstant und in großem Umfang Produktionsbudgets zu akquirieren. Die Studioleitung bei MGM musste Mitte der 1940er Jahre nicht zuletzt kriegsbedingt durchaus aufs Geld schauen. Der Aufstieg des Fernsehens und der rechtlich erzwungene Verlust der Bindung der Kinos an die Studios taten ihr Übriges.[21] Ferner vermochten die Topfilme der am stärksten in Konkurrenz stehenden Sparte, dem Drama, regelmäßig bei deutlich geringeren Produktionskosten höhere Gewinnmargen zu erwirtschaften.[22] Freed gelang es dementgegen, die zur Verfügung stehenden Budgets nicht nur zu verteidigen, sondern sogar massiv auszubauen – und dennoch nicht nur die Investitionen, sondern auch die Gewinne oftmals zu verdrei- und vervierfachen.[23] Das ist ein verblüffendes Resultat, zumal wenn man sich vor Augen führt, dass etwa bei Produktionsbeginn von *Singin' in the Rain* die Kosten für die großen Tanzszenen allenfalls geschätzt werden konnten, waren jene zu diesem Zeitpunkt doch noch nicht einmal fertig konzipiert.[24]

Eine Frage von autorschaftlicher Mitwirkung ist dies aber freilich nicht. Typischerweise fehlt Freed, der Produzent, dann auch in Auflistungen und Diskussionen der an einer Produktion urheberseitig wesentlich Beteiligten. Das gilt selbst

---

20 Arthur Freed, zitiert nach Knox, Donald: *The Magic Factory. How MGM Made An American in Paris*. New York 1973, S. 11.

21 Vgl. Tinkcom, Matthew: *Working Like a Homosexual. Camp, Capital, Cinema*. Durham/NC 2002, S. 38f.

22 Vgl. Hess, Earl J. & Dabholkar, Pratibha: *Singin' in the Rain. The Making of an American Masterpiece*. Lawrence/KA 2009, S. 9.

23 Vgl. ebd., S. 9f.

24 Vgl. ebd., S. 81.

für jene Literatur, die sich dafür stark zu machen versucht, Film selbst da als kooperative kreative Praxis zu begreifen, wo auteurtheoretische Vorstellungen nahezuliegen scheinen. Ein schlagendes Beispiel findet sich in Peter Wollens Studie über *Singin' in the Rain* in der renommierten Reihe des British Film Institute, *BFI Film Classics*, wenn er über jene Szene spricht, in der Kelly die Titelnummer singt und tanzt:

> A number such as »Singin' in the Rain« required a great solo performer, but also an ability to integrate the solo, both diachronically in to the dramatic action of the film and synchronically with the work of the choreographer (in this case the same person, working with Donen and his dance assistant, Carol Haney), the visual director (Stanley Donen, working in close collaboration with Kelly) and the musical arranger (Roger Edens). The original song, by Freed and Brown, was the precondition for the solo, as, more indirectly, was the Comden and Green script which provided its context. Beyond that, Harold Rosson, the cinematographer, had to solve the technical problems created by the rain, by reflecting surfaces, by complex camera movements and crane shots, and by the precisely synchronized timing of those movements.[25]

Offenkundig werden Produzentenfiguren wie Freed zwar einerseits als außerordentlich wichtig wahrgenommen, ohne dass andererseits diese Bedeutung für Werke wie *Singin' in the Rain* konkret auf deren künstlerische Entstehung heruntergebrochen würde.[26]

Zur Aktualität der Autorfrage

Bevor man fortfährt, Freeds Wirken angesichts solcher Darstellungen wie jener Wollens zu untersuchen und dabei deren Tenor zu hinterfragen, ob sich der Beitrag eines Produzenten wie Freed tatsächlich ›nur‹ im Schaffen administrativer, finanzieller und rechtlicher Rahmenbedingungen erschöpft, könnte man natürlich zunächst einwendend dazwischenfragen, ob es überhaupt noch sinnvoll ist, nach Autorschaft zu fragen wie es in diesem Beitrag hier für die Figur des Produzenten unternommen wird. Und zwar nicht nur hinsichtlich der Figur des Pro-

---

25 Wollen, Peter: *Singin' in the Rain*. London 1992, S. 29.
26 Exakt so verläuft nicht nur Wollens Darstellung von Freeds Rolle, sondern z.B. auch die in Ames, Christopher: *Singing on the Screen: Singin' in the Rain (1952), A Star Is Born (1954)*. In: ders.: *Movies about the Movies. Hollywood Reflected*. Lexington/KT 1997, S. 52–79; Langford, Barry: *Case Study: Singin' in the Rain (1952)*. In: ders.: *Film Genre. Hollywood and Beyond*. Edinburgh 2005, S. 101–104; Knapp, Raymond: *Singin' in the Rain (1952)*. In: ders.: *The American Musical and the Performance of Personal Identity*. Princeton 2006, S. 70–79; Hess, Earl J. & Dabholkar, Pratibha: *Singin' in the Rain. The Making of an American Masterpiece*. Lawrence/KA 2009; Shapiro, Elliot: *Singin' in the Rain (1952)*. In: *Fifty Key American Films*. Hg. von John White & Sabine Haeni. New York 2009, S. 99–104.

duzenten, sondern ganz grundsätzlich. Denn das 20. Jahrhundert hat vor allem von Philosophie und Literaturtheorie ausgehend eine Reihe wirkungsmächtiger Ansätze hervorgebracht, welche die Bedeutung der Frage nach dem Werkschöpfer relativiert, bisweilen sogar negiert haben. Man denke zum Beispiel an Intertextualitätstheorien wie jene von Michail Bachtin, Julia Kristeva oder Umberto Eco, Dekonstruktionstheorien wie jene von Jacques Derrida oder den Yale Critics um Harold Bloom oder den *new criticism* mit Gründungstexten wie *Der intentionale Fehlschluss* von William K. Wimsatt und Monroe C. Beardsley.

Aber aus der Reaktion hierauf in den vergangenen zwanzig Jahren ergibt sich als ein zweiter Beweggrund – neben dem Auftreten von schwer greifbaren Künstlerfiguren wie jener Freeds in der Geschichte des Musicals – die Frage nach Freed, dem Produzenten, als Teil kooperativer Autorschaft zu stellen. Denn Totgesagte leben länger, auch in der Theorie, könnte man in Anspielung auf Roland Barthes' klassischen Aufsatz *La mort de l'auteur* sagen.[27] Unübersehbar hat die Frage nach Autor und Autorschaft in jüngerer Zeit eine beeindruckende Renaissance und eine weite Ausdifferenzierung erlebt, dokumentiert nicht zuletzt durch eine Vielzahl an Publikationen.[28] Oder wie es die Germanisten Tom Kindt und Tilmann Köppe zu Beginn ihres Aufsatzes *Conceptions of Authorship and Authorial Intention* im Jahr 2010 zusammenfassten: »The author is back.«[29] Namentlich ist diese Renaissance erneut für die philosophischen und literaturwissenschaftlichen Diskurse festzustellen.[30]

---

27 Vgl. Barthes, Roland: *Der Tod des Autors*. In: *Texte zur Theorie der Autorschaft*. Hg. von Fotis Jannidis u. a. Stuttgart 2000, S. 185–193.

28 Vgl. Anm. 30.

29 Kindt, Tom & Köppe, Tilmann: *Conceptions of Authorship and Authorial Intention*. In: *Authorship Revisited. Conceptions of Authorship around 1900 and 2000*. Hg. von Gillis J. Dorleijn et al. Leuven 2010, S. 213–227, hier: S. 213.

30 Vgl. Nehamas, Alexander: *What an Author Is*. In: *The Journal of Philosophy* 83/11 (1986), S. 685–691; Lamarque, Peter: *The Death of the Author: An Analytical Autopsy*. In: *British Journal of Aesthetics* 30/4 (1990), S. 319–331; Stillinger, Jack: *Multiple Authorship and the Myth of Solitary Genius*. Oxford 1991; Iseminger, Gary (Hg.): *Intention and Interpretation*. Philadelphia 1992; Biriotti, Maurice & Miller, Nicola (Hg.): *What Is an Author?* Manchester 1993; Burke, Seán: *Authorship. From Plato to the Postmodern. A Reader*. Edinburgh 1995 [Anthologie mit grundlegenden Texten]; Jannidis, Fotis et al. (Hg.): *Rückkehr des Autors. Zur Erneuerung eines umstrittenen Begriffs*. Tübingen 1999; Jannidis, Fotis et al. (Hg.): *Texte zur Theorie der Autorschaft*. Stuttgart 2000 [Anthologie mit grundlegenden Texten]; Detering, Heinrich (Hg.): *Autorschaft. Positionen und Revisionen*. Stuttgart/Weimar 2002; Krausz, Michael (Hg.): *Is There a Single Right Interpretation?* University Park/PA 2002; Irwin, William (Hg.): *The Death and Resurrection of the Author?* Westport/CT 2002 [keine reine Anthologie, enthält aber auch die älteren Beiträge von Roland Barthes, Michel Foucault und Peter Lamarque]; Bennett, Andrew: *The Author*. New York 2005; Burke, Seán: *The Death and Return of the Author. Criticism and Subjectivity in Barthes, Foucault*

Der Inhalt der derzeitigen Debatten zeigt, dass das neu erwachte Interesse am Autor dabei, wie man vielleicht vermuten könnte, keineswegs primär durch das Aufkommen der Digitalisierung und Computerisierung des täglichen Lebens mit seinen völlig neuen Möglichkeiten der Aneignung und Transformationen von Werken oder Werkteilen aus älteren Arbeiten Dritter und den damit einhergehenden Herausforderungen erweckt wurde, die diese im Besonderen für die traditionellen Autorbegriffe des Urheberrechts bedeuten (Stichwort: »Autorschaft im Zeitalter des Internets«[31]). Die Gründe dürften viel stärker darin zu finden sein, dass man allseits Orientierung sucht. Oder wie es der Filmwissenschaftler Richard Dyer formuliert hat:

> Works are no longer thought so important for whether they are well done, but for whether they authentically express the artist. [...] This should not have to matter. If the work is beautiful or funny or exciting or whatever, what is it to you who really produced it or why? However, in practice it does tend to matter.[32]

Ein wesentlicher Grund dafür, dass Dyer diese Beobachtung machen kann, dürfte in der Situation zu suchen sein, dass wir in einer Zeit leben, in der es an verbindenden Standards fehlt. Oder wie Jean-François Lyotard formuliert hat: »Composers today have the feeling that everything is possible and that they must invent for each work not only its musical form, but the rules of the music«.[33]

Es ist als Gegenreaktion ein Suchen nach Autorität zu beobachten. Und Autorität wird dabei immer wieder bei eben jenem Autor gesucht, dem sie gerade so prominent abgesprochen worden war. Für eine solche Autoritätsposition kommen jedoch durchaus Künstlerfiguren in Betracht, die nicht traditionell als Werkschöpfer im eigentlichen Sinne gezählt werden, zum Beispiel eben der Produzent im Bereich des Musicals. Man denke an jüngere Entwicklungen in analoge Richtungen wie den Aufstieg des Kurators in der bildenden Kunst und des Produzenten in der Populärmusik zu maßgeblichen Akteuren, denen auktoriale Kraft zu-

---

and Derrida. Edinburgh ³2008; Caduff, Corina & Wälchli, Tan (Hg.): *Autorschaft in den Künsten. Konzepte – Praktiken – Medien.* Zürich 2008; Donavan, Stephen, Fjellestadt, Danuta & Lundeén, Rolf (Hg.): *Authority Matters. Rethinking the Theory and Practice of Authorship.* Amsterdam 2008; Hartling, Florian: *Der digitale Autor. Autorschaft im Zeitalter des Internets.* Bielefeld 2009; Mader, Rachel (Hg.): *Kollektive Autorschaft in der Kunst. Alternatives Handeln und Denkmodell.* Bern 2012. Vgl. zur Entstehung des Konzepts Autor Woodmansee, Martha & Jaszi, Peter (Hg.): *The Construction of Authorship. Textual Appropriation in Law and Literature.* Durham 1994; Weiß, Michael Bastian: *Der Autor als Individuum. Die Wende zum Subjekt in Ästhetik und Kunst des 18. Jahrhunderts.* Hildesheim 2007.

31 Hartling, Florian: *Der digitale Autor. Autorschaft im Zeitalter des Internets.* Bielefeld 2009.
32 Dyer, Richard: *Pastiche.* New York 2007, S. 27, 30.
33 Lyotard, Jean-François: *Music and Postmodernity.* In: *new formations* 66 (2009), S. 37–45, hier: S. 37.

erkannt wird, oder schon eine Weile länger der Aufstieg des Regisseurs in Theater und Film. Dies zu sagen, heißt im Übrigen zugleich, nicht nur die »Rückkehr des Autors«[34] zu konstatieren, sondern sich bewusst zu machen, dass er gar nicht in allen Bereichen weg war.[35]

Akteuren wie Freed nun kann solche Autorität, wie Dyer und Lyotard sie als allseits gesucht und nachgefragt ausgemacht haben, in der Tat zuwachsen, werden sie doch durchweg als außerordentlich mächtig und einflussreich beschrieben, mit Letztentscheidungsrecht in fast allen künstlerischen Fragen. Man denke an die Auteurtheorie im Film, die so einflussreich wurde, dass der Regisseur heute urheberrechtlich als Autor des Films gilt, nicht der Drehbuchschreiber, der Kameramann, die Darsteller oder gar die Gesamtheit der maßgeblich Beteiligten. Oder wenn man sich anschaut, wie im Bereich der Populärmusik über Produzenten wie Brian Eno oder Rick Rubin gesprochen wird, scheint die Begründung doch starke analoge Züge zu jener der Auteurtheorie aufzuweisen.

Im Bereich des Musicals, Bühne wie Film, ist eine solche Tendenz bislang nicht zu erkennen, dass Produzenten in die Nähe autorschaftlicher Beteiligung rücken. Das hat damit zu tun, dass sich das Musical besonders schlecht für etwas wie die Auteurtheorie eignet, wie Peter Wollen zutreffend konstatiert hat: »The musical was probably the genre intrinsically most resistant to simplistic auteurism, precisely because it was so obviously dependent on collaboration, reflecting its mix of film, drama, music and dance.«[36] In der Tat, es hieße das Funktionieren der »Arthur Freed Unit«, wie es sich mustergültig an *Singin' in the Rain* zeigt, auch gründlich misszuverstehen, wollte man Freed in dieser Hinsicht als Auteur interpretieren, analog etwa einem Kurator wie Harald Szeemann oder einem Regisseur wie François Truffaut. Aber wenn das Genre in jeder Hinsicht so sehr von »collaboration« geprägt ist, warum sollte sich dies nicht auch auf auktorialer Ebene niederschlagen, nur halt nicht im Sinne der Auteurtheorie als Zuspitzung auf eine Figur bzw. einen Typus des Beteiligten, sondern im Sinne eines kollektiven Verständnisses von Autorschaft? Und müsste man den Produzenten, sofern sein Einfluss über das Bereitstellen administrativer, finanzieller und rechtlicher Rahmenbedingungen hinausgeht, dann nicht auch als Miturheber sehen?

---

34 Vgl. Jannidis, Fotis et al. (Hg.): *Rückkehr des Autors. Zur Erneuerung eines umstrittenen Begriffs.* Tübingen 1999; Irwin, William (Hg.): *The Death and Resurrection of the Author?* Westport/CT 2002; Burke, Seán: *The Death and Return of the Author. Criticism and Subjectivity in Barthes, Foucault and Derrida.* Edinburgh ³2008.

35 Auch wenn sich in der Populärmusik- und Jazzforschung und jener zu Avantgardemusik, die sich aleatorischen und improvisatorischen Verfahren bedient, ebenfalls für eine Relativierung des Fokus auf die traditionelle Komponistenfigur immer wieder stark gemacht wird.

36 Wollen, Peter: *Singin' in the Rain.* London 1992, S. 52.

Zu Freeds delegierendem Führungsstil

Es erscheint wichtig, im Musicaldiskurs diese Fragen zu stellen und den Fokus auch in Richtung von Produzentenfiguren wie Freed zu lenken. Dabei geht es nicht darum, von der Bedeutung und dem Input von Kelly, Donen, Comden, Green usw. abzulenken. Aber nichts ist typischer für das Metier des Musicals als auktoriale Kooperativität. Beispiele finden sich überall. Man denke etwa an die Szene *Get Me to the Church on Time* im zweiten Akt von *My Fair Lady*. Die lange Tanzsequenz in der Mitte von *Get Me to the Church on Time* hat nicht Frederick Loewe verfasst, sondern auf Basis von Loewes Song Trude Rittmann, die als sogenannter Dance Arranger für Tanz-, Hintergrund- und Zwischenmusik mitwirkte – eine feste Funktion im völligen Hintergrund des Musicals.[37] Von Hanya Holm, der famosen Choreographin, ganz zu schweigen. Für die Orchestration waren wiederum Russell Bennett, Philip J. Lang und Jack Mason zuständig,[38] wobei die Hauptlast auf Lang lag, von dem auch die beiden erhaltenen Orchestrierungen zu dieser Szene stammen.[39] Rittmanns Manuskripte, die erhalten geblieben sind, weisen wiederum direkte Anweisungen an Bennett auf.[40] Die mehrstimmigen Sätze für den Chor stammen schließlich von Gino Smart,[41] so dass sich *Get Me to the Church on Time* als Musterbeispiel dafür erweist, »how much of a collaboration the development of a Broadway musical's score is«[42], um Dominic McHugh zu zitieren. Gleiches gilt im Übrigen auch für das Libretto, auf dessen Gestalt neben Lerner auch Regisseur Moss Hart maßgeblichen Einfluss hatte und das wesentliche Textanteile aus George Bernard Shaws Vorlage erhält, die wiederum aber eine ganz andere Wirkung entfalten durch die Veränderung

---

37 Vgl. McHugh, Dominic: *Loverly. The Life and Times of »My Fair Lady«*. New York 2012, S. 153–154.

38 Vgl. Suskin, Steven: *The Sound of Broadway. A Book of Orchestrators and Orchestrations*. New York 2009, S. 485–486.

39 Vgl. McHugh, Dominic: *Loverly. The Life and Times of »My Fair Lady«*. New York 2012, S. 154.

40 Vgl. ebd., S. 153.

41 Vgl. ebd., S. 154.

42 Vgl. ebd., S. xv. Was freilich nicht heißt, dass nicht eine klare Hierarchie zwischen den Beiträgen festzustellen ist. Die Kosten für die Arrangeure beliefen sich z.B. insgesamt auf 10.473 $, vgl. Suskin, Steven: *The Sound of Broadway. A Book of Orchestrators and Orchestrations*. New York 2009, S. 19. Allein die Kosten für die Produktion des Original Cast Albums 1956 beliefen sich auf 22.000 $, ganz zu schweigen von den 360.000 $, die Goddard Lieberson von CBS in die Produktion der Bühnenshow im Gegenzug für die Tonträgerrechte investiert hatte, vgl. Bergreen, Laurence: *A Thousands Cheer: The Life of Irving Berlin*. Cambridge/MA 1996, S. 533. Das freilich war ein gutes Geschäft, hatte CBS doch bis Ende der 1970er Jahre bereits das Hundertfache daran verdient, vgl. Simone, Nigel: *Leonard Bernstein: West Side Story*. Farnham 2009, S. 139.

der Dramaturgie, die im Vergleich zu Shaws Vorlage vorgenommen wurde.[43] Wenn man sich dann aber vor Augen führt, welchen Aufwand das Team betrieb, um Rex Harrison für die Hauptrolle des Professor Higgins zu gewinnen, der sie in den Originalproduktionen an Broadway und West End, in späteren Wiederaufnahmen und schließlich im Film von 1964 prägte, wird deutlich, warum manche Theoretiker Darstellern die Kraft zu sprechen, Rollen in einer Weise zu prägen, dass man von Co-Autorschaft sprechen müsste.[44] Und da haben wir noch nicht über Jack Warner gesprochen, der Freed beim Kampf um die Filmrechte ausstach und eine ähnlich illustre, wenn auch nicht auf Musicals fokussierte Produzentenfigur im Hollywood jener Ära war. Und nicht über André Previn, der den Soundtrack verantwortete. Als Previn 5 Jahre später 1969 selbst mit *Coco* ein Stück am Broadway laufen hatte, stammten die Orchestrationen dann natürlich nicht von ihm. Ein treffendes Beispiel: Im Musical herrscht eine institutionalisierte Kooperativität, die alle Aspekte dessen umfasst, was wir dann als Resultat ästhetisch erfahren. Dies ist Kooperativität, die nichts mit der mangelnden Fähigkeiten der Betroffenen für eine bestimmte Aufgabe zu tun hat. Es kommt nicht darauf an, ob ein Komponist wie Loewe oder Previn die Tanzmusik oder die Orchestration selbst schreiben könnte. Natürlich könnten die beiden dies. So oder so werden jedoch Dance Arranger und Orchestratoren eingesetzt. Denn der gesamte Arbeitsprozess ist auf Kooperativität hin ausgelegt.

Was hier als Beispiel umschrieben wird, ist das, was Manfred Pfister die »Autorensoziologie«[45] nannte und damit bezeichnete, wie viele Beiträge nachher dasjenige substantiell prägen, was wir ästhetisch erfahren, und hierdurch etwas erreichen, was man Co-Autorschaft nennen sollte. Hierfür scheint die »Arthur Freed Unit« ein Musterbeispiel abzugeben. Musical ist nicht das, was in anderer Verwendung der bekannten Worte Richard Rodgers' mit der Aussage zusammenzufassen wäre: »It was a work created by many that gave the impression of having been created by one.«[46] Dies ist die Wirkung, die sich regelmäßig auf Rezipientenseite einstellt. Und so wie es Leonard Bernsteins *West Side Story* wurde, egal wie sehr und wie zu Recht Jerome Robbins darauf bestand, dass alle offiziellen Veröffentlichungen den Hinweis tragen »based on a conception by Jerome

---

43 Vgl. Block, Geoffrey: *Enchanted Evenings. The Broadway Musical from »Show Boat« to Sondheim and Lloyd Webber.* New York ²2009, S. 276.

44 Vgl. Lovensheimer, Jim: *Text and Authors.* In: *The Oxford Handbook of the American Musical.* Hg. von Raymond Knapp, Mitchell Morris & Stacy Wolf. New York 2011, S. 20–32, hier: S. 25.

45 Pfister, Manfred: *Das Drama. Theorie und Analyse.* München ¹¹2001, S. 51.

46 Rodgers, Richard: *Musical Stages.* New York 1975, S. 227.

Robbins«[47], ist es Gene Kellys *Singin' in the Rain*. Dies ist ein legitimer Blickwinkel für Rezipienten. Er generiert den Mehrwert eben jener personenbezogenen Identifikation, die John Spitzer treffend beschrieben hat:

> It seems, then, that there is no way to separate style from value. Attributions based on the analysis of style can give themselves names like ›internal analysis‹; they can adopt the techniques and the vocabulary of science; but they still come down to judgments of value. Perhaps this is as it should be. When people listen to a piece by a famous composer, or read a book by a favorite author or gaze upon the painting by a great artist, they want to make contact with an admired and powerful person. [...] Making contact with the author through his (or her) style is an essential part of the aesthetic experience. Because we value that contact, the style becomes more valuable; because the style is valuable, we value the contact all the more. [...], we run another mental lap around the circles [...], in which the work, the traits, the style and the identity of the author all impart value to one another.[48]

Aber so wie Intertextualitätstheoretiker wie Michail Bachtin, Julia Kristeva oder Umberto Eco, Dekonstruktivisten wie Jacques Derrida oder die Yale Critics und die Vertreter des *new criticism* plausibel gemacht haben, wie begrenzt dieser Blickwinkel zugleich ist, will man sich Werken über die eigene persönliche Erfahrung hinaus hinsichtlich ihrer Bedeutungspotentiale annähern, so wenig genügt diese Perspektive, wenn uns interessiert, wie solche Werke entstehen. Wenn man verstehen will, wie die künstlerischen Prozesse in diesem Bereich ablaufen oder zumindest mitunter ablaufen können bei entsprechender Personenkonstellation, muss man sich bewusst machen, wie viele Akteure am Gesamtresultat maßgeblich mitwirken. Der Produzent ist dabei regelmäßig die am schwersten greifbare Figur.

Das gilt für Freed im besonderen Maße aufgrund eines ihm eigenen indirekten, delegierenden Führungsstils. Eine fragile, begrenzte Quellenlage zu dem, was Freed eigentlich getan hat, ist eine Folge dessen. Aber nur, weil es schwierig ist, dies zu eruieren – von bewerten ist da noch gar nicht die Rede –, darf einen das nicht im Rückblick dazu verleiten, den Typus des Produzenten in der Beschäftigung mit Werken wie *Singin' in the Rain* gering zu schätzen.

Es gibt kein Schema, nach dem alle Produktionen der »Arthur Freed Unit« im Blick auf die Frage kooperativer Autorschaft abliefen. Es hing immer an der jeweiligen Personenkonstellation. Aber wir können für *Singin' in the Rain* sagen, dass hier Freeds Anteil eher größer war, da er das Projekt anstieß, die Richtung

---

47 Vgl. *West Side Story. Official Website*. In: http://www.westsidestory.com/site/level2/archives/fact/faq.html (Abruf am 25. September 2013).

48 Vgl. Spitzer, John: *Style and the Attribution of Musical Works*. In: *Rückkehr des Autors. Zur Erneuerung eines umstrittenen Begriffs*. Hg. von Fotis Jannidis et al. Tübingen 1999, S. 495–510, hier: S. 510.

durch die Festlegung auf altes eigenes Songmaterial vorgab,[49] die passenden Leute zusammenbrachte, hier und da aktiv eingriff, aber die Leute primär machen ließ, solange er mit dem Resultat zufrieden war und schließlich allen Beteiligten klar war, dass er die letzte Instanz ist. Es macht daher durchaus Sinn, ihn bei der Frage nach der Autorschaft von *Singin' in the Rain* im Blick zu haben und dies eben nicht nur seiner Songtexte wegen.[50]

Aber was heißt es, wenn man sagt, dass Freed hier und da aktiv eingriff, aber die Leute primär machen ließ? Es gibt konkrete Beispiele für direkte auktoriale Entscheidungen Freeds bei *Singin' in the Rain*. So berichten etwa die Drehbuchautoren Betty Comden und Adolph Green:

> [Comden:] *An American in Paris*, of course, had a very daring ballet, so Arthur Freed decided that he wanted a big ballet at the end of *Singin' in the Rain* – even though it didn't really fit in the film. But we had no control over it. [Green:] But it turned out surprisingly well. [Comden:] Yes, it did. But if we'd had anything to say about it back then, we would have made it shorter and more appropriate to the film.[51]

Aber grundsätzlich war Freeds Leitung passiv in dem Sinne, dass er keine Werkteile für einen Film selbst hergestellt hat – mit der die Regel bestätigenden Ausnahme des Textes zu *Make 'Em Laugh* in *Singin' in the Rain*. Mehr noch wird seine Kommunikation oftmals als vage und indirekt beschrieben. Oder wie es Harold Arlens Textdichter bei *The Wizard of Oz*, E.Y. Harburg, ausdrückte: »Whenever Arthur talked all you could do was guess at his meaning.«[52] Previn erzählt an einer Stelle davon, wie er zu Freed kam und eine Frage zur Reihenfolge von Aufnahmeterminen stellte, ob er zuerst Gene Kelly oder Cyd Charisse aufnehmen solle. Freed entschuldigte sich und verließ den Raum. Nach einer Weile ging Previn hinaus, um Freeds Sekretärin zu fragen, wo dieser denn hin sei, worauf diese antwortete: nach Hause. »The message was clear; I answered my own question, prepared one of the numbers (I don't remember which one), and production went ahead quite calmly.«[53] Freed pflegte einen delegierenden Führungs-

---

49 Vgl. Lev, Peter: *The Fifties. Transforming the Screen 1950–1959.* Berkeley 2003, S. 35.

50 Nicht vergessen sollte man schließlich, dass es Freed war, der das Konzept des Book Musical im Hollywood-Musical durchsetzte, insbesondere hinsichtlich der Verzahnung der Songs mit der Handlung. Auch hierfür ist *Singin' in the Rain* ein Musterbeispiel. Sein Einfluss lag also auf vielen Ebenen. Vgl. Lev, Peter: *The Fifties. Transforming the Screen 1950–1959.* Berkeley 2003, S. 36: »*Singin' in the Rain* is a remarkably integrated musical, with the musical numbers presenting the thoughts and feelings of the characters as the story progresses.«

51 Betty Comden und Adolph Green, zitiert nach Baer, William: *Classic American Films. Conversations with the Screenwriters.* Westport/CT 2008, S. 14f.

52 E.Y. Harburg, zitiert nach Jablonski, Edward: *Harold Arlen. Rhythm, Rainbows, and Blues.* Boston 1996, S. 130.

53 Previn, André: *No Minor Chords. My Days in Hollywood.* New York 1991, S. 62.

stil. Den daran entscheidend erscheinenden Punkt benannte Irving Berlin, indem er darauf hinwies, dass passiv und delegierend keineswegs unbeteiligt und inaktiv bedeutet:

> I don't remember Arthur saying, »Don't you think this would be better, Irving?« Never. Never a word. He let people alone. He was pretty smart that way and he was a good politician. He knew how to handle men: he knew when to say »yes« and when to say »no.« But he never bothered people if he had confidence in them. [...] You take Roger Edens and all the other talented people he had in his unit – he didn't tell them what to do, but they did it. He was smart enough to know that they could do the job. After all, all you have to do is look at the record.[54]

Zahlreiche Zeugnisse von Mitgliedern der »Arthur Freed Unit« bestätigen den Tenor von Berlins Urteil. Walter Strohm etwa, Head of the Production Department zur Zeit der Arbeit an Filmen wie *An American in Paris* und *Singin' in the Rain*, äußerte sich ganz ähnlich im Rückblick gut zwei Jahrzehnte später:

> I think that everyone who worked with Freed respected him and was very happy to be with him. He was a contributing producer as far as I was concerned. He was available if you needed him. He didn't interfere with your activities. If he thought you were doing your work, that was fine. He didn't want to be bothered. He wanted the results the best he could get.[55]

Bei Art Director Preston Ames liest es sich wie folgt:

> Minnelli and Freed were a very, very close corporation. They thought together and worked together. Mr. Freed was a producer in the sense that he was a real producer in letting Minnelli, the director, have, to a point, his own reign. Obviously, when things got sticky Freed would step in and help, but he never pushed Minnelli to do it one way or the other.[56]

Passiv, delegierend und sich selbst zurücknehmend die Produktion zu leiten, war Freeds Methode. Es ist überaus bezeichnend, dass er sich mit Roger Edens eine rechte Hand in allen musikalischen Fragen suchte, dem genau dieselbe Eigenart nachgesagt wurde: »Many members of the Freed Unit could not pinpoint the exact role Edens played because he did so many things in a quiet, unassuming way.«[57] Wenn die beiden einzigen personellen Konstanten während der Ära der »Arthur Freed Unit« dieselbe Haltung an den Tag legen, prägt das natürlich unweigerlich das Betriebsklima.

Ein anderes Beispiel aus derselben Zeit illustriert vielleicht noch pointierter als die soeben zitierte Aussage Berlins, wie eine solch passive, delegierende und sich

---

54 Irving Berlin, zitiert nach Fordin, Hugh: *M-G-M's Greatest Musicals. The Arthur Freed Unit*. New York 1996 [Reprint von New York 1975], S. 526.

55 Walter Strohm, zitiert nach Knox, Donald: *The Magic Factory. How MGM Made An American in Paris*. New York 1973, S. 12.

56 Preston Armes, zitiert nach ebd., S. 12.

57 Vgl. Hess, Earl J. & Dabholkar, Pratibha: *Singin' in the Rain. The Making of an American Masterpiece*. Lawrence/KA 2009, S. 8f.

selbst zurücknehmende Produktionsbeteiligung der Sache dennoch ihren Stempel aufdrücken kann. Für die Filmadaption seines Schauspiels *Still Life* durch David Lean als *Brief Encounter* 1945 konnte Coward das Drehbuch nicht selbst verfassen, da er zur Truppenbetreuung in Indien eingesetzt war. So übernahmen David Lean, Ronny Neame und Anthony Havelock-Allen die Aufgabe. Cowards Theaterstück war das erste Mal am 18. Mai 1936 im Londoner Phoenix Theatre gegeben worden.[58] Teil eines Zyklus von neun Einaktern, *Tonight at 8:30*, hatte Coward diese Werke für sich und Gertrude Lawrence verfasst und u.a. selbst an West End und Broadway gespielt.[59] Das Drehbuch zum Film baut den Einakter jedoch massiv aus. *Still Life* dauert nur ca. 45 Minuten und spielt ausschließlich an einem Szenenort, dem Bahnhofscafé (»refreshment stand«) der englischen Provinzstadt Milford. Im Film immer noch Ort zentraler Momente wie Kennenlernen und Abschied der sich unglücklich verliebenden Hauptfiguren, weitet das Drehbuch die Handlung auf zahlreiche Schauplätze aus und integriert weitere wesentliche Figuren. Daher konnte das Drehbuch zwar Teile von Cowards Theatertext eins zu eins übernehmen, andere Passagen mussten jedoch neu geschrieben werden. Wie Freed auch, hatte Coward hierfür ein Abnahme- und Letztentscheidungsrecht. David Leans Biograph Gene D. Phillips berichtet in diesem Zusammenhang von einer vielsagenden Begebenheit:

> Sometimes, one of the triumvirate of writers would try his hand at creating the dialogue for a new scene not in the original play, always subject to Coward's approval. Neame wrote the scene between Alec and Laura that takes place in the boathouse, where Alec is drying off by the fire after fallen in the lake. After Neame submitted the scene to Coward, the latter congratulated »the little darling who wrote the brilliant Coward dialogue«.[60]

Lean, Neame und Havelock-Allen firmieren einzig als Drehbuchautoren. Ohne Coward wurden sie auch für den Oscar nominiert. Aber wie viel Coward steckt in dem Drehbuch, nicht nur aufgrund der direkten Übernahmen aus seiner Schauspielvorlage, sondern gerade auch aufgrund solch indirekter Beteiligung wie an der soeben zitierten Stelle zum Ausdruck gebracht wird im Hinblick auf jene Erweiterungen, welche das Skript des Films vornimmt? Das ist eine schwierige Frage, die sich einmal in historischer Richtung stellt, wenn man wissen will, wie der Film gemacht wurde. Sie ist jedoch ebenso virulent mit Blick auf die Rezeption von *Brief Encounter*. Erst jüngst wurde letztgenannter Gesichtspunkt wieder zum Thema: 2007 richtete die Regisseurin Emma Rice *Brief Encounter* für das britische Kneehigh Theatre erneut als Theaterstück ein, angereichert um einige Songs

---

58 Vgl. Day, Barry: *Coward on Film. The Cinema of Noël Coward*. Lanham/MD 2005, S. 95.

59 Vgl. Phillips, Gene D.: *Beyond the Epic. The Life & Films of David Lean*. Lexington/KT 2006, S. 85.

60 Ebd., S. 88.

Cowards.[61] Man kann sagen, dass sie dies mit einigem Erfolg tat, betrachtet man die Aufführungshäufigkeit und den Tenor der Rezensionen von Broadway bis West End. Die New York Times etwa nannte die Adaption »The most enchanting work of stagecraft ever inspired by a movie«[62], der Daily Telegraph sprach von einem »first-class return to romance«[63]. 2013 erschien beim Publikumsverlag Bloomsbury das Skript der Adaption von Rice. Und wie lautet die Angabe zu Beginn der Publikation? »Noël Coward's *Brief Encounter*. Adapted for the stage by Emma Rice. Adapted from the play *Still Life* and the screenplay of *Brief Encounter*, both by Noël Coward«![64]

Wir haben es bei Freed mit jemandem zu tun, der absolute Entscheidungsgewalt über die Filmwerke hatte, aber Entscheidungen weitgehend delegierte, weil er auf das Talent der von ihm ausgewählten und zusammengeführten Mitarbeiterinnen und Mitarbeiter der jeweils für einen Film zusammengestellten »Arthur Freed Unit« vertraute und nur eingriff, wenn er es für nötig hielt. Aber die Mitglieder der »Arthur Freed Unit« wussten zugleich, was er erwartete. Und sie folgten ihm nicht bloß, weil er halt eben der Chef war. Sie vertrautem seinem künstlerischen Urteil. Oder um nochmals auf Alan Jay Lerner zu verweisen:

> It's true that Arthur has the tendency to start a sentence on Wednesday and finish it on Friday, but somehow it reached a point where you understood what he was trying to say. I feel that those times when he was inarticulate were seldom due to the fact that he didn't know what he wanted. It was more likely that he didn't want to upset you or hurt you. Eventually he got around to saying what he wanted, and most of the time he was right. In fact, I have a hard time remembering a time when he wasn't.[65]

Man kann davon ausgehen, dass die Mitglieder der jeweiligen Variante der »Arthur Freed Unit« grundsätzlich Freeds Intentionen, wenn auch zu ihren Bedingungen, folgten, in demselben Sinne wie Neame eine Szene verfasste, die ganz im Sinne Cowards geschrieben war. Die »Arthur Freed Unit« wirkt den berühmten Malerwerkstätten der Renaissance ungleich näher als der romantischen Idee des individuell schöpfenden Genies. Und man hat mit denselben Problemen sicherer Zuschreibung von kreativen Leistungen zu kämpfen. Umso mehr ein

---

61 Vgl. http://www.kneehigh.co.uk/show/brief-encounter.php (Abruf am 16. September 2013).

62 Brantley, Ben: *Arm's-Length Soul Mates, Swooning but Stoically Chaste*. In: *The New York Times* (28. September 2010), http://theater.nytimes.com/2010/09/29/theater/reviews/29brief.html?pagewanted=all&_r=0 (Abruf am 16. September 2013).

63 Spencer, Charles: *Brief Encounter: A first-class return to romance*. In: *The Daily Telegraph* (18. Februar 2008), http://www.telegraph.co.uk/culture/theatre/drama/3671269/Brief-Encounter-A-first-class-return-to-romance.html (Abruf am 16. September 2013).

64 *Noël Coward's Brief Encounter. Adapted for the stage by Emma Rice*. London 2013, S. I.

65 Alan Jay Lerner, zitiert nach Knox, Donald: *The Magic Factory. How MGM Made An American in Paris*. New York 1973, S. 12.

Grund, sich vom Denken in modernen Kategorien von Urheberschaft zu lösen in Anbetracht eines Werks wie *Singin' in the Rain*. Gene Kelly hat dies angedeutet, als er rückschauend um 1970 sagte:

> You see, we knew each other, and that's a marvelous way to create a musical, because you can't do a musical on the so-called auteur theory. That's impossible. Musicals were the product of a system created and developed by the studios, and at the time of *An American in Paris* MGM was at its zenith.[66]

Freed wachte für gut zwei Jahrzehnte über dieses System und führte es zugleich, auf die ihm eigene, nicht alltägliche Weise als allseits akzeptierter primus inter pares. Oder um es frei nach Bill Clintons berühmtem Wahlkampfslogan seiner Kampagne 1992 für das Weiße Haus zu sagen: ›It's the system, stupid.‹[67]

---

66 Gene Kelly, zitiert nach ebd., S. 32.

67 Der zum Klassiker avancierte Slogan von Clintons Wahlkampf lautete: »It's the economy, stupid«. Vgl. Levy, Peter B.: *Encyclopedia of the Clinton Presidency*. Westport/CT 2002, S. 205. Vgl. weiter Christensen, Jerome: *America's Corporate Art. The Studio Authorship of Hollywood Motion Pictures*. Stanford 2012.

Ivana Dragila
Das Hollywood-Musical
Umriss seiner Geschichte 1900–1950

»The biggest Show you've ever seen«[1], »The BIG BIG musical of the year«[2] oder »The Show you will never forget«[3]. Hunderte derartiger Werbesprüche flimmerten in der ersten Hälfte des 20. Jahrhunderts über die Kino-Leinwände. Das Ziel: Millionen von Zuschauern in die Säle zu locken, um die neuesten Vorstellungen eines Genres vorzuführen, das in den 1930er und 1940er Jahren seine Blütezeit erleben sollte: das Hollywood-Musical. Die »Traumfabrik« an der Westküste der USA produzierte während dieser so genannten »Goldenen Ära« derartige Filme wie am Fließband, die damals das Publikum begeisterten, aber auch heute ihren Charme nicht verloren haben. Unter den zahlreichen Klassikern wie *42nd Street*, *Top Hat* und *The Wizard Of Oz* hat es im Laufe der Jahrzehnte allerdings ein Musical an die Spitze der beliebtesten und erfolgreichsten Musicals geschafft: *Singin' in the Rain*. Nach anfänglich mäßigem Erfolg sorgten zahlreiche TV-Ausstrahlungen, Filmfestivals und Neuveröffentlichungen des Musicals sowie Interviews mit Musik- und Musical-Stars für den Anstieg seiner Popularität. *Singin' in the Rain* galt nicht nur als eines der besten Hollywood-Musicals, sondern positionierte sich in zahlreichen internationalen Rankings. Das American Film Institute wählte den Film 1998 als »Greatest Movie Musical of All Time«, 2007 wurde es sogar auf Platz fünf der besten Filme aller Zeiten eingestuft.[4]

Worin liegt aber die Faszination des Hollywood-Musicals? Wodurch wurde es bis heute zum unvergessenen »Grand Entertainment«[5]? Womit konnte es eine so

---

1   Anchors Aweigh – *Theatrical Trailer*. In: *Anchors Aweigh* (USA 1945), DVD, Warner Brothers 0-7907-4443-0 (2000).

2   Singin' in the Rain – *Theatrical Trailer*. In: *Singin' In The Rain* (USA 1951), 2 DVDs 6562195 (2002), Disc A, 0:00:22.

3   Vgl. ebd.

4   Vgl. Hess, Earl J. & Dabholkar, Pratibha A.: *Singin' In The Rain. The making of an American masterpiece*. Kansas 2009, S. 218–221.

5   *Metro-Goldwyn-Mayer presents Frank Sinatra Kathryn Grayson Gene Kelly in 'Anchors Aweigh' with José Iturbi*. Hg. von Metro-Goldwyn-Mayer Pictures, Werbebroschüre zum Film, Rickmansworth o. J., [S. 3].

starke Bindung zum Publikum herstellen, die sich selbst über Generationen hinweg erhalten konnte? Und was macht gerade die Faszination bei *Singin' in the Rain* aus, um sich als eines der bekanntesten, erfolgreichsten und beliebtesten Hollywood-Musicals überhaupt positionieren zu können?

»All-talking, All-singing, All-dancing«[6]: Melting Pot New York City

New York City um 1900. Mitten in der West 28th Street zwischen dem Broadway und der 6th Avenue breitet sich ein wirrer Klangteppich aus. Aus den Räumen der dort angesiedelten Musikverlagshäuser ertönen die Melodien der neuesten Songs, die hunderte der so genannten Song-Plugger auf ihren doch oft verstimmten Klavieren spielen, um Sänger und Musiker von den Neuheiten der Musikverlage zu überzeugen. Ein Szenario, das den Journalisten Monroe H. Rosenfeld an Blechpfannen – amerikanisch »tin pan« – erinnert und ihn schließlich dazu bewogen haben soll, diesen Straßenzug und das hier beheimatete Musikgewerbe als »Tin Pan Alley« zu bezeichnen.

In den ersten Jahrzehnten des 20. Jahrhundert entstanden dort jährlich hunderte für Klavier und Singstimme arrangierte Hits, die als einzelne Notendrucke in Loseblattausgaben – als Sheet-Music – nicht selten eine millionenfache Auflage erreichten. Neben Märschen und Walzern entstanden Anfang der 1920er Jahre »up-to-the-minute-songs«[7], die auf dem Blues, Jazz, Tänzen wie dem Charleston, Two-Step, Cakewalk oder Foxtrot sowie mexikanischen oder argentinischen Tänzen basierten. Der populäre Song erreichte dadurch ein Level an »cosmopolitanism, ingeniousness, and sophistication«[8]. Sein Ziel: durch eine einfache 32-taktige AABA-Struktur verschiedene Elemente aus dem Alltag wie Träume und Gefühle mithilfe der Musik auszudrücken und somit Zufriedenheit bei den Konsumenten zu erreichen.[9]

Den größten Absatzmarkt der Tin-Pan-Alley-Songs bildeten die Broadway-Theater, die dem vergnügungshungrigen New Yorker Publikum zahlreiche Entertainment-Formate boten. Neben Operetten von Jacques Offenbach, Johann Strauß oder Franz Léhar wurden Revuen, Minstrel-Shows mit einer Kombination aus Blackface-Coon-Songs und Sketchen sowie Vaudeville-Shows mit »songs,

---

6   Mit diesem Werbespruch startete MGM eine erfolgreiche Kampagne, die zum Leitmotiv der »goldenen Ära« der Musicals werden sollte.

7   Tawa, Nicolas E.: *Supremely American. Popular Song in the 20th Century.* Lanham Maryland 2005, S. 33.

8   Ebd., S. 44.

9   Ebd., S. 50.

dances, pretty girls, rapid-fire comics, skits and acrobatics«[10] aufgeführt. Diese verschiedenen Unterhaltungsformen legten den Grundstein für die Entwicklung eines amerikanischen Musiktheaters: des Musicals. Was man allerdings heute oft als ein durchkomponiertes Genre imaginiert, in dem vor allem Gesang und Tanz in die Handlung integriert sind, hatte nahezu ein halbes Jahrhundert eine eher flexible Struktur. Eine Dramaturgie oder Handlung in den Musicals diente häufig nur als Vorwand, um Musik- und Tanznummern auf die Bühne bringen zu können. Leichte Komödien bzw. »musical comedies« waren meist längere Sketche, die, eingebettet in eine Liebesstory, von Banalitäten, Wirrungen oder Verwicklungen aus der Welt der Schönen und Reichen erzählten. Die meist gleichbleibenden Handlungskerne dieser Happy-End-Stories wurden dabei durch die neuesten und bekanntesten Songs, die die Broadway-Produzenten von den Hit-Komponisten der benachbarten Tin Pan Alley bekamen, unterbrochen. Das Musical wurde auf diese Weise einerseits zu einer Werbeplattform der Musikverlage und Komponisten, andererseits wurden auf der Basis der Tin-Pan-Alley-Songs auch neue Musicals kreiert. Vor allem in den 1920er Jahren, der belebtesten Dekade mit mehr als 50 neuen Produktionen pro Saison, sorgten ehemalige Song Plugger und aufstrebende Komponisten wie Richard Rogers und Lorenz Hart, Cole Porter, George und Ira Gershwin, Arthur Schwartz und Howard Dietz sowie Irving Berlin für zahlreiche Hits. Songs wie Gershwins *Fascinating Rhythm* aus dem Musical *Lady Be Good* und *S'Wonderful* aus *Funny Face* oder aber Berlins *Say It With Music* aus den *Music Box Revues* und *Pretty Girls Like A Melody* aus den *Ziegfeld Follies* verdanken ihre Popularisierung gerade der Präsentation in den Musicals und Revuen. Diese wiederum steigerte die Popularität der Shows oder die der auftretenden Künstler.[11] Unter anderem wurden die Interpretationen der Songs wie *Swanee* und *My Mammy* aus *Sindbad* oder *Toot, Toot, Tootsie* aus *Bombo* zu Klassikern, während die energischen und theatralischen Auftritte des Vaudeville- und Minstrel-Stars Al Jolson großen Anklang fanden und Jolson bald als »the world's greatest entertainer«[12] galt. Alles schien sich also um die Song-Produktion zu drehen, während die Broadway-Landschaft vor allem große Revuen und leicht unterhaltsame Musicals prägten. Dennoch schaffte 1927 eine Produktion die Basis für die Weiterentwicklung des Genres Musical: *Show Boat*.

---

10 Fehr, Richard & Vogel, Frederick G.: *Lullabies of Hollywood*. North Carolina, London 1993, S. 223.

11 Zum medialen Wechselverhältnis von Song und Bühne siehe auch Grosch, Nils: *Populäres Musiktheater als dramaturgische Koordination Populärer Musik*. In: *Die Bedeutung populärer Musik in audiovisuellen Formaten*. Hg. von Christofer Jost und Klaus Neumann-Braun. Baden-Baden 2009, S. 85–102.

12 Mit diesem Werbeslogan lockte das wohl mächtigste Produzenten-Team des Broadways The Shubert Brothers in die Al-Jolson-Shows, die in den Shubert-Theatern aufgeführt wurden.

Komponiert nach Jerome Kerns Musik und einer Textvorlage von Oscar Hammerstein II. feierte *Show Boat* am 27. Dezember 1927 Premiere im Ziegfeld Theatre in New York City und schuf den Grundstein für die Entwicklung der Gattung Musical als handlungsreiches, musikalisch durchgearbeitetes Bühnenstück. Die Musiknummern bei *Show Boat* waren nun nicht mehr austauschbar, sondern fest mit der Handlung verbunden und somit in diese integriert. Die Dramaturgie wiederum fügte sich allerdings weiterhin der Tradition. Denn thematisch gesehen stellte *Show Boat* ein schwimmendes Vaudeville-Theater dar, wodurch sich eine nostalgische Rückbesinnung auf die Wurzeln des Musicals vollzog, die sowohl musikalisch als auch thematisch charakteristisch für nachfolgende Musicals wurde.

»The Jazz Singer, It's The Jazz Singer«[13]

Zum gleichen Zeitpunkt schrieb an der Westküste das Filmstudio Warner Brothers Filmgeschichte. Nach fast zwei Jahrzehnten Stummfilmära wurde am 6. Oktober 1927 im Warners' Theater am Times Square in New York City mit *The Jazz Singer* der erste Tonfilm präsentiert. Obwohl der Film größtenteils stumm war, ist es dort zum ersten Mal gelungen, Sprache, Soundeffekte und Musik miteinander zu verknüpfen[14] – ein Jahr zuvor präsentierte Warner Brothers mit *Don Juan* eine Produktion, bei der lediglich ein Soundtrack hinterlegt wurde. Bei insgesamt sieben vertonten Songs in *The Jazz Singer*, darunter *Blue Skies*, *My Mammy* oder *Toot, Toot, Tootsie, Goodby*[15], lag der Schwerpunkt des Films auf der Musik bzw. der Performance von Al Jolson, der wie viele Künstler, Komponisten und Interpreten von New York nach Los Angeles kamen. Das neue Medium Tonfilm wurde also zur geeigneten Plattform für Song-Promotion bzw. für Musicals. Und *The Jazz Singer* ging nicht nur als erster Tonfilm, sondern auch als erstes Hollywood-Musical in die Geschichte ein, was zugleich einen regelrechten Boom auslöste: »the public [was] screaming for more talking pictures«[16].

Während das Publikum nach weiteren Tonfilmen verlangte, reagierte die Filmindustrie zunächst gelassen. Keiner glaubte daran, dass den Stummfilm etwas in Gefahr bringen konnte. Branchenmagazine wie *Variety* spielten den Erfolg von *The Jazz Singer* herunter, da die meisten Theater, in denen Tonfilme vorgeführt werden sollten, keinerlei dafür notwendige Technologie besaßen. Und sogar

---

13 *Singin' in the Rain* (USA 1951), Disc A, 0:34:00.
14 Vgl. Fehr, Richard & Frederick G. Vogel: *Lullabies of Hollywood*, S. 31.
15 Die drei Songs wurden von Tin-Pan-Alley-Komponisten Irving Berlin, Walter Donaldson und Gus Kahn geschrieben.
16 *Singin' in the Rain* (USA 1951), Disc A, 0:34:08.

Warner-Brothers-Mitgründer Harry Warner soll selbst lange vor der Veröffentlichung von *The Jazz Singer* gesagt haben: »Who the hell wants to hear actors talk? The music – that's the big plus about this.«[17] *The Jazz Singer* betrachtete man also wie bereits die vorausgegangenen Tonfilm-Produktionen als ein reines Experiment. Hollywood hatte schließlich lange genug darauf hingearbeitet, dieses sehr gut funktionierende Multimillionen-Dollar-Geschäft mit dem Stummfilm am Leben zu erhalten und den Tonfilm zu boykottieren. Hinter verschlossenen Türen hatten die großen Major-Studios, darunter MGM (Metro-Goldwyn-Meyer), Paramount und Universal, sogar vereinbart, die Entwicklung von Filmsound so lange wie möglich zu ignorieren oder zu verzögern.[18] Doch mit der Veröffentlichung von *The Jazz Singer* kam es anders. Der Stummfilm als populärstes Entertainment-Format wurde quasi über Nacht zum vergessenen Medium und keiner in der Industrie wusste, was die Zukunft bringen sollte. Stummfilmstar William Haines beschrieb die Situation folgendermaßen: »It was like the night of The Titanic all over again, with women grabbing the wrong children and Louis B. (Mayer) singing *Near My God To Thee'*.«[19] Und auch Sam Goldwyns Frau Frances erzählte nach der Premiere von *The Jazz Singer*, sie habe in den Gesichtern der Stummfilmstars »terror« gesehen, so als ob sie gewusst hätten, dass »the game they had been playing for years was finally over«.[20] Die Einführung des Tonfilms bedeutete das Aus für viele Stummfilmschauspieler, die nun durch starke Akzente oder ungeeignete Stimmklänge ein großes Handicap hatten.

Vom Broadway nach Hollywood

Den größten Pool an Storys, Songs und Künstlern fanden die Filmemacher aus Hollywood am ›Nabel der Theaterwelt‹ – am Broadway. Was dort in den 1920er Jahren seine erste Blütezeit erfahren durfte, wurde nun dreitausend Meilen weiter westlich noch einmal neu aufbereitet. Dabei griff Hollywood vor allem auf die Musicals, Vaudeville-Shows und Revuen zurück, um ohne großen Produktionsaufwand die glitzernde Welt des Showbusiness in New York City auf der Kinoleinwand darzustellen. Auf diese Weise vollzogen das Broadway-Musical und mit ihm auch der Tin-Pan-Alley-Song einen weiteren medialen Schritt – von der

---

17 Zit. nach Kenrick, John: *History of Musical Film. 1927–30: Hollywood Learns to Sing.* In: www.musicals101.com/1937-30film.htm (zuletzt abgerufen am 21.10.2013).

18 Barrios, Richard: *A Song In The Dark. The Birth Of The Musical Film.* New York and Oxford 1995, S. 32.

19 Zit. nach Kenrick, John: *History of Musical Film. 1927–30: Part II.* In: www.musicals101.com/1937-30film2.htm (zuletzt abgerufen am 21.10.2013).

20 Zit. nach Eymann, Scott: *The Speed of Sound. Hollywood and the Talkie Revolution.* New York 1997, S. 160.

Bühne hin zum Film. Zeitgleich kauften die größten Filmproduktionsfirmen wie Warner Brothers, MGM oder Paramount[21] Verlage auf und sicherten sich damit das Material für die Hollywood-Musicals. Die Songs konnten von nun an mithilfe des Mediums Film weltweit promotet und popularisiert werden. Das Konzept ging auf. Schon bald schimmerten an den Theatern die ersten Filmtitel der so genannten Backstage-Musicals wie *Gold Diggers of Broadway*. Die meist revueartig angelegten Drehbücher zeigten den Zuschauern neben dem Bühnengeschehen auch die Welt hinter der Bühne. Dadurch wurde nun die Entstehung einer Show bzw. eines Musicals im Rahmen eines Hollywood-Musicals mithilfe des Mediums Film thematisiert – das Hollywood-Musical wurde somit selbstreflexiv. Eine derartige ›Show innerhalb der Show‹ vereinte die Probleme bei einer Show-Vorbereitung, die dort aufgeführten Songs und, nicht zu vergessen, einer Liebesstory. Zum ersten Mal konnte das landesweite Publikum nicht nur eine Broadway-Show außerhalb von New York sehen, sondern auch hinter die Kulissen schauen.

Mit einer Mischung aus Songs und Shows versuchte Hollywood also bereits in den ersten Jahren, das Publikum in die Theater bzw. die Movie-Houses zu locken – mit Erfolg. Zu den erfolgreichsten Backstage-Musicals der Anfangszeit gehörte vor allem die MGM-Produktion *Broadway Melody* (1929). Gerade einmal in 28 Tagen fertiggestellt, präsentierte MGM-Chef Irving Thalberg das Musical im MGM-eigenen Astor Theatre nahe des Times Square in New York City. Die passende Filmmusik mit insgesamt sieben Songs, darunter auch *You Were Meant For Me*, lieferte das Duo Nacio Herb Brown und Arthur Freed. Sowohl das Publikum als auch die Kritiker waren begeistert. *Broadway Melody* wurde sogar als erster Tonfilm mit einem Academy Award in der Kategorie Bester Film ausgezeichnet. Innovativ war vor allem der Einsatz von zwei neuen Technologien: dem Pre-Recording bzw. Playback-Verfahren sowie Sound Editing.[22] Diese steigerten einerseits die Klangqualität und ermöglichten andererseits einen flexibleren Kameraeinsatz mit mehreren Aufnahmewinkeln. Schauspielern, Sängern und Tänzern war es zudem möglich, sich intensiver auf die Inszenierung und Präsentation der einzelnen Stücke zu konzentrieren.[23] Mit *Broadway Melody* startete MGM zudem

---

21 Ebenso wie die größten Tin-Pan-Alley-Verlage vor allem durch jüdische Immigranten gegründet wurden, waren diese auch in Hollywood die Gründer der größten Filmproduktionsfirmen. Die Brüder Harry (Hirsch), Albert, Sam (Samuel) und Jack (John Leonard) Warner gründeten Warner Brothers, Marcus Loew, Samuel Goldwyn (Schmuel Gelbfisz) und Louis B. Meyer (Eliezer Meir) die MGM-Studios sowie Adolf Zukor (Adolph Cukor) Paramount.

22 Vgl. Kenrick, John: *History of Musical Film 1927–30: Part II*.

23 Vgl. Mast, Gerald: *Can't Help Singin'. The American Musical on Stage and Screen*. Woodstock und New York 1987, S. 92.

erstmals die effektive Werbekampagne »All-talking, all-singing, all-dancing«, die zum Leitmotiv der folgenden Jahrzehnte werden sollte und das MGM-Musical zum Maßstab aller Produktionen machte.

Doch bevor das Hollywood-Musical seine Entwicklung fortsetzen konnte, schockte der am 28. und 29. Oktober 1929 durch Überbewertung von Wertpapieren ausgelöste Börsencrash das ganze Land und führte in den darauffolgenden Jahren zu einer stark erhöhten Arbeitslosigkeit.[24] Auch Hollywood blieb von diesem Ereignis nicht verschont. Zahlreiche Streichungen der Musical-Produktionen waren die Folge eines immer weiter schrumpfenden Budgets, das auf den Wertverlust des Kapitals und die rückläufigen Besucherzahlen zurückzuführen war. Während 1929 etwa 95 Millionen Kino-Besucher wöchentlich in die 23.000 Theater kamen, reduzierte sich die Anzahl der betriebenen Kinos bis 1936 um ein Drittel. Und auch die Zuschauerzahlen gingen zurück – zusätzlich verringert durch das neue Medium Radio.[25] Dennoch: Noch nie war das Verlangen nach Entertainment so groß wie zu Zeiten der Depression. Die Menschen wollten »magic and romance and novelty; stories with happy endings and a chastened wolf«[26]. Hollywood setzte also auf die Big-Budget-Produktionen[27], auf üppig gestaltete Musicals, die eine Kombination aus Songs, Schauspiel und Story-Harmonie vermittelten und so schnell zum idealen Medium zur Verbreitung von Fröhlichkeit wurden.[28] Riesige Revuen wie MGMs *Hollywood Revue of 1929* mit Songs von Brown und Freed sorgten zwar für erste Erfolge, die Euphorie hielt jedoch nicht lange an. Massenhafte und stereotypische Produktionen konnten das Publikum mit ihren »graceful melodies, happy-talk-lyrics, frivolous dialogue and stock situations and characters«[29] nicht mehr beeindrucken. Es verbreitete sich zunehmend die Meinung »If you've seen one, you've seen them all«[30].

Den nächsten großen Schritt in der Weiterentwicklung des Musicals machte 1933 Warner Brothers mit der Produktion *42nd Street*, unter der Regie des ehemaligen Broadway-Choreographen Busby Berkeley. Obwohl sich Hollywood hier erneut eines alten Broadway-Stoffes bediente, verliehen der Backstage-Story vor allem die Songs und speziell die Inszenierung Berkeleys ihre Einzigartigkeit. Denn das Ziel des Hollywood-Musicals der 1930er Jahre war es weiterhin, nicht die Songs

---

24 Im Jahre 1929 registrierten die USA 1,5 Millionen Arbeitslose. 1933 lag die Zahl bei 15 Millionen.

25 Giddins, Gary: *Bing Crosby: A Pocketful of Dreams, The Early Years 1903–1940*. New York 2001, S. 205.

26 Ebd.

27 Vgl. Fehr, Richard & Frederick G. Vogel: *Lullabies of Hollywood*, S. 98.

28 Ebd., S. 3.

29 Ebd., S. 7.

30 *Singin' in the Rain*, Disc A, 0:25:21–0:25:22.

in die Handlung zu integrieren, sondern eine große Show zu präsentieren. Busby Berkeley machte es sich zum Ziel, im Film genau das zu zeigen, was auf der Bühne eben nicht möglich war. Durch die Weiterentwicklung im Bereich der Kamera- und Tontechnik filmte Berkeley die im Musical tanzenden Chorgirls nicht mehr nur frontal, sondern inszenierte sie mithilfe von Nahaufnahmen, Schwenks oder Kamerafahrten aus verschiedenen Richtungen und Winkeln auf gigantischen Bühnen mit Swimmingpools und Wasserfällen in verschiedenen kaleidoskopischen Formen. Charakteristisch war dabei vor allem Berkeleys ›Top-Shot‹ – eine Aufnahme des Bühnengeschehens, bei der die Kamera unter der Decke positioniert wurde. Durch all die verschiedenen Perspektivwechsel schien die Kamera nun mitzutanzen. Sie war nicht nur das Werkzeug des Regisseurs, sondern ein wesentlicher Bestandteil der Choreographie. Zugleich hob Berkeley mithilfe des flexiblen Kameraeinsatzes die Grenzen des Theaterraums auf. Das Filmmusical bildete das Bühnengeschehen nun nicht mehr passiv vor und hinter der Kulisse ab, sondern wurde zu einem eigenständigen Medium. Berkeley gelang es schließlich durch die Einbeziehung moderner Technologien, das Showbusiness als Welt voller Glamour und Kitsch abzubilden, ja fast schon übertrieben erscheinen zu lassen. Doch genau diese Elemente, die geometrisch angelegten Posen, die wie ein »Persian carpet«[31] wirkten, faszinierten das Publikum in den nachfolgenden Produktionen wie *Footlight Parade*, *Gold Diggers of 1933* oder *Dames*.

»Cheek to Cheek«[32]

Berkeleys Erfolg hielt jedoch nur wenige Jahre an. Trotz gigantischer Inszenierungen verloren seine Backstage-Musicals wegen der vorhersehbaren Handlung schnell ihren Charme. Darüber hinaus sorgte der 1930 vom Republikaner Will Hays eingeführte und 1934 von Joseph I. Breen durchgeführte *Production Code* für eine strenge Zensurpraxis, die auch das Hollywood-Musical betraf. Nun galt es neue Wege zu finden, um den Zuschauern im Einklang mit dem *Production Code* doch einen Hauch Erotik auf die Leinwand zu bringen. Kreativität zeigte vor allem ein Studio, das in den kommenden Jahren die ganze Welt in ein Tanzfieber versetzen sollte: RKO Pictures, gegründet 1928 von Joseph P. Kennedy durch die Fusion mit RCA Radio und Keith-Orpheum Vaudeville Theater. 1934 veröffentlichte RKO das Musical *Flying Down To Rio*, dessen Erfolg weniger den Hauptdarstellern Dolores Del Rio und Gene Raymond geschuldet ist, als vielmehr der Performance der beiden Broadway-Veteranen Fred Astaire und Ginger

---

31 Fehr, Richard & Vogel, Frederick G.: *Lullabies of Hollywood*, S. 101.
32 Name des RKO-produzierten Filmtitels *Cheek to Cheek* aus dem Jahr 1934.

Rogers zum Song *The Carioca*. Regisseur und Choreograph Standley Donen erinnert sich:

> »I was nine, and I'd never seen anything like it in my live [...] I could not stop watching Fred Astaire dance. I went back to the theatre every day while the picture was playing. I must've seen it at least twenty times. Fred Astaire was so graceful. It was as if he were connected to the music. He let it and he interpreted it, and he made it look so effortless. He performed as though he were absoluteley without gravity.«[33]

Astaire und Rogers boten mit *The Carioca* nicht nur ein besonderes Highlight im Film, sondern leiteten eine vollkommen neue Art des Hollywood-Musicals ein, das erstmals Story, Songs und Tanz auf seine eigene Art erfolgreich integrierte. Während Busby Berkeley die ›Show innerhalb der Show/des Films‹ um eine »communality«[34] der Chorgirls aufbaute und das Group-Musical[35] prägte, lag der Fokus der RKO-Produktionen auf der »singularity«[36] einer Person bzw. eines Paares. Mit Rogers und Astaire im Zentrum entwickelte sich das Personality-[37] oder Star-Performer-Musical[38], das Charaktere entwickeln konnte und die jeweiligen Schauspieler in den Mittelpunkt rückte. Und auch der Tanz bekam eine andere Funktion. Berkeley inszenierte eine Massenchoreographie, die mithilfe einer ausgereiften Kameratechnik einen hohen Grad an Virtuosität erreichte. Astaire und Rogers hingegen erzielten diese durch ihren Paartanz. Die Performance, die aus einer Kombination aus Stepp- und Standardtänzen bestand, beeindruckte einerseits durch das tänzerische Können, andererseits beobachteten die Zuschauer eine getanzte Liebeserklärung. Die verbindliche Liebesgeschichte eines Backstage-Musicals wurde nun nicht mehr während der Show-Vorbereitungen hinter der Bühne erzählt, sondern entwickelte sich hauptsächlich auf der Tanzfläche. Durch die getanzte Liebeserklärung ließen Astaire und Rogers im Gegensatz zu Berkeley, der die Liebe zwischen den Protagonisten durch die verschiedenen kaleidoskopischen Muster der Choreographien symbolisch darstellte, den Zuschauer an der Intimität des romantischen Liebespaares teilhaben – »dancing their hearts out [...] – a reminder that a violent age also had a sense of music, fun, and sheer style that nothing could snuff out«[39].

---

33 Silverman, Stephan M.: *Dancing on the ceiling: Stanley Donen and His Movies*. New York 1996, S. 11–13.

34 Mast, Gerald: *Can't Help Singin'*, S. 144.

35 Ebd., S. 220.

36 Ebd., S. 144.

37 Vgl. ebd., S. 220.

38 Ebd., S. 89.

39 Kenrick, John: *History of Musical Film. 1930s Part III Astare & Rogers*. In: www.musicals101.com/1930film3.htm (zuletzt abgerufen am 21.10.2013).

Derartige Versinnbildlichungen wurden zwischen 1933 und 1939 in weiteren RKO-Produktionen wie *Top Hat, Follow The Fleet, Swing Time, Shall We Dance, Carefree, The Story Of Vernon And Irene Castle* auf die Leinwand gebracht. Auch ehemalige Broadway-Musicals wie z.B. Astaires letztes Musical mit seiner Schwester Adele *Gay Divorce* wurde als *The Gay Divorcee* verfilmt. Um jedoch genau diese Liebesgeschichten mit passenden Partituren und Songmaterial nach vorne zu bringen, holten sich die Hollywood-Produzenten zahlreiche Broadway-Komponisten und ehemalige Kollegen Astaires dazu. Durch die Inszenierung von Astaire und Rogers erreichten zahlreiche Songs, darunter auch Kerns *The Way You Look Tonight*, George und Ira Gershwins *They Can't Take That Away From Me* oder Berlins *Let's Face The Music and Dance* nicht selten Hit-Status. Neben der Tanzperformance leitete Astaire zudem zahlreiche dieser Stücke auch gesanglich ein und präsentierte sie sowohl in Musicals als auch auf Aufnahmen für HMV (His Master's Voice), Columbia und Brunswick.[40]

Der Hollywood-Musical-Boom

Nach RKOs Erfolgsserie suchte nahezu jedes andere Hollywood-Studio nach Möglichkeiten, auf diese Musical-Welle aufzuspringen, um die eigenen Stars und Songs zu präsentieren. Insgesamt wurden in den 1930er Jahren mehr Musicals produziert als in den vorhergegangenen oder nachfolgenden Jahrzehnten. Jedes Studio hatte dabei einen eigenen Stil.[41] Independent-Produzent Samuel Goldwyn landete sechs Musical-Hits mit dem ehemaligen Follies-Komödianten Eddie Cantor und lancierte Erfolge wie *My Baby Just Cares For Me*. Die 1915 von Carl Laemmle gegründeten Universal Studios veröffentlichten 1936 trotz ihres Schwerpunktes auf Spiel- und Horrorfilmen die Verfilmung von *Show Boat*. 20th Century Fox, 1934 durch die Fusion zwischen Fox Studios und 20th Century Pictures entstanden, setzte auf Musicals mit Alice Faye und der Eiskunstläuferin Sonja Henie sowie auf Komödien mit Kinderstar Shirley Temple und Tänzer Bill »Bojangles« Robinson. Als Paramount Pictures nach dem Börsencrash jahrelang rote Zahlen schrieb, sorgten Ende der 1930er Jahre Musicals mit Marlene Dietrich, Mae West und Bing Crosby für die Rettung von Hollywoods ältestem Major Filmstudio. Vor allem Crosby steigerte die Popularität der Produktionen durch seine »folksy, laid back screen persona and his warm baritone crooning«[42] zahlreicher Hit-

---

40 Vgl. Parish, Robert James & Pitts, Michael R.: Art. *Fred Astaire*. In: Dies.: *Hollywood Songsters. Singers who Act and Actors who Sing. A Biographical Dictionary*. New York und London 2003 (= Bd. 1), S. 47ff.

41 Kenrick, John: *History of Musical Film. 1930s Part IV Major Studios & Stars*. In: http://www.musicals101.com/1930film4.htm (zuletzt aubgerufen am 21.10.2013).

42 Ebd.

Songs wie *Temptation, Pennies From Heaven, Blue Hawaii* und natürlich *White Christmas*.

Von der Verbesserung der wirtschaftlichen Lage der USA Mitte der 1930er Jahre profitierte auch die Filmindustrie. Immer mehr Komponisten, Texter, Schauspieler und Sänger kamen nach Hollywood, um an neuen Produktionen mitzuwirken. Die ›Goldene Ära‹ der Musicals der 1930er Jahre konnte nun durch neue Songs, Stars und Einflüsse fortgesetzt und bereichert werden.[43] Doch der Eintritt der USA in den Zweiten Weltkrieg am 7. Dezember 1941 versetzte die Öffentlichkeit erneut in Unruhe.[44] Die Musicals schienen in dieser Situation, wie bereits beim Börsencrash von 1929, eine geeignete Ablenkung zu sein. Durch die Mischung aus »songs, jokes, fun, and what GIs called hubba-hubba-legs«[45] ließen sie Ängste und Sorgen der Soldaten und deren Familien vergessen. Das Kino wurde zum Fluchtort und bot ein mit Moral, Liebe, Harmonie und Nostalgie durchtränktes Entertainment. Vor allem aber wurde das Musical zu einem Propaganda-Mittel mit patriotischen und nostalgischen Songs. Die passenden Hits lieferten erneut ehemalige Tin-Pan-Alley-Komponisten wie Kern, Berlin, Porter, Harry Warren oder Richard Rodgers und Oscar Hammerstein II. Verbreitung fanden sie schließlich durch Platten, Radioeinspielungen sowie Musical-Filme und katapultierten sich mit dieser Art von Marketing-Mix schnell auf die vorderen Plätze der Hitlisten. So präsentierte Bing Crosby, Amerikas populärster Entertainer, Radio-Star und Paramounts Top-Musical-Star, zahlreiche Hits in über zwei Dutzend Hollywood-Musicals, im Radio, vor den Truppen und bei zahlreichen Wohltätigkeitsveranstaltungen. Den größten Hit landete er allerdings 1941 mit Berlins Single *White Christmas*, die im Hollywood-Musical *Holiday Inn* mit Fred Astaire in der zweiten Hauptrolle vorgestellt wurde und bis heute als einer der best verkauftesten Songs aller Zeiten gilt.

Die Filmstudios setzten auf ihre in den 1930er Jahren entwickelten Musical-Formate. Goldwyn löste Eddie Cantor mit dem Broadway-Star Danny Kaye ab, Universal Pictures rückte die Opernsängerin Deanna Durbin in den Mittelpunkt und Warner Brothers griff Biographien von Broadway-Größen wie George M. Cohan in *Yankee Doodle Dandy* (1942) oder Porter in *Night and Day* (1946) auf. Und während Columbia Pictures – abgesehen von dem Hit-Musical *Cover Girl* (1944) mit Rita Hayworth und Gene Kelly – eher Low-Budget-Komödien produzierten, setzte 20th Century Fox weiterhin auf All-American-Girls wie Alice Faye, Betty Grable und Carmen Miranda in einer Backstage-Story. Ein Studio war allerdings auf der Überholspur: MGM.

---

43 Vgl. Fehr, Richard und Vogel, Frederick G.: *Lullabies of Hollywood*, S. 192.
44 Ebd., S. 183.
45 Mast, Gerald: *Can't Help Singin'*, S. 220.

Bereits in den 1930er Jahren entwickelte sich das Filmstudio um Louis B. Mayer und Irvin Thalberg als liquides Unternehmen, das sogar während der Krise prosperierte. Ein Jahrzehnt später wurde der ehemalige Song-Plugger aus Chicago und MGM-Songwriter Arthur Freed in des Produktionsteam berufen, das in den kommenden 20 Jahren Musicals produzierte, die zum Synonym des High-Quality-Hollywood-Musicals wurden und MGM nach außen als den Erfinder des Genres präsentierten. Auch wenn das Erfolgsrezept von MGM ganz verschiedene Ebenen betraf, das zentralisierte Studiosystem erwies sich sicherlich als Schlüsselmoment für die Balance zwischen teuren Produktionen und einfachen Filmen sowie den Stars wie Stanley Donen, Betty Comden, Adolph Green und Judy Garland. In diesem Team befand sich bereits der Tänzer Gene Kelly, der bald zum Publikumsliebling der 1940er und 1950er Jahre werden sollte.

Wie bereits auch Fred Astaire zog es den gebürtigen Tänzer aus Pittsburg nach einer kurzen Zeit in New York, in der er als Joey Evans in John-O'Haras Musical *Pal Joey* das Publikum mit seinem »treacherous Irish charm [...], sweet Irish tenor [...], [and] catlike dancing«[46] die Zuschauer in seinen Bann zog, Anfang der 1940er Jahre nach Hollywood. 1942 unterzeichnete er bei MGM und feierte im selben Jahr seinen ersten Erfolg im Hollywood-Musical *For Me and My Gal*. Nach einigen weniger erfolgreichen Produktionen warb ihn Columbia 1944 für *Cover Girl* ab, in dem er zusammen mit Rita Hayworth Aufsehen in der Filmindustrie erweckte und sich einen Namen als einmaliger Tänzer machte. Doch dieser Erfolg sollte in den kommenden Jahren vor allem bei MGM mit Produktionen wie *On The Town, Anchors Aweigh, An American in Paris* und *Singin' in the Rain* ausgebaut werden.[47]

Damit hatte das Genre seinen historischen Höhepunkt erreicht – die Faszination, die seit der Einführung des Tonfilms über zwei Jahrzehnte angedauert hatte, flaute ab den 1950er Jahren ab. Denn obwohl die Filmstudios auf aufwändige und teure Produktionen setzten und die 1950er Jahre zum strahlendsten Jahrzehnt werden sollten, waren sie zugleich auch die schwierigsten Jahre des Genres. Der Grund lag vor allem im Anmarsch eines neuen, kostengünstigeren Mediums: des Fernsehens. Während Mitte der 1940er Jahre 90 Millionen Amerikaner wöchentlich ins Kino gingen, waren es Ende der 1950er Jahre nur noch 16 Millionen – dies förderte zudem das neue Gesetz, nach dem die Studios ihre Theater verkaufen mussten und somit die Distributionswege zusammenbrachen. Die Studios mussten innerhalb kürzester Zeit ihre Angestellten – die Crew, die Stars, die Songwriter, die Autoren und Regisseure – entlassen und wurden mehr oder we-

---

46   Time Inc.: *New Plays in Manhattan* (6. Januar 1941), http://www.time.com/time/magazine/article/0,9171,765162,00.html (zuletzt abgerufen am 01.06.2007).

47   Vgl. *The Encyclopedia of Popular Music.* Hg. von Colin Larkin. Oxford 2006, S. 780f.

niger zu Vertriebsfirmen mit Rental-Equipment. Diese Entwicklung wirkte sich auch auf das Hollywood-Musical aus, das nun aufgrund der Kosteneinsparungen meist als abgefilmtes Bühnenmusical auf der Leinwand präsentiert wurde – *Top Banana* war beispielsweise eine direkte Abfilmung der Broadway-Version aus dem Winter Garden Theatre mit einem eingesetzten Budget von 150.000 US-Dollar. Dennoch versuchten auch einige Firmen originelle Musicals auf die Leinwand zu bringen. Allerdings kamen auch hier die Vorlagen direkt aus New York City, wo das Broadway-Musical ab den 1950er Jahren seine Blüte erleben sollte. So veröffentlicht 20th Century Fox *Oklahoma!*, *King And I* und *South Pacific*, Warner Brothers bringt *The Pajama Game* mit Doris Day heraus und Paramount versucht mit *White Christmas* die alten Zeiten aufleben zu lassen. Die größten Hits landete hingegen MGM, das seine Musicals um frische, witzige Stories, Stars, gute Produktionen und alte »recycelte« Songs baute, darunter *Royal Wedding*, *The Band Wagon* und *Funny Face* mit Fred Astaire, *High Society* mit Bing Crosby und Frank Sinatra sowie Songs von Cole Porter, *Kiss Me Kate* als einziges Musical in 3-D mit Ann Miller, Kathryn Grayson, Bob Fosse und Carol Haney sowie natürlich die Gene-Kelly-Musicals *An American In Paris* und *Singin' in the Rain*.

Gerade in Anbetracht der Entwicklung des Genres Hollywood-Musical in den 1950er Jahren, MGMs Ausrichtung auf die Musical-»Alt«-Stars sowie auf Broadway-Stoffe und vergangene Tin-Pan-Alley-Songs, scheint *Singin' in the Rain* das »Goldene Zeitalter« dieses Genres symbolisch abzuschließen. Wir schreiben das Jahr 1952: *Singin' in the Rain* feiert in der Radio City Music Hall Premiere und wird zu einem der erfolgreichsten Hollywood-Musicals bis heute. Zwei Jahre später veröffentlicht Bill Haley den Song *Rock Around The Clock*, der das musikalische Zeitalter des Rock 'n' Roll einleitet und damit das Ende der Tin-Pan-Alley-Songs und des Hollywood-Musicals markiert.

Wolfgang Jansen

***Singin' in the Rain* auf der Bühne**
Zur internationalen Rezeption des Musicals

Einleitung

Der Film *Singin' in the Rain*, so ein US-Kritiker 2012, »ranks with *The Wizard of Oz* as one of the two most iconic musicals in Hollywood history. (…) Curiously, the first stage adaptation originated in England in 1983 and for many years the show was more popular in the United Kingdom than in the United States.[1]« In der Tat: Der Bekanntheitsgrad des Films deckt sich in den USA nicht mit der Popularität des Bühnenmusicals. Weder der identische Titel noch eine Adaption, die sich sehr nahe an die filmische Vorlage hält, verhalfen dem Stück zu einer längeren Laufzeit am Broadway. In London hingegen, und in vielen anderen Städten der Welt, sah die Situation weitaus positiver aus.

Filme in Bühnenwerke umzuschreiben (und umgekehrt) gehört zur gängigen Praxis im Musicaltheater. Seit jeher zählt es zu den Charakteristika des Genres, dass die Autoren und Komponisten sich an Vorlagen orientieren und die Weltliteratur ebenso wie die Film- und Operngeschichte nach Stoffen durchsuchen, die ihnen zur Adaption geeignet erscheinen. Musicals mit filmischen Vorlagen sind beispielsweise so unterschiedliche Stücke wie *Sweet Charity, 42nd Street, The Producers, Billy Elliot, The Lion King, The Full Monty* oder *A Little Night Music*. Den umgekehrten Weg nahmen die *West Side Story, Hair, The Rocky Horror Show, Evita, Phantom of the Opera, Les Misérables* oder *Mamma Mia!*.

---

*   Für Hinweise und die Überlassung von Materialien dankt der Verfasser Hartmut H. Forche (Hannover), Stefan Huber (Berlin), Stephan Kopf vom Verlag Musik und Bühne in Wiesbaden, Lilly Iffrig vom Musikverlag und Bühnenvertrieb in Zürich, Sabine Hausmann vom Bühnenverlag Josef Weinberger in Wien, Ines Schäfer vom Landestheater Coburg, Carolina Gleichauf vom Landestheater Detmold, Carmen Buchauer vom Stadttheater Klagenfurt, Alba Falchi vom Theater Regensburg und Sabine Haberln vom Wiener Theater in der Josefstadt.

1   Zeff, Dan: *Singin' in the Rain, At the Dury Lane Theatre*. Chicagoland Theater Reviews, Dec. 2012. http://chicagolandtheaterreviews.com/DruryLane-Oakbrook (Zugriff: 8. Mai 2013).

Häufig gibt es aber auch eine komplexere Verwertungskette: so etwa bei *Cabaret*: Hier war der Stoff zunächst ein Werk der Literatur, dann ein Schauspiel und danach erst ein Bühnenmusical, das wiederum einige Jahre später verfilmt wurde. Vergleichbares lässt sich zu *Sweeney Todd* sagen: erst eine ganze Kette von Schauspielstücken, dann von Stephen Sondheim in ein Bühnenmusical verwandelt, das später ebenfalls seinen Weg auf die Kinoleinwand fand. Oder eben *Singin' in the Rain*: zunächst nichts weiter als eine Handvoll Songs, aus einer längst vergangenen Zeit, aus verschiedenen, durchweg vergessenen Bühnenwerken und Revuefilmen, recycelt nach zwanzig Jahren für einen Film, der nur geschrieben wurde, um diese Songs erneut zu verwerten[2], und der wiederum dreißig Jahre später, nun vermischt mit ein paar fremden Songs, als Musical die Bühne erreichte – eine Verwertungskette gleichsam über Generationen.

Um das letzte Glied dieser Kette, die Adaption des Films in ein Bühnenmusical, sowie dessen internationale Rezeption soll es im Folgenden gehen, beginnend mit einem allgemeinen Überblick über die weltweite Ausbreitung nach der Uraufführung in London.

Von London in die Welt

Wenn es stimmt, was man in Thomas Siedhoffs *Handbuch des Musicals* lesen kann[3], hatte MGM sich bis 1983 gesträubt, seine alten Filme für eine Zweitverwertung freizugeben. Die Rechte an *Singin' in the Rain* erwarb nach der Öffnung der Archive der amerikanische Rechtsanwalt Maurice Rosenfield, der bislang über keine theaterpraktischen Erfahrungen verfügte. Angeregt worden sein könnte er durch den seinerzeitigen Aufführungserfolg von *42nd Street*, einem Musical basierend auf einer Filmvorlage von 1933, das 1980 Premiere gehabt hatte und seither außerordentlich einträglich lief (erst nach fast dreieinhalbtausend Vorstellungen wurde das Stück abgesetzt). Rosenfield indes wandte sich nach London und bot dem britischen Produzenten Harold Fielding den Stoff an.[4]

---

2   So schilderten es die Drehbuchautoren Betty Comden und Adolph Green in der Rückschau: »They were under contract to the studio (das Filmstudio MGM – d.Verf.) and, they recall, producer Arthur Freed handed them a pile auf sheet music and said, ›These are my songs with Nacio Herb Brown. Get them into an original story called *Singin' in the Rain*.‹« Flatow, Sheryl: *Singin' in the Rain, A new musical based on the Gene Kelly film classic*. In: *Playbill*, 3. Juni 1985, S. 16.

3   Siedhoff, Thomas: *Handbuch des Musicals, Die wichtigsten Titel von A bis Z*. Mainz 2007, S. 563.

4   Es bildete sich ein fünfköpfiges Produktionsteam, bestehend aus Fielding, dem Ehepaar Maurice und Lois F. Rosenfield, und den Briten Bernard Delfont und Richard Mills. Siehe:

Am 30. Juni 1983 feierte man Premiere im riesigen Palladium, mit dem Publikumsliebling Tommy Steele als Don Lockwood: eine Erfolgsproduktion, die fast drei Jahre das Theater füllte. 1985 folgte die amerikanische Erstaufführung im Gershwin Theatre am Broadway, inszeniert von der bekannten Choreographin Twyla Tharp: entgegen der Londoner Inszenierung aber ein künstlerischer und finanzieller Misserfolg. Im Jahr darauf kam es zur ersten Premiere in Japan, im März 1989 folgte Ungarn, seinerzeit noch sozialistisch, und im selben Jahr auch Südafrika.

Dennoch: Von einem durchschlagenden internationalen Erfolg kann man angesichts dieser Daten kaum sprechen. Es schien zeitweise sogar, als sollte das Werk insgesamt wieder in das Reservoir der vergessenen Musicals zurücksinken, denn in den 1990er-Jahren fielen die Inszenierungen noch spärlicher aus. So kam es zwar 1994 zu einem Revival in England, aber ansonsten nur zu einer Tourneeproduktion in den Niederlanden (1997) und zwei Premieren im deutschen Stadttheater: 1994 an der Staatsoperette Dresden und 1995 am Stadttheater Hildesheim, mit insgesamt 24 und 19 Aufführungen[5]. Mehr nicht, im ganzen Jahrzehnt. Überzeugende Musicalerfolge, insbesondere in den 1980er- und 1990er-Jahren, sahen wahrlich anders aus.

Doch dann, unverhofft, wenn auch nicht ganz zufällig, wie noch zu erläutern sein wird, folgte nach der Jahrtausendwende der Umschwung. Im Juni 2000 erlebte London ein weiteres Revival, worauf es danach Schlag auf Schlag ging. 2002 kam es in Bern zur Schweizer Erstaufführung, 2003 gab es ein Revival in Japan, 2006 in Stockholm, 2008 in Norwegen, 2010 feierte man in Klagenfurt die österreichische Erstaufführung, gefolgt von Graz und Wien, und allein in den letzten zwei Jahren folgten Produktionen in Dänemark, England, Polen, Tschechien, Japan und den USA. Hinzuzufügen sind darüber hinaus die Inszenierungen im deutschen Stadttheater, die, ebenfalls seit der Jahrtausendwende sprunghaft anstiegen. In der nächsten Spielzeit 2013/14 stehen allein zwei neue Inszenierungen auf dem Programm, in Bremerhaven und Nordhausen. Zeitverzögert hat sich das Stück also durchgesetzt, wenn es auch nicht zu den großen, besonders gefragten Werken des Genres zählt.

Bartosch, Günter: *Das Heyne Musicallexikon.* Erweiterte und aktualisierte Taschenbuchausgabe. München 1997, S. 490.

5   Siehe: *Wer spielte was? Werkstatistik des Deutschen Bühnenvereins, 1994/95.* Herausgegeben vom Deutschen Bühnenverein. Köln o. J., S. 91.

Top in London, Flop in New York

Harold Fielding gehörte zu den bedeutendsten Produzenten im britischen Theaterleben in den Jahrzehnten vor Cameron Mackintosh. Er hatte u.a. 1963 das hierzulande kaum bekannte Musical *Half A Sixpence* mit dem jungen Tommy Steele zur Uraufführung gebracht.[6] Rosenfield hätte insofern kaum einen besseren Geschäftspartner in London finden können. Fielding holte erneut den populären Tommy Steele ins Team, nicht nur für die Hauptrolle, sondern auch um die Adaption zu schreiben. Zusätzlich zu den Filmsongs mussten einige weitere Musiknummern eingefügt werden, um die Dialogpassagen nicht zu umfangreich werden zu lassen, teilweise hatte man aber auch nach Ersatz zu suchen, da für einige Songs plötzlich die Rechte nicht mehr erhältlich waren (im Hintergrund gab es Reibereien). So ersetzte Steele etwa den Song *Make 'em laugh* durch Cole Porters *Be a clown* aus dem Film *The Pirate*, und statt *All I do is dream of you* hieß es nun *I can't give you anything but love*. Doch ansonsten hielt sich das Textbuch nahe an der filmischen Vorlage.

Als Uraufführungstheater pachtete Fielding – wie erwähnt – das Palladium, mit 2.300 Plätzen Londons größte Spielstätte, ließ von Terry Parson eine riesige Ausstattung im Art-déco-Stil entwickeln, die sich aus dem enorm hohen Schnürboden herabsenkte, füllte die weite Fläche der Bühne mit einer Schar von Mitwirkenden, die der Choreograph Peter Gennaro in immer wieder druckvollen und abwechslungsreichen Tanzbildern arrangierte, und schuf insgesamt, wie Kurt Gänzl sich ausdrückte, »one of the most scenically spectacular production(s) ever seen on the London stage«[7]. Die Show »retained the style and atmosphere of the original intimately-known film while providing purely theatrical entertainment«[8]. Mit einer Spieldauer von fast 900 Aufführungen, die letztlich nur abgebrochen wurde, weil Steele, der zur Premiere bereits 47 Jahre alt war, die unglaublich anstrengenden Stepp-Choreographien körperlich kaum noch bewältigen konnte[9], brach die Produktion alle bisherigen Laufzeitrekorde des Palladiums.

Die Adaption hatte aus der vermeintlich so ur-amerikanischen Geschichte eine britische Komödie gemacht. Steele, der erste heimische Rock 'n' Roll-Star Großbritanniens und seit dem Erfolg von *Half A Sixpence* für sein volkstümliches

---

6   Siehe: Wright, Adrian: *A Tanner's Worth of Tune, Rediscovering The Post-War British Musical.* Woodbridge 2010, S. 169–171.

7   Gänzl, Kurt: *The British Musical Theatre.* Bd. 2: 1915–1984. New York 1986, S. 1106. (Übersetzung: »eine der szenisch spektakulärsten Produktionen, die man je auf einer Londoner Bühne sah«).

8   Ebd., S. 1107. (Übersetzung: »Die Show behielt den Stil und die Atmosphäre des gut bekannten Films bei, während sie gleichzeitig pures theatralisches Entertainment bot«).

9   »Steele finally cried enough after 894 nights of being drenched to the skin.« Gänzl, Kurt: *The Encyclopedia of The Musical Theatre.* Bd. 2. Oxford 1994, S. 1325.

Cockney-English beim Publikum außerordentlich beliebt, vermied als Lockwood jeden amerikanischen Akzent. Auch schauspielerisch ließ er sich auf keine Imitation von Gene Kelly ein. Selbst die berühmte Regenszene formte er zu einer sehr individuellen Fassung. Die Herstellung eines Gute-Laune-Musicals mit einem brillanten Bühnenpersonal in einer fulminanten Ausstattung waren also die Gründe für den Londoner Erfolg.

In den USA produzierte das Ehepaar Rosenfield das Stück zusammen mit Cindy Pritzker, der Ehefrau von Jay Pritzker, dem Eigentümer der Hyatt-Hotelkette und der Braniff Airlines. Die Briten waren nicht mit dabei. Unter den Produzenten der Uraufführung hatte es offenkundig Krach gegeben, so dass die Amerikaner noch während der Londoner Laufzeit Vorbereitungen für eine separate Inszenierung in New York trafen. Entgegen den tatsächlichen Gegebenheiten schafften sie es auch, die Briten im Hinblick auf die Urheberrechte am Bühnenmusical auszubooten.[10] Seither fließt die Tantieme ausschließlich den Amerikanern zu. Gegenüber der US-Öffentlichkeit suggerierten sie die Produktion eines komplett neuen Werkes, »a new musical«[11], wie es in *Playbill* hieß.

Twyla Tharp führte Regie, zum ersten Mal in ihrer Karriere. Sie hatte ihre künstlerischen Wurzeln im neuzeitlichen Tanz, hatte sich aber auch offen gezeigt für choreographische Aufgaben im Film und Entertainment (etwa bei der konventionellen *Hair*-Verfilmung 1979) und gilt in Tanzkreisen als »umstritten«[12]. »Das Sprichwort, dass Geld den Charakter verdirbt«, schreibt etwa der Tanzhistoriker Jochen Schmidt, »stimmt vielleicht nicht immer. Aber gelegentlich halt doch. Bei der hochtalentierten Choreographin Twyla Tharp fing der Niedergang an, als sie am Broadway und in Hollywood zum ersten Mal in ihrem Leben viel Geld verdiente.«[13] Zwangsläufig entfernte sich ihre Inszenierung weit von der Londoner Fassung, sie integrierte die Tänzer ihres Balletts ins Ensemble, hatte in Don Correia einen Protagonisten ohne Star-Appeal und scheiterte selbst an der Aufgabe, die Komödie ausreichend vergnüglich auf die Bühne zu bringen. Die Kritik fiel dementsprechend aus. Twyla Tharps Versuch, so beispielsweise der Kritiker Jordan Mejias, den Film

---

10   Kurt Gänzl schreibt diesbezüglich: »However, without reference to his British partners, Rosenfeld (sic!) announced a Broadway production solo, simultaneously slapping out diversionary Broadway lawsuits in the direction of even peripheral members of the London team which kept them busy too long to fight back.« Ebd.

11   Flatow, Sheryl: *Singin' in the Rain, A new musical based on the Gene Kelly film classic.* In: *Playbill*, 3. Juni 1985, S. 14.

12   Schmidt, Jochen: *Twyla Tharp.* In: Ders.: *Tanzgeschichte des 20. Jahrhunderts in einem Band, Mit 101 Choreographenporträts.* Berlin 2002, S. 203.

13   Ebd., S. 207.

so intakt wie möglich zu übertragen, scheitert an der Unmöglichkeit einer wörtlichen Übersetzung und mehr noch an der Ängstlichkeit ihrer Methode: Sie hat kein Äquivalent gefunden für die Beweglichkeit der Kamera und die schnellen Schnitte, die der Choreografie von Gene Kelly und Stanley Donen Tempo beibringen. Sie unterbricht immer wieder das Stück mit unbeholfenen Szenenwechseln, Blackouts und eingeblendeten Filmausschnitten. Vor allem aber macht sie nicht ein einziges Mal deutlich, weshalb ein schon damals nostalgischer Rückblick auf die zu Ende gehende Stummfilmzeit, auf die erste(n) ›Talkies‹ und ihre Folgen für stimmlose Diven(,) Aufmerksamkeit verdient und ein Film übers Filmemachen nun auf der Bühne zu sehen sein soll. Ja, mit nicht einer Tanzszene begründet sie, warum sie überhaupt ein leichtgewichtiges, für amerikanische Zuschauer prototypisches Filmmusical jetzt im Theater paraphrasiert.[14]

Der Kartenverkauf war mäßig. Die Produzenten schossen immer wieder Geld nach. Nach zehn Monaten war dennoch Schluss, man hatte einige Millionen Dollar verloren.

Dresden: Die deutschsprachige Erstaufführung

Am 15. April 1994 folgte die deutschsprachige Erstaufführung an der Staatsoperette Dresden.

Dieses öffentlich-finanzierte Haus gehörte vor der deutschen Vereinigung zu den drei Spezialbühnen in der DDR für das populäre Musiktheater, mit Schwerpunkt Operette. Es verfügte über ein entsprechend qualifiziertes, festes Ensemble und war nach 1990 in der deutschsprachigen Musicalwelt noch durch keine herausgehobene Inszenierung aufgefallen.[15] Es war Zufall, dass das Stück nach Dresden kam, wie der Übersetzer Hartmut H. Forche mitteilte. Er hatte in einem Interview von der Tommy-Steele-Show aus den achtziger Jahren geschwärmt, worauf ihn die Intendantin Elke Schneider anrief und nach den Rechten am Musical fragte. Als kurze Zeit später der Bühnenverlag Musik und Bühne in Wiesbaden eingeschaltet wurde, konnte die Rechteübertragung nach Deutschland eingeleitet werden.[16]

Die Aufführungsbedingungen waren gegenüber dem Londoner Vorbild denkbar ungünstig. Die Spielfläche war winzig, das Haus ein Überbleibsel der typischen Nachkriegsprovisorien, ein überwiegend seit Jahren verpflichtetes Ensemble der Operettenroutine ergeben. Die Presseankündigung verlautete dann auch: »Ein

---

14 Mejias, Jordan: *Weiterhin bewölkt, Twyla Tharps »Singin' in the Rain« am Broadway*. In: *Frankfurter Allgemeine Zeitung*. Ohne Zeitangabe. Ausschnitt im Privatbesitz von Hartmut H. Forche, Hannover.

15 Siehe: Gunold, Peter: *50 Jahre Staatsoperette Dresden, 225 Jahre musikalisches Volkstheater in Dresden*. Weimar 1997.

16 Forche, Hartmut H.: Email an den Verfasser vom 4. Mai 2013.

Film als Operette«[17]. Für die Hauptrollen Lockwood, Cosmo Brown und Kathy Selden engagierte man dann zwar Gäste mit Musicalerfahrung, unter ihnen die junge Elevin Frederike Haas, die wenige Jahre später zu einer der prägnanten Erscheinungen unter den deutschen Musicaldarstellerinnen werden sollte, doch insgesamt überzeugte das Ergebnis nur teilweise. Neben Schwächen bei der musikalischen Bewältigung durch das Orchester fiel besonders die Regie von Gunther R. Eggert abträglich auf, der mit den mangelnden Umbaumöglichkeiten des Hauses nicht zurechtkam.[18] Von der überwältigenden Kraft, der Spielfreude und der Augenweide der britischen Produktion zehn Jahre zuvor war die Dresdener Inszenierung weit entfernt.

Dementsprechend zurückhaltend reagierten die Intendanten an den anderen deutschen Bühnen. Bis zum Ende des Jahrzehnts kam es – wie erwähnt – nur zu einer weiteren Inszenierung, 1995, in Hildesheim. Auch sie verdankte sich letztlich dem Zufall: Eigentlich war, so Forche, die Aufführung von Cole Porters *High Society* geplant gewesen. Doch dann verschafften sich die Vereinigten Bühnen Wien die Exklusivrechte an dem Stück, und man musste in Hildesheim nach Ersatz Ausschau halten. Man entschied sich für *Singin' in the Rain*, und Forche erhielt den Regieauftrag.[19]

Aus der Zeit gefallen

Was aber machte es dem Musical so schwer, sich durchzusetzen, nicht nur im deutschen Stadttheater, sondern auch international, trotz der allseits bekannten und beliebten Filmvorlage?

Zur Beantwortung dieser Frage muss man sich zunächst über den Charakter und die inhaltlichen Tendenzen des Stücks klar werden. Textbuch und Musik halten sich – wie erwähnt – sehr nahe an die filmische Vorlage. Selbst die Film-in-Film-Sequenzen werden gekonnt in Film-auf-Bühne-Szenen umgesetzt. In der Londoner Produktion hatte man sogar die originalen Stummfilmausschnitte nutzen können.

Noch immer handelt es sich um eine Liebesgeschichte im Kinomilieu von Hollywood, angesiedelt im Jahr 1927, im Umbruchjahr vom Stumm- zum Tonfilm, der große Karrieren zerstörte und anderen Künstlern zum Aufstieg verhalf. Noch immer wird der Umbruch selbst nicht thematisiert, sondern bildet den Hinter-

---

17 Fröhlich, Roland: *»Singin' in the Rain«: Ein Film als Operette*. In: *Sächsische Zeitung*, 11. April 1994.

18 Siehe: Hesse, Lutz: *Staatsoperette Dresden: Singin' in the Rain*. In: *Musicals, Das Musicalmagazin*, Heft 47, Juni/Juli 1994, S. 14–15.

19 Forche, Hartmut H.: Email an den Verfasser vom 4. Mai 2013.

grund für eine klassische Konstellation: ein Mann zwischen zwei Frauen. Die Schwierigkeiten, die Lina aufgrund ihrer quäkenden Stimme bekommt, werden nicht als dramatisch oder existenziell bedrohlich dargestellt. Lina wird vielmehr als Nervensäge charakterisiert, die zugleich Gegenspielerin von Kathy ist und aus Dummheit und Eifersucht das Glück des Hauptpaares zu hintertreiben sucht. Die Charaktere bleiben durchweg flach und eindimensional. Zugleich ist es eine typische Cinderella-Geschichte: Unbekanntes Chorus-Girl verliebt sich in Filmstar. Nach einigen Turbulenzen werden sie ein Paar.

Dramaturgisch, in der Art, wie Musik und Handlung miteinander verbunden sind, ist das Stück ausgesprochen konservativ. Während der Vorspann im Film nur aus zwei Melodien besteht, aus *Singin' in the Rain* und *You are my lucky star*, besitzt das Musical eine klassische Ouvertüre, die alle kommenden Melodien schon einmal anklingen lässt. Larry Wilcox, der für die Orchestrierung verantwortlich war, schrieb damit einen musikalischen Auftakt, der in seiner Althergebrachtheit punktgenau dem Charakter des Werks entspricht.

Nicht einmal die klassischen Prinzipien des Integrated Musical fanden Beachtung, denn der überwiegende Teil der Songs ist schlicht verzichtbar, befördert die Handlung nicht, oder ist ausschließlich über die Backstage-Situation motiviert. So ist etwa der Song *Be a clown* bzw. *Make 'em laugh* ein reiner Showstopper, bei dem die Handlung für die Dauer der Musik anhält und danach an gleicher Stelle fortgesetzt wird. Notwendig scheint die Nummer letztlich nur, weil Cosmo Brown, der ansonsten die undankbare Rolle eines bloßen Stichwortgebers hätte, zumindest ein Solo haben soll. Auch textlich stammen die Songs eindeutig aus der Zeit vor Oscar Hammerstein 2nd. Sie sind kaum mit der jeweiligen szenischen Situation verbunden, skizzieren nur eine einzige Aussage und besitzen in sich keine inhaltliche, gar gedankliche oder emotionale Entwicklung, man denke etwa an *You are my lucky star*, oder selbst noch *Singin' in the Rain*.

Anders als der Film braucht das Bühnenmusical eine Pause. In diesem Fall folgt sie auf den Titelsong. Diese Platzierung entspricht jedoch keiner dramaturgischen Funktion, etwa im Sinne eines Spannungsaufbaus, sondern motiviert sich letztlich rein theaterpraktisch: Der Bühnenboden muss wieder trocken gewischt werden. Zudem bewirkt der Ort ein Ungleichgewicht zwischen dem ersten und zweiten Teil. So weist das Textbuch vor der Pause 63 Seiten auf, und danach nur noch 22 Seiten. Halbwegs aufgefangen wird das Disproportionale nur durch die lange Broadway-Tanzsequenz, die jedoch dramaturgisch ebenfalls kaum ausreichend motiviert ist.

So handelt es sich letztlich um ein stofflich belangloses Musical, konservativ aufbereitet, mit einem Erzählmuster und Figurenpersonal aus der Mottenkiste der Musical Comedy, mit angestaubten Melodien aus der Zeit vor Erfindung der Rockmusik, und Kathy betreffend mit einem Frauenbild, das arg an die »guten Kameradinnen« der 1940er-Jahre erinnert. Ein solches Stück einem Londoner

Publikum in den 1980er-Jahren nahezubringen, geht nur in Form einer überbordenden Gute-Laune-Produktion, als gleichsam exotischer Gegenentwurf zu den seinerzeit aktuellen Werken.

Um zu ermessen, wie sehr *Singin' in the Rain* aus der Zeit gefallen wirkte, muss man sich vor Augen führen, welche Musicals seinerzeit auf die Bühne kamen und den Trend vorgaben: Mit *Cats* 1981 und *Starlight Express* 1984 schrieb Andrew Lloyd Webber seine letzten beiden Großwerke, die dem Rockmusical der 1970er verpflichtet waren. Mit *Les Misérables* 1985, *The Phantom of the Opera* 1986 und *Miss Saigon* 1989 leiteten Webber und Claude-Michel Schönberg die Ära der romantischen, opernhaft angelegten Musicals ein, ganz auf die großen Emotionen ausgerichtet, mit spektakulären Ausstattungen, die nur noch mit dem Computer zu bewältigen waren. Erinnert sei an die Rollschuhbahnen bei *Starlight Express*, die Barrikade in *Les Misérables*, an den See in den Kellergewölben der Pariser Oper beim *Phantom*, oder den Hubschrauber in *Miss Saigon*. Durchkomponiert waren die Werke, bei Webber und Schönberg ebenso wie beim Amerikaner Stephen Sondheim, der mit *Sunday in the Park with George* (1984) und *Into the Woods* (1987) den intellektuellen Gegenpart zu den britischen Großerfolgen abgab. Wie konventionell wirken dagegen die teils endlosen Dialoge in *Singin' in the Rain*?!

Aus der Zeit gefallen wirkte das Stück auch noch in den 1990er-Jahren, als das Musical vom Zeitgeist des Fin de Millennium erfasst wurde und die Stoffe, Gestalten und Handlungen sich auf eine unfassbar bedrückende Art verdüsterten. Nie zuvor wurde auf der Musicalbühne so viel gestorben, traten so viele Untote auf, nahmen die Geschichten einen so tödlichen Verlauf wie in diesem Jahrzehnt. Für Optimismus bestand wenig Anlass. Musicals mit Happy End wirkten geradezu leichtfertig, mindestens aber anspruchslos, wie Fremdkörper einer vergangenen Epoche. Schlechte Zeiten also für ein Werk wie *Singin' in the Rain*.

Erst nach der Jahrtausendwende, als der finale Crash ausgeblieben war, ein Aufatmen quasi durch die Musicalliteratur ging und die Autoren den Veränderungen durch neue Komödien Ausdruck verliehen, entdeckte man auch den Gene-Kelly-Stoff neu. Der Aufschwung, den die Rezeption also nach der Jahrtausendwende nahm, ist aufs engste verbunden mit der allgemeinen Entwicklung des Genres, erklärt sich nicht aus dem Werk selbst.

Inszenierungspraxis

Bekanntlich haben wir es im Musical nicht mit einer Form des Regietheaters zu tun, d.h. die Stücke werden durchweg werkverständlich in der jeweiligen Landessprache zur Aufführung gebracht. Aus diesem Grund unterscheiden sich die einzelnen Inszenierungen nicht durch eine unterschiedliche Lesart der jeweiligen

Regisseure oder der dekonstruktivistischen Bearbeitung der Aufführungsvorlage. Zwar lassen sich zweifellos Qualitätsunterschiede bei den Regisseuren von *Singin' in the Rain* feststellen, doch interessanter ist, insbesondere wenn man den internationalen Vergleich hinzuzieht, wie groß gewisse optische und inszenatorische Gemeinsamkeiten über alle Grenzen und Jahrzehnte hinweg ausfallen.

Bei Lizenzproduktionen sind diese Gemeinsamkeiten selbstverständlich, sie sind rechtlich geregelt, doch *Singin' in the Rain* ist frei, d.h. jeder Regisseur, Choreograph und Ausstatter kann seiner Fantasie freien Lauf lassen. Dennoch gibt es verblüffende Kontinuitäten, die sich nicht aus der Anlage der Geschichte selbst herleiten. Ein paar Beispiele sollen diese Bemerkungen erhellen.

In der Auftaktsequenz des Gene-Kelly-Films treten dem Zuschauer die drei Sympathieträger in einer kurzen Einspielung in gelben Regenmänteln entgegen, das Titellied singend. Die Werbung zum Film hat nicht nur das optische Motiv des Trios aufgegriffen, sondern auch das auffällige, sonnenhafte Gelb der Regenmäntel. Weniger bekannt ist hingegen, dass es dafür bereits eine Vorlage gab. Sie stammt aus dem MGM-Film *Broadway Melody of 1929* und bildete dort das musikalische Finale: In gelben, durchscheinenden Regencapes sangen Buster Keaton, Marion Davies, Joan Crawford und George K. Arthur *Singin' in the Rain*.[20]

Auch von den Creative Teams der Musicalinszenierungen in London und New York wurde die Farbe sofort aufgegriffen und zum gleichsam selbstverständlichen Bestandteil der Kostümgestaltung und Werbung erhoben. Bis in die unmittelbare Gegenwart hinein scheinen sich die Bühnenausstatter und Grafiker an diesen optischen Vorbildern zu orientieren, unabhängig davon, ob es eine deutsche Stadttheaterinszenierung oder eine private Produktion ist. Selbst noch das 2013 ausgelaufene Revival in London nutzte das Gelb für ihr Logo.

Die auffällige Prägekraft des filmischen Vorbilds zeigt sich darüber hinaus auch bei Kostümen wie etwa dem Karo-Anzug von Cosmo und Lockwood beim Song *Fit as a Fiddle* (beispielsweise bei der Klagenfurter Inszenierung von 2010) oder dem grünen Kostüm von Cyd Clarisse in der Broadway-Tanzsequenz nach der Pause (zu sehen auf der DVD von *Singin' in the Rain* des japanischen Takarazuka-Theaters).

Selbst im Bühnenbild gibt es diese übergreifende Tradition. So tanzen bekanntlich Don, Kathy und Cosmo zu *Good Morning* durch Lockwoods Wohnung, bis sie nebeneinander im Sofa landen. Dieses Sofa taucht praktisch in jeder Inszenierung auf. Auch der Laternenmast in der Regenszene ist für jeden Ausstatter of-

---

20 Siehe: (N.N.): *Singin' in the Rain – das Lied*. Im Programmheft der österreichischen Erstaufführung von *Singin' in the Rain* am Stadttheater Klagenfurt, Premiere am 28. Januar 2010, S. 11.

fenbar unverzichtbar. Da wundert es schließlich kaum, wenn sich auch die Choreographien mitunter verblüffend ähnlich sehen.

Stefan Huber, der Regisseur der Schweizer Erstaufführung von 2002 im Stadttheater von Bern, bemerkte dazu aufschlussreich:

> Man kann nicht machen was man will. Die Zuschauer kennen die Vorlage und wir wissen, dass sie sie kennen. Davon müssen wir ausgehen. Es geht also darum, mit dem Wiedererkennungseffekt zu spielen. Die Regenszene z.B. muss als solche erkennbar sein. Das heißt aber nicht, dass sie identisch zu inszenieren ist wie im Film. Sie kann verfremdet sein oder auch mit anderen Zitaten kombiniert werden. Unabhängig davon, wie viel wir aus dem Film zitieren, welche Motive wir weiterentwickeln, immer muss deutlich sein, dass wir – wie unser Publikum – den Film kennen und ihn lieben.[21]

Vergleichbare Prägekraft besitzen nur sehr wenige andere Musicals, die *West Side Story* etwa, oder *Cabaret*.

Abschluss

Insgesamt gehört der Film *Singin' in the Rain* zweifellos zu den Meisterwerken der Kinogeschichte, doch das gleichnamige Bühnenmusical ist letztlich, wie zu zeigen war, nicht mehr als eine Randnotiz in der Gattungsgeschichte.

---

21 Huber, Stefan: *Einfach gute Laune*. In: Programmheft der Schweizer Erstaufführung von *Singin' in the Rain* am Stadttheater Bern, Premiere am 12. Oktober 2001, S. 26.

Renaud Lagabrielle

Ein Pariser in Hollywood
Intermediale Bezüge und reflexive Praxis in *Étoile sans lumière* und *Singin' in the Rain*[1]

Am 3. April 1946 hatte *Étoile sans lumière*[2], ein französischer Spielfilm in schwarz-weiß mit Édith Piaf in der Hauptrolle, in Paris Premiere und konnte einen großen Erfolg mit über 1,5 Millionen BesucherInnen feiern. Trotz dieses Erfolgs und der Besetzung von Piaf aber auch von Yves Montand und Serge Reggiani bleibt dieser Film in der Geschichte des französischen (Musik-)Films eher Kinofans und/oder Bewunderern von Édith Piaf bekannt.[3] *Singin' in the Rain*, der sechs Jahre später in den amerikanischen Kinos gezeigt wurde, ging es bekanntlich ganz anders. Er gehört einer Reihe von Filmen aus dem zweiten goldenen Zeitalter des Hollywood-Filmmusicals an, die in der MGM von Arthur Freed produziert wurden[4] und gilt heute als einer der bekanntesten und erfolgreichsten (Musical-)Filme. Beide Filme weisen auffällige Ähnlichkeiten auf, allen voran – neben dem besonderen Platz, den die Lieder einnehmen – der Ausgangspunkt ihrer Geschichten: In beiden Filmen wird erzählt, wie ein weiblicher Star aufgrund stimmlicher Defizite den Sprung vom Stummfilm zum Tonfilm nicht schafft[5]. In beiden Filmen wird auch die gleiche List verwendet: Der schlecht singende Star wird von einer talentierten Sängerin doubliert, wobei dieses Prozedere vor dem Publikum geheim gehalten werden muss. Wie wir sehen werden, haben die starken Parallelen zwischen den zwei Filmen dazu geführt, dass *Singin' in the Rain* von manchen Filmwissenschaftlerinnen als Remake von *Étoile sans lumière* betrachtet wird. Ob man den Hollywood-Musicalfilm als Remake des französi-

---

1   Dieser Text entsteht im Rahmen meines Habilitationsprojekts zum Französischen Musikfilm, das von der Österreichischen Akademie der Wissenschaften (APART) am Institut für Romanistik der Universität Wien finanziert wird.

2   Der Titel spielt mit der Zweideutigkeit des Wortes »Étoile« und kann mit »Star/Stern ohne Licht« oder »Star/Stern im Schatten« übersetzt werden.

3   Siehe auch Moine, Raphaëlle: *Remakes. Les films français à Hollywood*. Paris 2007, S. 33.

4   Vgl. Bourget, Jean-Loup: *Hollywood. La norme et la marge*. Paris 1998, S. 30–37.

5   Dieses Motiv wurde 2011 im sehr erfolgreichen französischen Film *The Artist* (Michel Hazanavicius) wieder aufgenommen.

schen Musikfilms behandeln soll oder nicht, ist nicht das zentrale Anliegen dieses Aufsatzes. Mir geht es vielmehr darum, Ähnlichkeiten und Unterschiede zwischen beiden Filmen[6] aufzuzeigen – von der Geschichte und der Narration über die Ästhetik und die Selbstreflexivität bis hin zu Fragen der Produktion und der Star-Konstruktionen –, um aufzuzeigen, inwiefern jeder Film als Prototyp eines nationalen Musikfilms in der damaligen Zeit betrachtet werden kann. Die Analysen beider Filme sollen betonen, wie stark das vermeintlich universale Genre des Musikfilms[7] kulturell verortet bzw. geprägt ist und wie wichtig es deshalb ist, dieses Genre in seinen kulturellen Prägungen bzw. Formen aufzufassen[8].

Édith Piaf und *Étoile sans lumière*

Étoile sans lumière ist der erste Film von Marcel Blistène, einem französischen Journalisten und Freund Édith Piafs, den sie überreden konnte, einen Film für sie in der Hauptrolle zu machen.[9] Zu dieser Zeit – der Film wurde 1945 gedreht – war Édith Piaf als Sängerin, als Inkarnation der *chanteuse réaliste*[10], schon sehr berühmt, sie hatte aber erst in zwei Filmen gespielt (*La garçonne*, Jean de Limur 1936 und *Montmartre sur Seine*, Georges Lacombre 1941), denen noch sieben weitere folgen werden[11]. Diese geringe Zahl erklärt sich unter anderem durch die Tatsache, dass der Beginn ihrer Schauspielerkarriere mit dem Beginn des Zweiten Weltkriegs zeitlich zusammenfiel, einer Zeit, die für den französischen Film einen Umbruch bedeutete, bei dem die Filme des poetischen Realismus, des Boulevard-Theaters und die Music-Hall-Filme weniger wurden. Diese Filme waren aber auch der Ort, an dem *chanteurs* und *chanteuses* seit den 1930er Jahren sehr präsent gewesen waren. Colin Crisp erinnert daran, dass damals das Boulevard und

---

6   Da *Singin' in the Rain* viel bekannter und Objekt aller anderen Beiträge dieses Bandes ist, werden in meinem Beitrag die Analysen zu *Étoile sans lumière* ausführlicher sein als zu *Singin' in the Rain*. Auch die Zeitangaben der Szenen werden nur für den französischen Film angegeben.

7   Michel Chion, *der* französische Wissenschaftler zur Filmmusik, spricht etwa von der »Universalität des Genres« in Chion, Michel: *La comédie musicale*. Paris 2002, S. 3.

8   Vgl. Moine, Raphaëlle: *Les genres du cinéma francais*. Paris ²2008, S. 150–180.

9   Zur Entstehungsgeschichte des Films siehe etwa Grosland, Margret: *Piaf: Biographie*. München 1999, S. 87 und den Bonus in der DVD-Edition *Étoile sans lumière*, SND/M6 Vidéo 2008.

10 Zu den *chanteuses réalistes* siehe etwa Oberhuber, Andrea: *Chanson(s) de femme(s): Entwicklung und Typologie des weiblichen Chansons in Frankreich. 1968-1993*. Berlin 1995, S. 35–43 und zu Piaf S. 43–46.

11 Eine Filmographie findet sich etwa in Monserrat, Joëlle: *Edith Piaf*. München 1985, S. 429–438. Interessanterweise wird die Schauspielerkarriere Piafs im Biopic *La môme* (dt.: *La vie en rose*, Olivier Dahan 2007) ausgelassen.

das Vaudeville-Theater sowie das Music-Hall eine »vitale Quelle von Talenten«[12] für den klassischen Film waren, so dass die Fähigkeit zu singen für eine Filmkarriere wesentlich war und fast alle Filmstars der 1930er Jahre ursprünglich Sänger und Sängerinnen waren.[13] Nach dem Krieg verschwanden die *chanteuses réalistes*, die in den 1930er Jahren in Filmen sehr präsent gewesen waren (unter anderem Fréhel und Damia), von der Leinwand.[14] In fünf der Filme, in denen Piaf spielt, tritt sie als Guest-Star auf, während die anderen vier als *star vehicles* betrachtet werden können[15], als Filme, die um das Bild eines Stars gemacht werden.[16] So auch *Étoile sans lumière*, der als ihr bester Film gilt[17] und in dem sie eine *chanteuse* spielt. Piaf war damals privat mit dem jungen Yves Montand liiert und setzte durch, dass er im Film eine Rolle bekommt[18] – die Rolle des Pierre, einem jungen Mechaniker, der mit Madeleine (Piafs Rolle) verlobt ist, von ihr aber verlassen wird, als sie nach Paris zieht, um dort als Stimmdouble zu arbeiten. Ein anderer junger Schauspieler bekommt in Blistènes Film eine wichtige Rolle, Serge Reggiani, der Gaston spielt, den Tontechniker des Studios, in dem die Filme gedreht werden, bei denen Madeleine als Stimmdouble arbeitet. Sowohl Montand als auch Reggiani werden danach eine große Karriere als Schauspieler und Sänger (vor allem als Sänger für Reggiani) machen, was zur ironischen Lektüre des Filmtitels beiträgt: Dank dieses Films konnten beide jungen Schauspieler ins Rampenlicht rücken und wir werden später sehen, inwiefern die Geschichte des Films und die Rolle der Piaf in einem paradoxen, eine komische Distanz hervorbringenden Verhältnis mit dem Titel des Films stehen.

---

12 Crisp, Colin: *The Classic French Cinema. 1930–1960.* Bloomington and Indianapolis 1995, S. 157.

13 Vgl. Crisp, Colin: *Genre, Myth, and Convention in the French Cinema. 1929–1939.* Bloomington and Indianapolis 2002, S. 170f.

14 Vgl. Conway, Kelley: *Chanteuse in the City. The Realist Singer in French Film.* Berkeley 2004, S. 180f.

15 Das sind einerseits *La Garçonne* (1936), *Paris chante toujours* (1951), *Boum sur Paris* (1952), *Si Versailles m'était conté* (1953) und *French Cancan* (1954), andererseits *Montmartre sur Seine* (1941), *Étoile sans lumière* (1946), *9 garçons, 1 cœur* (1947) und *Les amants de demain* (1959).

16 Vgl. Dyer, Richard: *Le star système hollywoodien suivi de Marilyn Monroe et la sexualité.* Paris 2004, S. 65.

17 Vgl. etwa Cuesta, Stan: *Édith Piaf.* Paris 2000, S. 41 und Bret, David: *Piaf. A Passionate Life.* London 1998, S. 62.

18 Siehe dazu das Kapitel »Yves Montand« in Monserrat 1985 (wie Fußnote 11), S. 139–188 und das Kapitel »Yves Montand. La vie en rose«, in Cuesta 2000 (wie Fußnote 17), S. 39–45.

Hollywood-Musicalfilm und französischer *film musical*

Étoile sans lumière und *Singin' in the Rain* können beide durch die zentrale Rolle der Musik bzw. der Songs und Chansons in ihnen dem allgemeinen Genre des Musikfilms zugeordnet werden. Trotz dieses gemeinsamen Nenners gehören sie allerdings zu dem »starken« Genre des Filmmusicals im Fall von *Singin' in the Rain* und dem weniger starken[19] Genre des *film musical* im Fall von *Étoile sans lumière*. »Stark« deshalb, weil die grundlegenden Parameter und Merkmale – auf der semantischen wie auf der syntaktischen Ebene – des Hollywood-Filmmusicals starken und starren Genre-Konventionen unterliegen, die einen solchen Film leicht erkennbar machen. Diese Stereotypie, die mit einer Vorhersehbarkeit einhergeht und laut Rick Altmans Genre-Theorie für die Bildung eines Genres unerlässlich ist,[20] wird übrigens mit ironisierender Distanzierung[21] in *Singin' in the Rain* zur Sprache gebracht, als nicht weniger als drei Mal das Statement oder die Frage »Hast du einen gesehen, hast du alle gesehen« jeweils von einem der Hauptcharaktere geäußert wird. Als starkes Instrument der Standardisierung aber auch der notwendigen Ausdifferenzierung bzw. Neuerung ist das Filmgenre im Allgemeinen und das Filmmusical »mehr als jedes andere [Genre, R.L.] aufs Engste mit dem Studio-System verbunden« und gleichzeitig »die klarste Form des Spektakels, zu dem das Hollywood Kino immer tendiert hat«[22]. Die Industrialisierung des Produktionssystems, die Organisation des Studiosystems in Hollywood und die damit verbundenen ökonomischen und technologischen Möglichkeiten sind einer der Gründe, warum sich Filmgenres in dieser Form in Frankreich nicht etabliert haben, wo die Filmindustrie ganz anders organisiert war – Colin Crisp spricht von einer »fragmentierten Produktion«[23] – und über ganz andere finanzielle Mittel verfügte. In beiden Filmen werden die Filmwelt und das Studiosystem dementsprechend dargestellt und es wundert kaum, dass das Studiosystem durch den ganzen Film hindurch ein zentrales Thema in *Singin' in the Rain* ist – von der Macht des Produzenten über die Arbeitsteilung bis hin zu den Stars –, während in *Étoile sans lumière* eher die Stimmung innerhalb der

---

19 Zum Begriff des (nicht) »starken« Genres, vgl. Moine ²2008 (wie Fußnote 8), S. 56. Die »Schwäche« des *film musical* als Genre spiegelt sich in der stark variierenden Terminologie wider, die für die Bezeichnung der Genrezugehörigkeit eines Musikfilms verwendet wird.

20 Vgl. Altman, Rick: *The American Film Musical*. Bloomington & Indianapolis 1987, S. 330–334.

21 Rick Altman sieht dieses Verfahren als charakteristisch für das *Fairy Tale Musical*. *Singin' in the Rain* zeigt aber, dass diese Komik und Komplizenschaft mit dem Publikum erzeugende Distanzierung auch in *Backstage Musicals* zu finden ist. Vgl. Altman 1987 (wie Fußnote 20), S. 147f.

22 Vgl. Nacache, Jacqueline: *Le film hollywoodien classique*. Paris 1995, S. 19f., Zitate S. 90.

23 Crisp 1995 (wie Fußnote 12), S. 225.

dargestellten Filmwelt fokussiert wird – einer Welt, in der Gier und Heuchelei dominieren.

Diese auseinandergehenden Modi der Filmproduktion gingen sehr schnell mit einer konkurrenzgeladenen Wahrnehmung des Hollywood-Kinos unter den sogenannten Kino-Experten in Frankreich einher und ein Denkmodell bzw. eine Debatte, die bis heute bald mehr, bald weniger weiter existiert, kristallisierte sich heraus: der Gegensatz zwischen Hollywood Kino und französischem Kino, als Ausdruck grundlegender Gegensätze wie »Industrie«/»Technik« vs. »Kunst«, »Kommerz« vs. »Kultur«, »Konsum« vs. »Reflexion« und später »Genrefilm« vs. »Autorenfilm«.[24] Mit Fabrice Montebello können wir vom Hollywood-Kino als »historischen Konkurrenten«[25] des französischen Kinos sprechen. Interessanterweise wird dieses Spannungsverhältnis in *Étoile sans lumière* gleich zu Beginn des Films zur Sprache gebracht, als sich der Filmdirektor eines Kinos vor das Publikum stellt und ihm erklärt:

> Die Direktion des *Cinéma Palace* hat ihnen zum letzten Mal einen Stummfilm gezeigt. Ab nächster Woche wird Sie unser Etablissement, mit einem sündteuren Tongerät ausgerüstet, die größten internationalen Stars des *film parlant et chantant*[26] hören und sehen lassen. Als Erstes werden wir Ihnen Al Jolson im berühmten *Chanteur de Jazz* anbieten. Damit wird unsere kleine Stadt den USA um nichts mehr neidisch sein müssen (04:50f.)[27]

Der *film musical* als »schwaches« Genre ist in diesem Kontext zu verstehen. Dies bedeutet nicht, dass es kaum Musikfilme in Frankreich gegeben hätte (und noch gibt), sondern dass diese den grundlegenden und starren Genre-Konventionen wie denjenigen des Hollywood-Filmmusicals nicht unterliegen und sich viel mehr als »definitiv eklektisch« zeigen[28]. Die französischen Musikfilme können zwar auch in Subgenres untergeordnet werden[29], allerdings ist die Dreiteilung von Altman zum Hollywood Filmmusical – *the Show*, *the Fairy Tale* und *the Folk Musical* – auf Frankreich kaum anwendbar. Will man den Film einem (Sub-)Genre zuordnen, handelt es sich bei *Étoile sans lumière* ob der Handlung um einen

---

24 Vgl. Montebello, Fabrice: *Le cinéma en France depuis les années 1930*. Paris 2005, S. 1–30.

25 Ebd., S. 133.

26 Diese Bezeichnung entspricht etwa dem »all speaking, all singing (all dancing)«.

27 Alle Übersetzungen aus dem Film sind von mir.

28 Vgl. auch Conway, Kelley: *France*. In: *The International Film Musical*. Hg. von Corey K. Creekmur und Linda Y. Mokdad. Edinburgh 2013, S. 29–44, hier: S. 29. Einen Überblick über den französischen Musikfilm findet man etwa in Powrie, Phil: *La communauté impossible, ou pourquoi le film musical français se fait rare*. In: *Le cinéma français face aux genres*. Hg. von Raphaëlle Moine. Paris 2005, S. 213–222 sowie vom gleichen Autor: *The disintegration of community: popular music in French cinema 1945 – present*. In: *Popular Music in France from* chanson *to* techno: *culture, identity and society*. Hg. von Hugh Dauncey and Steve Cannon. Aldershot 2003, S. 97–121.

29 Siehe Pinel, Vincent: *Genres et mouvements au cinéma*. Paris ²2006, S. 60 und S. 146.

Show- bzw. *Backstage*-Film[30], sowie es bei seinem amerikanischen »Nachfolger« der Fall ist, der als Paradebeispiel dieses Subgenres gilt.

/K/ein Remake

Die auffälligen Ähnlichkeiten der Geschichten von *Singin' in the Rain* und *Étoile sans lumière,* der Erfolg, den Letzterer in New York feierte,[31] die Zeitspanne zwischen beiden Filmen sowie die Tatsache, dass Piaf in der zweiten Hälfte der 1940er Jahre in New York schon sehr bekannt war: die Vermutung liegt nahe, dass *Étoile sans lumière* als Inspiration für *Singin' in the Rain* fungiert hat. Nichtsdestotrotz suche man vergebens eine Erwähnung von *Étoile sans lumière* im Vor- bzw. Nachspann von *Singin' in the Rain,* wobei das Verschweigen einer Inspirationsquelle (in welcher Form und in welchem Ausmaß auch immer) eine gängige Praxis ist.[32] In wissenschaftlichen Abhandlungen zu Remakes französischer Filme in Hollywood wird das Verhältnis zwischen beiden Filmen verschieden behandelt. Wie Lucy Mazdon in *Encore Hollywood. Remaking French Cinema* daran erinnert, sind die französischen Filme innerhalb der Praxis des Remakes ausländischer Filme in Hollywood an erster Stelle, insbesondere seit den frühen 1930er Jahren. Auch wenn sie die Vielfältigkeit der Formen betont, die ein Remake annehmen kann, erwähnt Mazdon jedoch *Étoile sans lumière* bzw. *Singin' in the Rain* in ihrem Kapitel zum geschichtlichen Überblick der Hollywood-Remakes von französischen Filmen nicht.[33] Auch Carolyn Durham lässt in ihrer Studie *Double Takes* beide Filme unerwähnt.[34] Wie Mazdon betont auch Raphaëlle Moine die Variabilität der Praxis des Remakes, sie ortet allerdings *Singin' in the Rain* als ein Remake von *Étoile sans lumière*[35], ebenso wie Kelly Conway, die in ihrem Buch über die *chanteuses réalistes* im französischen Film von der »euphorischen Hollywood-Version (*Singin' in the Rain*) dieser Geschichte [*Étoile sans lumière,*

---

30 Zum *Show-* bzw. *Backstage-Musical* siehe Altman 1987 (wie Fußnote 20), S. 200–271.

31 Vgl. Bret 1998 (wie Fußnote 17), S. 63. Bret zufolge lief der Film 52 Wochen in einem New Yorker Kino.

32 Vgl. Moine 2007 (wie Fußnote 3), S. 10–13.

33 Vgl. Mazdon, Lucie: *Encore Hollywood. Remaking French Cinema.* London 2000. Der geschichtliche Überblick findet sich auf S. 30–50.

34 Vgl. Durham, Carolyn: *Double Takes: Culture and Gender in French Films and Their American Remakes.* London 1998.

35 Siehe Moine 2007 (wie Fußnote 3), S. 195 und S. 33. Hier weist Moine auf eine Publikation hin, in der die Genealogie zwischen beiden Filmen erwähnt wird: Livio Belloï, *Des histoires du cinéma en images et en sons,* in Iris n° 19 (Cinéma, souvenir, film/Memory in Cinema and Films), automne 1995, S. 75–98.

R. L.]« spricht[36]. *Singin' in the Rain* kann somit als ein »remake inavoué«, eine Art uneingestandenes Remake von *Étoile sans lumière* betrachtet werden[37].

Beide Filme haben wie eingangs erwähnt den gleichen *Pitch*: Ein weiblicher Star (Lina Lamont (Jean Hagen) in *Singin' in the Rain*, Stella Dora (Mila Parély) – der Name ist Programm! – in *Étoile sans lumière*) fürchtet, aufgrund ihrer schlechten Stimme bzw. ihrer Unfähigkeit zu singen, den Übergang vom Stumm- zum Tonfilm nicht zu schaffen und eine unbekannte Frau wird engagiert, um im Geheimen als ihr Stimmdouble zu dienen. In beiden Fällen wird *The Jazz Singer* als d e r Film dieses Übergangs in Szene gesetzt. Die Handlung von *Singin' in the Rain* spielt also 1927, die von *Étoile sans lumière* 1929, das Jahr, in dem der Film in Frankreich in die Kinos kam.[38] Ich habe die Szene in der Eröffnungssequenz bereits erwähnt, in der der Direktor eines Kinos erklärt, dass ab der folgenden Woche nur mehr Tonfilme gezeigt werden. Daraufhin sagt Stella, die sich im Kinosaal befindet, dass »auch hier alles für sie aus« sei; sie sei gekommen, um ihrem »Gespenst Adieu zu sagen«, »(ihre) Stimme sei schlecht« und »(sie) könne nicht singen« (05:44f.).

Die Tatsache, dass in *Singin' in the Rain* das Stimmdouble – Kathy Selden (Debbie Reynolds) – selbst eine Karriere als Schauspielerin anstrebt, entspricht den Konventionen des Genres, was sich in *Étoile sans lumière* nicht wiederfindet. Auch das Ende beider Filme spiegelt die jeweiligen Kinotraditionen wider: Während in *Singin' in the Rain* das Talent Kathys zum Schluss anerkannt[39] und diese ein großer Musical-Star wird (während man allerdings nicht weiß, was aus Lina Lamont wird), scheitert Madeleine darin, eine Karriere als Schauspielerin bzw. als Sängerin zu starten (und Stella nimmt sich das Leben). Die letzte Einstellung zeigt sie alleine in einer Straße von Paris im Dunkeln gehend, den Kopf gesenkt. Dieses Ende entspricht dem Genre der *comédie dramatique*, das dem französischen Kino eigen ist.[40] Ein solches Ende steht dem Happy End von *Singin' in the Rain* diametral entgegen, einem Happy End, das der »Ideologie des Glücks«, die dem klassi-

---

36 Conway 2004 (wie Fußnote 14), S. 181.

37 Dieser Begriff wird in Moine 2007 (wie Fußnote 3), S. 4 verwendet.

38 Diese Tatsache erinnert außerdem daran, dass mit *The Jazz Singer* die Filme den Weg der Internationalisierung aufnahmen: Mit dem Tonfilm wurde es möglich, außerhalb des Produktionslandes eines Films diesen Film mit den gleichen Stimmen und der gleichen Musik zu hören, während bis dahin der Ton eines Films aus einem heimischen Musikerensemble kam und daher variierte. Vgl. Montebello 2005 (wie Fußnote 24), S. XI.

39 Für eine kritische Analyse des Verfahrens »Ehre zu erweisen, wem Ehre gebührt« – und seines Missbrauchs im Film –, siehe Clover, Carol J.: *Dancin' in the Rain*. In: *Singen und Tanzen im Film*. Hg. von Andrea Pollach, Isabelle Reicher, Tanja Widmann. Wien 2003, S. 187–212.

40 Vgl. etwa Crisp 2002 (wie Fußnote 13), S. 218.

schen Musicalfilm in Hollywood eigen ist, entspricht.[41] Während die Zukunft von Madelaines und Pierres Liebe ungewiss ist, sind Don Lockwood (Gene Kelly) und Kathy am Ende von *Singin' in the Rain* nicht nur ein Liebespaar, sondern ihr privates Liebesglück wird mit dem Erfolg ihres gemeinsamen Films, *Singin' in the Rain*, gleichgesetzt.[42]

In beiden Filmen wird also die Schwierigkeit mancher Schauspieler, ihre Karriere im Tonfilm weiterzuverfolgen, zu einem der zentralen Themen gemacht. Auch wenn dies zu komischen Szenen führt – die schreckliche Stimme und die schlechte Aussprache Linas sowie ihr Ärger mit dem Mikrofon in *Singin' in the Rain*; das Staunen Madeleines, als sie nicht erkennt, dass die Stimme, die aus dem Aufnahmegerät kommt, ihre eigene ist in *Étoile sans lumière* –, erinnern beide Filme auf ihre Art daran, dass dieser Übergang zum Tonfilm für einige SchauspielerInnen das Ende ihrer Karriere bedeutet hat. In *Singin' in the Rain* dominiert die Leichtigkeit des Tons. Linas Angst um ihre Zukunft wird relativ am Ende des Films durch ihr gieriges Verhalten lächerlich gemacht – bis dahin waren die durch den Erfolg des Tonfilms *The Jazz Singer* ausgelösten Ängste durch die fantasievollen Charaktere Don, Cosmo Brown (Donald O'Connor) und Kathy im Keim erstickt worden. Ganz anders wird dieses Thema in *Étoile sans lumière* behandelt: Wie schon erwähnt nimmt sich Stella am Ende des Films das Leben, da sie zu große Angst davor hat, dass das Geheimnis »ihrer« Stimme gelüftet wird. Zu Beginn des Films hatte sie sich schon das Leben nehmen wollen, als sie von *The Jazz Singer* hörte und sich dessen bewusst wurde, was das für ihre Karriere bedeuten würde. Und als Stella, Roger (Marcel Herrand) – Regisseur und Stellas Liebhaber – und Madeleine in die Studios kommen, um den neuen Film mit Stella zu drehen, erklärt dort ein ehemaliger Kollege Stellas, dass er nur mehr als Statist arbeitet, weil seine Stimme schlecht sei und er nicht singen könne (20:15). Außerdem wird von einem Schauspieler erzählt, der sich das Leben genommen hat und von zwei anderen, die arbeitslos sind (22:20).

»All speaking, all singing, all dancing« vs. »Le fim parlant et chantant«

Ein wesentlicher Unterschied zwischen beiden Filmen in der Erzählung einer ähnlichen Ausgangsgeschichte liegt also im Ton der Erzählung und dieser Unterschied findet sich in zwei wesentlichen Elementen der Erzählung wieder, in den

---

41 Vgl. Nacache 1995 (wie Fußnote 22), S. 95 und S. 104. »Klassisch« meint in diesem Aufsatz weniger »typisch« als eine Zeitspanne zwischen 1930 und 1960. Siehe dazu auch Bourget 1998 (wie Fußnote 4).

42 Ein solches Ende gehört durch und durch zu den Konventionen des Show-Musicals. Vgl. Altman 1987 (wie Fußnote 20), S. 260f.

Songs bzw. Chansons und im Tanz bzw. in der Absenz von Tanz. Mehr als der Unterschied, was die Anzahl der Lieder betrifft – in *Étoile sans lumière* werden nur fünf Lieder, alle von Édith Piaf, gesungen, während in *Singin' in the Rain* zwölf gesungen werden und zwar von den drei Hauptrollen – fällt der Unterschied im Ton dieser Lieder auf. Auch wenn *Étoile sans lumière* kein Film über die *chanteuse réaliste* Piaf ist, bleiben die *chansons* (*Le chant du pirate* ausgenommen) thematisch im Register der *chanson réaliste* und erzählen von einer verflossenen (*C'était une histoire d'amour*), einer mörderischen Liebe (*Mariage*) oder von einem Liebhaber, der ins Gefängnis muss (*Adieu, mon cœur*). Nur *C'est merveilleux* erzählt von einer glücklichen Liebesgeschichte. Allerdings spiegelt der Einsatz dieses Liedes im Film die Entwicklung der Geschichte wider: Während Madeleine das Lied das erste Mal neben ihrem Verlobten Pierre singt und die Worte dadurch als Echo der Situation zu verstehen sind, klingen diese Worte beim letzten Singen des Liedes bitter. Als Madeleine in der vorletzten Szene des Films versucht, in einer Music-Hall eine Karriere als Sängerin unter dem Namen Mady Brunel zu starten, fängt sie zwar an, *C'est merveilleux* zu singen, sie fällt aber in Ohnmacht. Der Satz ihres neuen Managers Billy, »Dieses Ding wird im Music-Hall nicht aufgehen«, mag zwar bei den ZuseherInnen ein Lächeln auslösen, in der Handlung des Films bedeutet er einfach das Scheitern Madeleines (01:17:22–01:19:54). Hier wird klar, dass – im Gegensatz zum klassischen Hollywood-Filmmusical – »die Welt durch die Musik nicht unbedingt Verzauberung erfährt«[43], sondern dass die Chansons zum melodramatischen Ton des Films beitragen. In *Singin' in the Rain* sind die meisten Songs im Gegenteil fröhlich und in ihrem Rhythmus animierend, sie drücken, den Genre-Konventionen entsprechend, »Glück, Gemeinschaftsgefühl und Erfolg« aus.[44] Außerdem sind es bekannte Songs, so dass das Erinnerungs- und Identifikationspotenzial bei den ZuseherInnen groß ist, was bei *Étoile sans lumière* nicht der Fall ist, dessen Lieder eigens für den Film kreiert wurden (von Henri Contet und Marguerite Monnot, die zahlreiche, darunter einige der berühmtesten Chansons für Édith Piaf geschrieben bzw. komponiert hat), was dem gängigen Verfahren in Frankreich entspricht. Dass die Songs in *Singin' in the Rain* für die frühen MGM-Musicals komponiert wurden, trägt zur für das Filmmusical charakteristischen selbstreflexiven Praxis bei[45] – darauf wird später noch eingegangen. Auch der Einbau der gesungenen Momente differiert gründlich. In *Singin' in the Rain* wird der für das

---

43 Pollach, Andrea, Reicher, Isabella & Widmann, Tanja: *Vorwort.* In: *Singen und Tanzen im Film.* Hg. von Andrea Pollach, Isabelle Reicher und Tanja Widmann. Wien 2003, S. 7–11, hier: S. 10.

44 Altman 1987 (wie Fußnote 20), S. 211f.

45 Vgl. Feuer, Jane: *The Self-reflective Musical and the Myth of Entertainment.* In: *Hollywood Musicals, The Film Reader.* Hg. von Steven Cohan. London und New York 2002, S. 31–40, hier: S. 37f.

klassische Hollywood-Musical charakteristische *audio-dissolve* exemplarisch vorgeführt, der Tonspur, diegetische Musik und Filmmusik ineinanderfließen lässt.[46] In *Étoile sans lumière* hingegen gibt es kein ähnliches Verfahren, was damit zusammenhängt, dass die Lieder zwar Teil der Geschichte sind, aber nicht Teil der Erzählung. Sie werden auch deshalb als abgegrenzte Momente in den Film eingebaut.

Außerdem werden die Songs in *Singin' in the Rain* den Genre-Konventionen entsprechend von Tänzen[47] »begleitet«, was einen der gründlichsten Unterschiede zu *Étoile sans lumière* im Besonderen, zu französischen Musikfilmen im Allgemeinen darstellt, in denen nur selten getanzt wird, wobei diese Tradition sich bis heute fortsetzt.[48] Deshalb findet man in den französischen Musikfilmen – die Operettenfilme ausgenommen – kaum »Nummern«, die solche Sing-und-Tanz-Einlagen darstellen. Das Ausbleiben von Tanz(nummern) in *Étoile sans lumière* bedeutet in dem Fall auch, dass der Film im Realismus verhaftet bleibt, was *Singin' in the Rain,* auch hier den Genre-Konventionen treu, nicht tut.[49] Die große Tanznummer *Broadway Melody Ballet* etwa ermöglicht es, das »Reale« für eine Vorstellungswelt zu verlassen. Diese »Broadway«-Nummer ist gleichzeitig eine explizite Hommage an das Hollywood-Musical – der Titelgebende Song *Singin' in the Rain* wurde ausgerechnet von Arthur Freed für das Musical *Broadway Melody* (1929) geschrieben[50] – und bildet somit einen weiteren (selbst-)reflexiven Moment, den man, etwas anders natürlich, auch in *Étoile sans lumière* findet.

---

46 Vgl. Altman 1987 (wie Fußnote 20), S. 74. Man denke, um nur ein Beispiel zu nennen, an die Einleitung des Songs »Moses«.

47 Zwei Aufsätze bieten in einem kulturwissenschaftlichen Ansatz einen spannenden kritischen Blick auf den Tanz in *Singin' in the Rain*: Clover 2003 (wie Fußnote 39) und Cohan, Steven: *Dancing with balls in the 1940s: sissies, sailers and the camp masculinity of Gene Kelly.* In: *The Trouble with Men. Masculinities in European and Hollywood Cinema.* London & New York 2004, S. 18–33. Der erste zeichnet nach, wie ambivalent der Tribut an die schwarzamerikanische Tanzkultur im Film verhandelt wird (siehe insb. S. 194–207); der zweite zeigt, wie die Tanzeinlagen von Gene Kelly in *Singin' in the Rain* auch bemüht sind, seinem ambivalenten Gender-Bild, wie es durch die früheren Musicalfilme entstanden war, entgegenzuwirken und ihn als normativ »männlichen« Tänzer darzustellen (siehe insb. S. 32–33).

48 Siehe dazu auch Vasse, David: *Le nouvel âge du cinéma d'auteur français.* Paris 2008, S. 121–125. Der Musicalfilm *Toi, moi, les autres* (Audrey Estrougo 2011) ist einer der wenigen zeitgenössischen *films musicaux,* in dem viel und spektakulär getanzt wird, was sich durch die starke Orientierung des Films am amerikanischen Musicalfilm erklären lässt.

49 Vgl. Brustellin, Alf: *Das Singen im Regen. Über die seltsamen Wirklichkeiten im amerikanischen Filmmusical.* In: *Singen und Tanzen im Film.* Hg. von Andrea Pollach, Isabelle Reicher und Tanja Widmann. Wien 2003, S. 13–39.

50 Vgl. Chion 2002 (wie Fußnote 7), S. 78–79.

Der Film im Film, das Musical und die Technik

Étoile sans lumière ist ein Musikfilm, in dem es unter anderem um das Genre des Musikfilms zu Beginn der 1930er Jahre geht, einer Zeit, in der dieses Genre in Frankreich sehr populär war. Außerdem sind Elemente, die den Film ausmachen (das Schaffen eines Films, die Darstellung eines Stars – in dem Fall nicht Édith Piaf, sondern Stella!), Elemente, die in den Filmen der 1930er Jahre auch sehr präsent waren.[51] Dieses selbstreflexive Verfahren findet sich ja auch in *Singin' in the Rain*, es ist dem Genre des Hollywood-Filmmusicals eigen[52], wobei *Singin' in the Rain* in den 1950er Jahren ein besonderer Platz zukommt. Jane Feuer erinnert daran, dass:

> By the late forties into the early fifties, a series of musicals produced by the Freed Unit at MGM used the backstage format to present sustained reflections upon, and affirmations of, the musical genre itself. Three of these apologies for the musical (all scripts by Betty Comden and Adolph Green), *The Barkleys of Brodway* (1949), *Singin' in the Rain* (1952), and *The Band Wagon* (1953).[53]

Innerhalb dieses selbstreflexiven Verfahrens zeichnet sich in *Étoile sans lumière* und in *Singin' in the Rain* eine besondere Praxis ab, der Film im Film, die in beiden Filmen auf zwei bzw. drei eng miteinander verbundenen Ebenen stattfindet.

Es finden sich in beiden Filmen Sequenzen, in denen ein Film, in dem die SchauspielerInnen des Rahmenfilms spielen, in einem Kino gezeigt wird. Diese Sequenzen lassen sich als Zeugnisse des Fortschritts und des Erfolgs lesen, die die Musikfilme damals darstellten. In *Étoile sans lumière* wird die Premiere von *La fiancée du pirate* gezeigt. Die Kamera filmt abwechselnd die Kinoleinwand, auf der Stella *Adieu mon cœur* singt, und das Kinopublikum, das von diesem Gesang begeistert ist, was zu Standing Ovations für Stella führt. Die nächste Szene betont, dass dieser Gesang – und somit der Musikfilm – der ausschlaggebende Grund für diese Begeisterung ist.[54] Der Direktor des Kinos spricht nämlich von »der großen Überraschung des Abends, der erschütternden Offenbarung, die aus der *Fiancée du pirate* einen der größten Erfolge des internationalen Films machen wird: Stella Doras Stimme« (42:09f.). In *Singin' in the Rain* wird mit einem ähnlichen Verfahren der Erfolg des Musicals noch drastischer signifiziert. Die *Sneak Preview* des neuen Films mit Don und Lina, *The Duelling Cavalier*, wird in einer Sequenz gezeigt, in der das Publikum sich an den Fehlleistungen des Tons vergnügt, was das Team des Films (nur kurz natürlich) zum Verzweifeln bringt. Daraufhin wird die

---

51   Vgl. Crisp 2002 (wie Fußnote 13), S. 166–200.

52   Vgl. Feuer 2002 (wie Fußnote 45).

53   Ebd., S. 32.

54   Alain Lacombe unterstreicht das enge Verhältnis zwischen Liedern, Kino und technologischer Entwicklung in Lacombe, Lucien & Porcile, François: *Les musiques du cinéma français*. Paris 1995, S. 61–63.

Idee geboren, Kathy als Stimmdouble von Lina zu engagieren und wir sehen eine weitere Sequenz, in der das Vorführen des Films – jetzt als Musical unter dem Namen *The Dancing Cavalier* – mit ähnlichen Kameraeinstellungen gezeigt wird, wobei dieses Mal das Publikum von – offiziell – Linas Stimme erobert ist.

Die zweite Ebene des Film-im-Film-Verfahrens ist also eine *mise-en-abyme*: In beiden Filmen wird die Geschichte eines Tonfilmdrehs erzählt. Mehr als die Tatsache, dass es sich in beiden Fällen um Geschichten handelt, die in einer relativ weit zurückliegenden Vergangenheit spielen, fällt es auf, dass es im *The Duelling Cavalier*/*The Dancing Cavalier* um Frankreich bzw. um französische Adelige geht. Das Spannendste an dieser *mise-en-abyme* ist aber, dass uns beide Filme vor Augen führen, wie sich die Tontechnik zu diesem Wendepunkt ständig verändert und verbessert hat und inwiefern der Musicalfilm im Zentrum dieser Errungenschaften stand. N.T. Binh, der vom Filmmusical als ein »technologisches Genre« spricht und die Entwicklung des Genres im Licht der technologischen Entwicklungen (insbesondere im Bereich der Tontechnik) nachzeichnet, bemerkt pointiert, dass »für das Musical das Streben nach ästhetischer Perfektion aus dem Fortschritt der Technologien schöpft«.[55] In beiden Filmen wird die Tontechnik bzw. das Aufnahme-Dispositiv durch ähnliche Einstellungen inszeniert; man sieht die Mikrophone, das Aufnahmestudio mit den dazugehörigen Instrumenten. In Blistènes Film wird sogar das Gerät, mit bzw. auf dem Madeleines Stimme aufgenommen wird/ist, in einer Nahaufnahme gezeigt (33:30).

Étoile sans lumière erinnert *en passant* auch daran, dass Frankreich auf dem Gebiet der Tontechniken den USA unterlegen war[56]. Dem Tontechniker Gaston (Serge Reggiani), der an der Verbesserung eines Mikrofons arbeitet, wird etwa erklärt, dass die Amerikaner das Playback bereits erfunden hätten, was als »Problem« dargestellt wird (25:14). Kurz darauf wird die Aufnahme der Szene gezeigt, in der Stella das Lied *Le chant du pirate* im Playback singt. Diese Technik wird durch ein langsames Zoomen auf Stellas Mund in Szene gesetzt. Außerdem verschwindet Madeleine, deren aufgenommene Stimme man hört, gleich zu Beginn der Szene aus dem Blickfeld der FilmzuschauerInnen. Der Star bleibt im Schatten – und tatsächlich ähnelt das Bild Madeleines, das man kurz vor ihrem Verschwinden von hinten sieht, einem Schatten (34:35–36:23).

Schließlich beruht das autoreflexive Verfahren auf dem Zitieren früherer Filme, und zwar auf der sprachlichen und/oder auf der bildlichen Ebene. *Étoile sans lumière* begrenzt sich auf das – sprachliche – Zitieren von *The Jazz Singer* und eines

---

55 Vgl. Binh, N. T.: *La comédie musicale*. In: *CinémAction* n°68, 3e trim. 1993, »Panorama des genres au cinéma«, S. 26–32. Zitat S. 28.
56 Vgl. Montebello 2005 (wie Fußnote 24), S. 9f.

Films von René Clair[57] und erinnert somit bescheiden an die zwei Filmemacher, die in Hollywood bzw. Frankreich als die »Gründer« des Tonfilms betrachtet werden, wobei ihre beiden Filme (bei René Clair handelt es sich um *Sous les toits de Paris*, 1930) gleichzeitig als Meilensteine in der Geschichte des Musicalfilms bzw. des *film musical* gelten[58]. *Singin' in the Rain* ist seinerseits auch für sein vielfältiges Zitieren zahlreicher Filme bekannt, wobei die bereits erwähnte Sequenz der *Broadway Melody* relativ am Ende des Films zur Hommage an das Hollywood-Filmmusical wird – nicht zuletzt an seine technischen Evolutionen – und den »genealogischen Herkunftsnachweis« des berühmten Filmmusicals darlegt:

> Dass *Singin' in the Rain* durchaus Interesse an seinen Vorläufern hat, zeigt sich im ausgedehnten Vorspiel zur Broadway-Nummer, die uns von der burlesken Bühne über das Vaudeville zu den *Ziegfeld Follies* und bis zum Musical der filmischen Gegenwart führt, alles deutlich erkennbar und deutlich gekennzeichnet mit der dringlichen Textzeile »gotta dance« – »ich muss tanzen«. [59]

Stars zwischen Licht und Schatten

Auch im Hinblick auf die Starbesetzung und auf die *mise-en-scène* dieser Stars weisen beide Filme Gemeinsamkeiten, aber auch große Unterschiede auf. Diese Unterschiede sind mit den zu Beginn dieses Aufsatzes erwähnten Unterschieden eng verbunden, was das System der Studios und der Filmgenres betrifft. Wie Ginette Vincendeau in *Les stars et le star-système en France* erklärt, existiert(e) auch in Frankreich ein Starsystem insofern, als französische Filmstars für die Filmwirtschaft, aber auch für die Werbung und die inhaltliche und narrative Organisation eines Films wesentlich waren bzw. sind. Aber nicht im Sinne eines von den Filmstudios organisierten Starsystems, wie es im klassischen Hollywood-Zeitalter der Fall war, wo die Stars sowohl ökonomischer und ästhetischer Pfeiler der Studiofilme waren (ein System, das in *Singin' in the Rain* dementsprechend viel mehr thematisiert wird als in *Étoile sans lumière*).[60]

---

57 In den Studios »Mondial films«, in denen Stella, Roger und Madeleine einen neuen Film drehen werden, erzählt Roger, dass »ein Pool für den nächsten Film von René Clair gebaut wird« (18:33).

58 Auch wenn zu der Zeit der Geschichte von *Étoile sans lumière Sous les toits de Paris* noch gar nicht herausgekommen war … Zu René Clairs ersten Tonfilmen, in denen Lieder einen wichtigen Platz hatten, siehe Basile, Guy: *Une esthétique neuve de la chanson à l'écran*. In: *René Clair. Le cinéma à la lettre*. Hg. von Noël Herpe und Emmanuelle Toulet. Paris 2000, S. 139–152.

59 Clover 2003 (wie Fußnote 39), S. 193. Zur Genealogie des Hollywood-Filmmusicals siehe Altman 1987 (wie Fußnote 20), S. 131–141.

60 Zum Phänomen des Filmstars in Frankreich siehe Vincendeau, Ginette: *Les stars et le star-système en France*. Paris 2008, S. 13–51.

In beiden Filmen ist der Star bzw. sind die Stars gleichzeitig Grund- bzw. Ausgangspunkt und Effekt der Erzählung, der Filmschauspieler/die Filmschauspielerin und die Filmfigur schmelzen immer wieder ineinander. Genauso wie *Singin' in the Rain* kann nämlich *Étoile sans lumière* wie schon erwähnt als Vehikel betrachtet werden. Der Film wurde für Édith Piaf gemacht: Es ist ein Film mit dem Star Édith Piaf, was sich schon am Filmplakat feststellen lässt, auf dem das Gesicht Piafs einen Großteil der Fläche einnimmt und der Name Piaf an oberster Stelle steht.

Die erste Szene, in der Piaf/Madeleine auftritt, ist nicht nur für den Sinn der Geschichte aufschlussreich, sondern auch für die Art und Weise, wie mit und an dem Star Piaf in diesem Film gearbeitet wird. In dieser Szene – das ist die zweite Sequenz des Films – hören die ZuschauerInnen eine Stimme, die singt, ohne aber das Gesicht zu dieser Stimme zu sehen. Madeleine befindet sich nämlich hinter der Tür des Gasthauses, in dem sie als Bedienerin arbeitet; da sie diese Tür gerade mit einem undurchsichtigen Putzmittel säubert, wird ihr Gesicht, *C'était une histoire d'amour* singend, erst nach und nach sichtbar, schließlich erscheint ihr Gesicht in einer Großaufnahme, die einer Iris-Aufnahme bzw. einem Porträt für eine Zeitschrift ähnelt (06:30f.).

Stella und Roger, Filmregisseur und Liebhaber Stellas, kommen ins Gasthaus zurück und nachdem sie Madeleine von ihrer Leiter gestürzt haben, gehen sie in ihr Zimmer. Auch hier wird ein Teil der Geschichte des Films durch ein ähnliches Verfahren signifiziert: Man sieht Stella im Bild und hört Madeleines Stimme im Off. Am Ende der Sequenz wird den ZuseherInnen ein Indiz für das Weiterlaufen der Geschichte gegeben, indem Roger zu Stella sagt, dass sie Madeleine »jeden Tag und für lange Zeit hören« (13:13) wird. Diese Sequenz ist auch für das Spiel mit dem Star Piaf bedeutend: Édith Piaf wurde durch ihre Stimme zum Star und genau diese Stimme wird hier in Szene gesetzt. Auch wenn Piaf natürlich durch den ganzen Film der Star Piaf ist und bleibt, ihr Status als Star des französischen Chansons wird in den Szenen, in denen sie das macht, was sie am besten kann, nämlich singen, besonders inszeniert und zwar durch bestimmte Kamerabewegungen und Einstellungsgrößen. So etwa in der darauffolgenden Sequenz, in der Madeleine mit ihrem Verlobten Pierre eine Autofahrt macht. Die Musik beginnt und die Einstellung ändert sich schlagartig, als Madeleine *C'est merveilleux* zu singen beginnt: Von nun an wird sie, Pierre an ihrer Seite, das ganze Lied singend mit einer festen Kamerastellung in halbnaher Einstellung gefilmt. Erst bei den letzten Musiktönen ändert sich die Einstellung wieder, man sieht das Auto in einer Totale auf der Straße verschwinden. Es geht also darum, der Star-Sängerin beim Singen zuzusehen und zuzuhören. Nicht nur die Singkunst von Piaf wird in *Étoile sans lumière* inszeniert, sondern auch ihre Körperhaltung und ihre Gestik beim Singen, die ihr eigen waren und zu ihrem einzigartigen Bild als Sängerin wesentlich beitrugen. In der Szene etwa, in der Madeleine ihre Stimme durch das

Aufnahmegerät hört – sie hatte gerade *Le chant du pirate* für den Film *La fiancée du pirate* aufgenommen –, wird durch die Kameraeinstellungen diese typische Gestik – die Hände ineinander vor dem Bauch, die Hände gekreuzt vor der Brust[61] – bildlich gefasst. Und während die Stimme und der Körper dissoziiert erscheinen, ergibt die Einstellung schließlich ein gesamtes Bild des Stars. Wie bereits erwähnt ist aber Madeleine kein »Lucky Star«, wie Kathy es am Ende von *Singin' in the Rain* ist. Nach der Vorführung von *La fiancée du pirate* wird sie aus der Vogelperspektive mitten in einer sie ignorierenden Zuschauermasse gefilmt, während Stella Dora aus der Froschperspektive gefilmt wird, was die Machtverhältnisse zwischen beiden Frauen sowie Madeleines Rolle als unsichtbares und nicht anerkanntes Stimmdouble von Stella Dora bildlich signifiziert. Anders als in *Singin' in the Rain* ändert sich in *Étoile sans lumière* die Situation nicht, auch Madelaines Debutversuch als Music-Hall-Sängerin scheitert und sie bleibt ein Star im Schatten, was die sehr dunklen Lichtverhältnisse in der letzten Szene betonen. Was die Stars betrifft, findet also in *Étoile sans lumière* eine distanzierende Ironie statt und der Starstatus Édith Piafs wird durch diese Inszenierung einer scheiternden Music-Hall-Sängerin noch verstärkt. Auch hier wird also mit dem spannungsvollen Verhältnis von Star und Filmfigur gearbeitet[62], wobei das nicht als Thema des Films selbst behandelt wird, wie dies in *Singin' in the Rain* der Fall ist, wo Lina glaubt, sie und Don seien ein Paar, weil die Presse und ihre Filmrollen es so darstellen!

The End – Fin

Ob *Singin' in the Rain* ein Remake von *Étoile sans lumière* ist oder nicht, hängt stark von der Definition des Remakes ab. Wie dem auch sei, dieser Aufsatz hat gezeigt, wie beide Filme von einer sehr ähnlichen Geschichte ausgehend diese unterschiedlich erzählen und inszenieren. Auch wenn beide Filme Vieles gemeinsam haben, vor allem ihre selbstreflexiven Praktiken, die Fragen um die Stars und natürlich die Chansons bzw. die Songs, werden diese Ähnlichkeiten bzw. Gemeinsamkeiten auf eine Art gehandelt, die in der jeweiligen (Film-)Kultur fest verankert und auf diese zurückzuführen ist. Mit ihren jeweiligen Produktions- aber auch narrativen und ästhetischen Formen sind *Singin' in the Rain* und *Étoile sans lumière* somit einerseits Prototypen zweier nationaler Formen des Genres des Musikfilms der damaligen Zeit. Andererseits stehen sie innerhalb der bis heu-

---

61 Zu Piafs Körperhaltung und Mimik beim Singen, die Züge einer Heiligendarstellung tragen, siehe Deniot, Joëlle-Andrée: *Corpographies d'une voix: Piaf, la pasionaria de la chanson française.* In: *Chanson et performance. Mise en scène du corps dans la chanson française et francophone.* Hg. von Barbara Lebrun. Paris 2012, S. 137–149.
62 Vgl. Dyer 2004 (wie Fußnote 16), S. 87–100.

te andauernden, zwar bereichernden aber nicht konfliktfreien Spannungen zwischen dem Hollywood- und dem französischen Kino. Besonders interessant ist, dass sich eine Form von Musikfilmen, die dem Hollywood-Musicalfilm ähnlich gewesen wäre, in der französischen Filmproduktion nie entwickelt hat (entwickeln konnte?)[63]. Diese (hat) bevorzugt ihre eigenen Formen der Musikfilme zu entfalten. Während der Musikfilm ab den 1950er Jahren immer seltener wurde, lässt sich seit der zweiten Hälfte der 1990er Jahre ein Wiedersehen feststellen, die ich unter der generischen Bezeichnung »films en-chanté«[64] zusammenfassen möchte: von Alain Resnais' *On connaît la chanson* (1997) über François Ozons *Huit femmes* (2002) bis hin zu den beiden Filmen Christophe Honorés, *Les chansons d'amour* (2007) und *Les bien-aimés* (2011). »En-chanté« deshalb, weil in diesen Filmen der gesprochene und der gesungene (Chanson-)Text ineinanderfließen und der gesungene Text Teil der Erzählung ist. Dies erinnert mehr an die amerikanische Tradition des Hollywood-Musicalfilms als an die französischen Musikfilme der früheren Zeiten. Hollywood-Musicalfilm und französischer »film en-chanté« also ähnlich. Und doch ganz anders.

---

63   Als Hollywood-Musicalfilme *à la française* werden meistens nur Jacques Demys *Les Demoiselles de Rochefort* (1967) und *Trois places pour le 26* (mit Yves Montand, 1988) betrachtet, denen man den bereits erwähnten *Toi, moi, les autres* hinzufügen kann.

64   Diese Bezeichnung soll gleichzeitig unterstreichen, dass diese Filme in der Traditionslinie der Filme Jacques Demys stehen. Jacques Demy hat seine ersten beiden Musikfilme, *Les Parapluies de Cherbourg* und *Les Demoiselles de Rochefort*, als »films en-chantés« bezeichnet. Vgl. etwa Taboulay, Camille: *Le monde enchanté de Jacques Demy*, Paris 1996.

Claudia Jeschke

Gene Kelly – Choreographing Ballet(s)

Eine (eurozentrische) Spurensuche in *An American in Paris* (1951), *Singin' in the Rain* (1952), *Invitation to the Dance* (1952/56)

> »Audiences cannot make media images mean anything they want to, but they can select from the complexity of the image the meanings and feelings, the variations, inflections and contradictions, that work for them.«[1]

Ich bin keine ausgewiesene Musical-Kennerin und auch keine Gene-Kelly-Spezialistin. Als ich aus Anlass einer Retrospektive zum 100. Geburtstag von Gene Kelly den mir damals noch unbekannten Streifen *Invitation to the Dance* zum ersten Mal sah, war ich überrascht und fasziniert. Der Grund: Im Vergleich zu Kellys dramaturgisch durchgestalteten Hollywood-Musicals ist der in England gedrehte Tanzfilm aus dem Jahr 1952, der 1956 in die Kinos kam, wie die damals üblichen Bühnenaufführungen eines ›gemischten‹, episodischen Ballettabends konzipiert. Er beeindruckte mich also wegen seiner deutlich ausgestellten, ambitiösen choreographischen Thematik – *Invitation to the Dance* lässt sich, so fiel mir auf, als dreiteilige Auseinandersetzung mit Verfahrensweisen von traditionellem eurozentrischem Bühnentanz und deren ästhetischer Präsentation im Film und als Film interpretieren. Kelly verwendet nämlich inhaltliche und musikalische Motive, die als Stereotypen in der Geschichte des europäischen Bühnentanzes funktionierten und die – konkreter – in der ersten Hälfte des 20. Jahrhunderts das Repertoire der für die Tanzentwicklung höchst wirkmächtigen Ballets Russes[2]

---

1 Dyer, Richard: *Heavenly Bodies. Film Stars and Society*. New York 1986, S. 5.

2 Auf die Spur der Ballets Russes verweist bereits der Titel des Films. Er zitiert die Komposition zu einem legendären Ballett von 1912, nämlich Carl Maria von Webers *Aufforderung zum Tanz*. Zu dieser Musik choreographierte Michel Fokine 1912 im Rahmen der Ballets Russes einen Pas de deux mit Vaslav Nijinsky und Tamara Karsavina unter dem Namen *Le spectre de la rose*. Es ist ein Traumballett und tanzhistorisch deswegen innovativ, weil eine junge Frau einen männlichen Geist visioniert und damit die im 19. Jahrhundert im Tanz übliche Konstellation in Frage stellt, in der Männer Frauen als Geister imaginieren – ein

charakterisierten und ebenso das Repertoire ihrer zahl- wie einflussreichen, wenn auch kurzlebigen, Nachfolgekompanien in der europäischen und amerikanischen Tanzlandschaft.[3] Und Kelly, so konnte ich beobachten, engagierte für *Invitation to the Dance* fast ausschließlich Protagonisten, die diesem tänzerischen Milieu angehörten, und tanzte mit ihnen.

Als Vorbereitung zu meinen Überlegungen zu den ›ballets‹ in *An American in Paris* und *Singin' in the Rain* will ich den Wechsel einiger dieser eurozentrischen Stereotypen vom Bühnentanz zu Kellys Umgang mit Tanz in *Invitation to the Dance* lediglich auflisten, ohne deren spezifische intermediale Bezüge zu systematisieren oder gar zu verhandeln. Die Auflistung ist also nur assoziativ, folgt jedoch der Übersichtlichkeit halber den beiden Topoi, die für die Texturen und Fakturen von Ballett als Theatergattung zeitüblich, ja modisch waren (ich spreche hier von der Periode zwischen 1850 und 1950) und mich – trotz Kellys eindrücklicher Vision von einem ›American dance‹ – auf die (mögliche) eurozentrische Theateraffinität des ›song-and-dance-man‹ aufmerksam machten; diese Topoi sind Othering/Alterität und Historizität. In *Invitation to the Dance* setzt Kelly, so nehme ich diesen Film wahr, diese Topoi als inszenatorisches Programm ein – auf der Ebene der Personnage im ersten Teil, der Kreis-Dramaturgie des Plots im zweiten Teil und der Musik im dritten Teil. Hierzu einige Erläuterungen.

Die erste Szene mit dem Titel »Circus« thematisiert die unerfüllbare Liebe eines Pierrot (dargestellt von Kelly) – eines Außenseiters, Fremden zu einer Zirkuskünstlerin; Plot und Inszenierung verweisen auf die vielen Ballette aus dem Zirkusmilieu wie z.B. *Parade* von Jean Cocteau, Leonide Massine und Eric Satie (1917) oder – in der Darstellung des weißen Clowns – auf den 1943–1945 von Marcel Carné gedrehten Film *Les Enfants du Paradis*.

In der zweiten Szene »Ring around the Rosy« funktioniert ein Diamantarmband als das Bindeglied zwischen Einzelszenen innerhalb einer zirkulären Folge, die unterschiedliche Liaisons zwischen Männern und Frauen zum Inhalt hat. Dieses Schmuckstück, ursprünglich das Geburtstagsgeschenk eines Mannes an seine

---

    solcher emanzipatorischer Gestus in der Verhandlung von Geschlechterbeziehungen, das sei nebenbei bemerkt, lässt sich in Kellys Filmen allerdings nicht finden.

3   Die Präsenz des ›russischen‹ Repertoires auch im Spielplan des American Ballet Theatres bestätigt folgende Bemerkung des Choreographen Jerome Robbins, der 1944 sein erstes ›amerikanisches‹ Ballett *Fancy Free* schuf: »I had just spent I don't know how many years dancing with Ballet Theatre at the point where it was completely Ballet Russified. And for one whole year I did not get out of the boots, Russian bloomers, and a peasant wig. And I thought, Why can't we do ballet about our own subjects, meaning our life here in America?« zit. n. Genné, Beth: »*Freedom Incarnate*«: *Jerome Robbins, Gene Kelly, and the Dancing Sailor as an Icon of American Values in World War II*. In: *Dance Chronicle* 24/1 (2001), S. 83–103, hier: S. 84.

Ehefrau, kommt nach vielen Stationen wieder zum Ehemann zurück. Einer der männlichen Protagonisten in diesem Reigen ist ein von Kelly getanzter und gemimter Marinesoldat, ein Seemann auf Landurlaub[4]; Kelly verweist damit auf eine seiner Tanz-aktiven Rollen aus anderen Musicals, Soldaten spielen allerdings keine große Rolle in der europäischen Ballettgeschichte. Der Ballettfilm von 1948 *The Red Shoes*[5] arbeitet in seinem Schlussballett ebenso mit der Kreisform und erzählt darüber hinaus die Geschichte der Ballets Russes.

In »Sinbad the Sailor«, dem dritten Teil, kommt Sinbad in den Besitz einer Wunderlampe, die einen Geist beherbergt. Zunächst weiß Sinbad nichts mit dem Geist anzufangen, freundet sich schließlich mit dessen Wunderkräften an, und beide bestehen einige fantastische Abenteuer. Das letzte ›ballet‹ kombiniert ›live‹ getanzte mit animierten (also: Zeichentrickfilm-)Sequenzen – eine explizit filmische Umsetzung, die mit der Illusionsmaschinerie des Bühnentanzes nicht herstellbar ist und Kellys Konzept, die Kreation von ›cinema ballets‹, illustriert. Der Plot erinnert jedoch an die im 19. und 20. Jahrhundert beliebten exotischen Balletthandlungen (etwa *Le Diable Boiteux*) – eine Akzentuierung im Hinblick auf Fremdheit, auf die auch die Wahl der Musik hinweist, nämlich Rimsky-Korsakows Komposition *Scheherazade* von 1888, die auch Michel Fokine 1910 für eine Ballett-Produktion der Ballets Russes gleichen Namens verwendete.

Meine Assoziationen lassen sich, oberflächlich betrachtet und falls sie vor der Folie von Kellys ›amerikanischer‹ Vision überhaupt zulässig sind, dem Hybrid Filmmusical und dem Personalstil von Gene Kelly zuschreiben. Ein genauerer Blick auf seinen Tanz allerdings sollte Folgefragen erlauben: Gibt es innerhalb des Kelly-Stils Unterschiede in der Verwendung von amerikanischer und eurozentrischer (Tanz-)Theatralität beziehungsweise Choreographie? Falls ja, worin bestehen die Unterschiede der beiden choreographischen Kulturen? Ein selektiver Einblick in das von der Sekundärliteratur breit rezipierte ›Amerikanische‹ wird die Vergleichsfolie zu meinem eigentlichen Thema ›choreographing ballet(s)‹ bilden. Doch zunächst einige Bemerkungen zur Terminologie, bevor ich die Einzel- und Systemreferenzen zum Ballett als Technik und Genre skizziere.

---

4   Beth Genné weist darauf hin, dass während des Zweiten Weltkriegs und danach die Figur des tanzenden Matrosen als ein Prototyp fungierte, der auch von Gene Kelly nicht nur immer wieder aufgerufen wurde, sondern quasi als Modell seines eigenen Tanzstils (und sogar Outfits) diente: »[…] Kelly […] use[s] the dancing sailor to represent a very particular American character, a »type« who differs in behavior from his European counterpart. He is a man whose casual manner and relaxed, down-home demeanor mark him as the boy next door, a »citizen soldier« rather than a member of a specially groomed and trained military class.« Genné, *Freedom Incarnate*«, S. 94.

5   Unter der Regie von Michael Powell und Emeric Pressburger.

Ballett bezeichnet im europäischen Sprachgebrauch sowohl eine spezifische, nämlich die so genannte klassische Tanztechnik und ein auf dieser Technik basierendes tanztheatrales Genre. Kellys ›ballets‹ lassen sich in einem Subgenre von Bühnentanz ohne oder mit minimalen narrativen Verweisen verorten, und zwar innerhalb des eigentlichen Plots des traditionellen Gesamtgenres Ballett (und sie lassen sich auf das Musical übertragen). Für dieses Subgenre fungiert der Begriff ›Divertissement‹. Der Terminus Choreographie benennt das Verfahren zur Herstellung der Divertissements.

Das Verfahren Choreographie ist nicht an Schrift und/oder Bild gebunden, ist aber dennoch programmatisch. Ich zitiere den Tanzwissenschaftler Gerald Siegmund:

> Die Bedeutung des Wortes ›Choreographie‹, das Schreiben [...] des Tanzes oder Reigens [...], wird heute in der Regel mit »künstlerische Gestaltung und Festlegung der Bewegungen und Schritte eines Balletts« wiedergegeben. Es ist aber die, laut Duden, frühere Bedeutung des Wortes, nämlich »graphische Darstellung von Tanzbewegungen und –haltungen«, die eine deutlichere Sprache spricht. Choreographie stellt dem älteren Gebrauch gemäß ein Verfahren der Verschriftlichung, des Aufschreibens von Tanzbewegung dar. Die »graphische Darstellung« bindet den tanzenden Körper an die (Schrift-)Zeichen, die ihm regulierend vorschreiben, was er tun muss, um ein ›guter‹ Tänzer zu sein. Choreographie ist mithin das Gesetz des sich bewegenden, tanzenden Körpers.[6]

Bei der Bestimmung von Choreographie als Verfahren geht es also um ein »Gesetz«, das ich im Falle der beiden Kelly-Musicals als regulierende Vorschriften hinsichtlich ihrer Kommunizierbarkeit innerhalb und außerhalb kulturhistorisch relevanter Tanzpraktiken – also der amerikanischen beziehungsweise eurozentrischen Traditionen – später spezifizieren möchte. Und ein zweites Zitat von Siegmund beschreibt Choreographie als kulturelles Operationsfeld, in dem sich individuelle (habituelle wie kreative) und allgemeine (soziale wie kulturelle) Aktionen gestalterisch ordnen:

> Tanzen und Choreographie sind zweierlei. [...] Der tanzende Körper, der eine Flut von flüchtigen Bewegungen generiert, ist das, was sich prinzipiell der Verschriftlichung zur Choreographie entzieht. Gleichzeitig aber muss sich diese Choreographie auf die Bewegung beziehen, weil sie dem Strom von Bewegung eine Struktur gibt. Auf der anderen Seite gibt es den tanzenden Körper als bestimmten tanzenden Körper nur, weil er sich als strukturierter Körper in der Choreographie vor Zuschauern zu erkennen gibt. Choreographie stellt einen gesellschaftlichen Körper her, weil sie die einzelnen Körper aufnimmt und in eine allgemeine Struktur ein-

---

6   Siegmund, Gerald: *Archive der Erfahrung, Archive des Fremden*. In: *Konzepte der Tanzkultur. Wissen und Wege der Tanzforschung*. Hg. von Bischof, Margrit und Rosiny, Claudia. Bielefeld 2010, S. 171–180, hier: S. 172f. Siegmund, Gerald: *Choreographie und Gesetz: Zur Notwendigkeit des Widerstands*. In: *DenkFiguren. Performatives zwischen Bewegen, Schreiben und Erfinden*. Hg. von Nicole Haitzinger und Karin Fenböck. München 2010, S. 118–129, hier: S. 122.

schreibt, die im Theaterraum vor und mit Zuschauern geteilt wird. Im Akt der Einschreibung entsteht die Individualität allererst, die wir landläufig immer schon voraussetzen.[7]

Ballett als Technik und Genre – Einzelreferenzen, Systemreferenzen

Der klassische Tänzer Igor Youskevitch beobachtete, als er mit Gene Kelly in *Invitation to the Dance* zusammenarbeitete, einige balletttechnische und -choreographische Affinitäten (und Unterschiede) in dessen künstlerischer Persona:

> If […] Gene had decided to abandon Hollywood and concentrate on stage work, there is no doubt in my mind he could have become a most distinguished and important choreographer. Some of the things he did in »Circus« are evidence of that. And where his own dancing is concerned, although he does not quite have the noble bearing for a Prince Siegfried in *Swan Lake*, if he had continued to work in the field of serious dance, he would surely have been one of the finest character performers in contemporary ballet. It is true, Gene is not an ideal classical dancer. He does not have the proper training. His technique is not good enough. But in dancing that calls for a freer, less restricted technique than classical roles – and I'm talking about the stage – he could have been outstanding.[8]

Die Sekundärliteratur zu Gene Kellys Musicalfilmen (generell und auch der frühen 1950er Jahre) verfolgt, ich erwähnte dies bereits, vor allem deren Affinität zu amerikanischen Tanztraditionen. Die offensichtlichen Referenzen zum europäischen Bühnentanz jedoch, die mir in *Invitation to the Dance* auffielen (und die Igor Youskevitch als Zeitzeuge bestätigt), sind eine Leerstelle in der Verhandlung des, wie häufig konstatiert, dem Genre Musical geschuldeten hybriden Umgangs von Gene Kelly mit Tanz als Konzept, Struktur und Performance. Eurozentrische Spuren finden sich auch im so genannten Schlussballett von *An American in Paris* und in der Szenenfolge ›Gotta dance‹ in *Singin' in the Rain*.

Im Casting sind diese Anleihen offensichtlich: Kelly arbeitet mit Tänzerinnen wie Leslie Caron in *An American in Paris* und Cyd Charisse in *Singin' in the Rain*, beide waren in der klassischen Technik geschulte Bühnentänzerinnen. Die Entlehnungen gestalten sich komplexer, wenn sie die dramaturgisch konstruierte Choreographie betreffen – eine Choreographie also, die nicht nur mit einzelnen, auf die Makro-Narration des jeweiligen Musicals bezogenen Tanznummern, so genannten ›acts‹ operiert, sondern von einer inhaltlich oder musikalisch motivierten Szenenfolge ausgeht, in der sich eine in sich geschlossene dramaturgische Mikro-Narration vor allem über räumlich und performativ choreographierte Tanzaktionen vermittelt. In diesen Szenenfolgen finden sich im Schlussballett von *An American in Paris* auch keine gesungenen Texte; in ›Gotta Dance‹ aus

---

7 Siegmund: *Choreographie und Gesetz*, S. 124.
8 Zit. n. Hirschhorn, Clive: *Gene Kelly*. New York 1984, S. 201.

Singin' in the Rain fungiert der Song als Leitmotiv. Dass Kelly, wie der Filmwissenschaftler Peter Wollen meint, diese Tanzaktionen gerne als Traum- oder Fantasieszene umsetzt (und/oder, das füge ich hinzu, auch historisiert), habe damit zu tun, dass es sich eben um Ballett handele (ich füge hinzu: als einer Technik wie einem Genre, die sich von der amerikanischen Tanztradition unterscheiden): »I think they have to be dreams because they are ballets. Whereas he could find a way of integrating tap into the drama, ballet was more difficult to integrate.«[9] Genauer allerdings wird Wollen nicht; seine terminologische und kulturhistorische Indifferenz erscheint mir symptomatisch (und vielleicht auch angemessen) für die Musical-typische Verhandlung (nicht nur) außeramerikanischer Tanzformen in Kellys Werk.[10] Zunächst also:

Das ›Amerikanische‹ in Gene Kellys choreographischem Programm

> Seeing one musical, *Singin' in the Rain*, […] does mean seeing them all. The film in essence is a compendium of various musical styles, all merging in this film at the moment when sound films and musical were born. As Robert Stam points out, the film »revels in its own intertextuality at what Kelly himself called a ›conglomeration of bits of movie lore,‹« and in its use of Freed's old songs, becomes »an anthology of self-quotations.«[11]

In Bezug auf das Tanzvokabular finden sich Anleihen an ›weiße‹ wie ›schwarze‹ – populare – Tanzkulturen[12] wie Burlesque, Vaudeville, Varieté, d.h. verallgemeinert: die spontane Weiterentwicklung von bereits vorhandenem Material aus dem Repertoire des Gesellschaftstanzes oder auch des Stepptanzes, und hier be-

---

9   *Gene Kelly. Anatomy of a Dancer.* Written and directed by Robert Trachtenberg. Burbank, Calif.: Thirteen/WNET New York and Turner Entertainment, 2002, 35:10.

10   Meine Frage hier wäre: Meint er die Ballett-Technik (besser: die Technik des klassischen Tanzes) oder das Genre Ballett verstanden als das traditionelle eurozentrische Genre ›Tanztheater‹ mit seinen internationalen, besonders amerikanischen Ausläufern, wie sie etwa die schon erwähnten Ballets Russes und ihre Nachfolgekompanien darstellen? Oder wird der Begriff ›ballet‹ ohne terminologische, d.h. auch kulturhistorische Trennschärfe, nämlich im Unterschied zu den Einzelnummern, der so genannten ›acts‹, verwendet?

11   Chumo II, Peter N.: *Dance, Flexibility, and the Renewal of Genre in »Singin' in the Rain«.* In: *Cinema Journal* 36/1 (Autumn, 1996), S. 39–54, hier: S. 40.

12   »[…] popular culture *is* because it borrows; by definition it trades in a marketplace of endlessly circulation moves, riffs, bits of sound and image – a process that has always stood apart from high-culture notions of authorship and attribution and one that continues to confound copyright law.« Clover, Carol J.: *Dancin' in the Rain.* In: *Critical Inquiry* 21/4 (Summer, 1995), S. 722–747, hier: S. 727, in deutscher Übersetzung: Clover, Carol, J.: *Dancin' in the Rain.* In: *Singen und Tanzen im Film.* Hg. von Andrea Pollach, Isabella Reicher und Tanja Widmann. Wien 2003, S. 187–212.

sonders die Improvisation von Schritten »from the waist down«[13]. Diese Schrittfolgen wurden als – hybride – Nummern, so genannte ›acts‹, präsentiert, die vom
Personalstil des jeweiligen Performers geprägt waren. Gene Kelly arbeitete deshalb nicht nur mit dem Input seiner Protagonisten, sondern auch mit Assisten-
tinnen und Assistenten, die ihm halfen, die von seinen Protagonisten vor Ort
modifizierten oder neu entwickelten Schrittfolgen zu erinnern und zu proben. In
einem Interview bemerkte Donald O'Connor (in Zusammenhang mit der Gestaltung der Nummer ›Make 'Em Laugh‹): »Kelly's main contribution was his ability
to see something very good and to utilize it.«[14]

Gene Kellys eigener Stil war vom Bewegungsmaterial her ebenso hybrid, zeichnete sich jedoch durch eine besondere athletische Performance als ›harte Arbeit‹
aus, die als ›maskulin‹ und genuin amerikanisch (charakterisiert von »sheer
American willfulness«) wahrgenommen wurde. »For Kelly, obsessed with the va-
lidity of male dance, the presence of the body was all-important, a male body that
is acceptably exhibitionist in its athleticism.«[15] Und ein Zitat von Kenny Ortega,
das Performativität und Athletik mit Kommerzialität verbindet: »He was the
most athletic, the most exciting, the most masculine, the most commercial dancer
of his time […] He was his own technique.«[16] Und demnach auch – in Richard
Dyers Worten – ein reales Amalgam von »appearance«, »manufacture« und »in-
dividual person«.[17]

Kellys tänzerisches Vermögen paarte sich mit einer physischen Konditionierung,
in der der Körperschwerpunkt relativ tief gelagert war – in Leslie Carons Worten:
»Gene had a lower center of gravity. Gene danced closer to the ground.«[18] Und
grub seine Schritte mit großer Kraft und außerordentlicher Dynamik förmlich in
den Boden. Das heißt, er tanzte fast immer mit gebeugten Beinen und kompak-

---

13 »I was always very good from the waist down, moving with the feet, but I never had any-
    thing as far as line is concerned until I worked with […] Gene Kelly. Then I became what's
    known as a total dancer, using the entire body in order to express what you want to express
    in tap dancing and line.« Donald O'Connor zit. In: http://danceviewtimes.com/dvny/features/
    2003/o'connor.html (28.05.2013).
14 Donald O'Connor zit. in: http://danceviewtimes.com/dvny/features/2003/o'connor.html
    (28.05.2013). Dass *Singin' in the Rain* in seinen Entlehnungen »racially loaded« (S. 746) ist,
    dass diese Einflüsse aber nur verdeckt/ex negativo zitiert werden, argumentiert Carol J.
    Clover in ihrem Artikel *Dancin' in the Rain*. In: Critical Inquiry 21/4 (Summer, 1995),
    S. 722–747, passim.
15 Peter Wollen zit. n. Clover, Carol J.: *Dancin' in the Rain*. In: *Critical Inquiry* 21/4 (Summer,
    1995), S. 722–747, hier: S. 726.
16 Trachtenberg: *Gene Kelly*, 01:20.
17 Dyer: *Heavenly Bodies*, S. 2: »Appearances are a kind of reality, just as manufacture and in-
    dividual persons are.«
18 Trachtenberg: *Gene Kelly*, 24:12.

tem, still gehaltenem, vorwärts geneigtem Oberkörper; so vermittelte er nicht nur den Eindruck von harter Arbeit, sondern auch von intensivem kommunikativem Interesse an seinen Partnerinnen und Partnern wie an den Zuschauern – ein interaktiver Eindruck, der durch seine von den übrigen Bewegungen isolierte Kopfhaltung und seinen Fokus noch verstärkt wurde. Seine Gesten waren ›vernacular‹, nicht stilisiert, einfach, habituell; sie unterstützten seine Technik wie seinen Stil, gleichzeitig aber auch die Verständlichkeit und Zugänglichkeit der an seiner (professionellen wie privaten) Person orientierten Performance: »Kelly called himself the world's first blue-collar movie star‹.«[19] Sein Tanzen war eher limitiert-narrativ als potentiell-mimetisch oder repräsentativ.

Die Divertissements als ›cinema ballets‹

Gene Kelly konzipiert die Divertissements als ›cinema ballets‹, in denen er, so meine Beobachtungen, dramaturgische und choreographische Verfahrensweisen des eurozentrischen Bühnentanzes zitiert, die Choreographie seiner eigenen tänzerischen Person aber von dieser Inszenierung distanziert und die – im eurozentrischen Verständnis – dadurch entstehende stilistische Leerstelle durch die Verwendung von filmischen Mitteln kompensiert. (Es gibt Ausnahmen, zum Beispiel die Darstellung des Clowns Chocolat in *An American in Paris* und den Pierrot in *Invitation to the Dance*.) Ich möchte diese Beobachtungen anhand der beiden zu Beginn meiner Ausführungen bereits angeführten Topoi Alterität/Othering beziehungsweise Historizität kurz exemplifizieren; ich schlage vor, den Umgang mit Alterität in den Traum-/Visionsszenen zu veranschaulichen und die choreographische Befassung mit Historizität anhand der Gruppenszenen zu erörtern.

I – Traum-/Visionsszenen / Othering

An American in Paris

Das Szenario zum Schlussballett in *An American in Paris* ist komplex und bekannt.[20] Für meine Spurensuche interessant sind folgende Aspekte des choreo-

---

19 Trachtenberg: *Gene Kelly*, 14:10.
20 Hirschhorn: *Gene Kelly*, S. 173. Der Maler, dargestellt von Gene Kelly, findet sich allein auf der Terrasse eines Gebäudes, in dem der Ball der Akademie der Schönen Künste stattfindet. Er glaubt seine Liebe (Leslie Caron) an einen anderen Mann verloren zu haben. Er beginnt den Ausblick zu skizzieren, zerreißt das Blatt; eine Brise weht es fort und fügt die beiden Hälften wieder zusammen. Dieses Blatt wird zum szenischen Hintergrund für das nun folgende Ballett. Der Maler erscheint und sieht zu seinen Füßen eine rote Rose. Als er sie aufhebt, wird der Hintergrund farbig und zeigt die Place de la Concorde mit der Szenerie und

graphischen Entwurfs: Das Divertissement zitiert historische Momente, Lokalitäten und Milieus, die aus amerikanischer Sicht (und nicht nur aus dieser) charakteristisch sind für Paris als geographisch ›fremde‹ kulturelle und künstlerische Metropole. Szenerie und Kostüme sind darauf abgestimmt. Diese dramaturgisch und inszenatorisch gesetzte Alterität wird durch Gene Kelly in der Rolle eines amerikanischen Malers in Paris tanzend erkundet. Er bleibt seinem tänzerischen Personalstil treu – auch in den Szenen, in denen er als Choreograph Technik und Ästhetik des klassischen Tanzes zitiert, etwa durch den Gebrauch von Spitzentanz oder in den Pas de deux mit Leslie Caron, die er explizit als Traumszenen gestaltet – eine Vorliebe, über die Kellys Tochter Kerry bemerkt: »The resolution of the story, and the feelings, always takes place through fantasy and dream.«[21]

In den Traum-/Visionsszenen, dem dramaturgischen Aspekt des ›Othering‹, rekurriert Kelly auf Eigenschaften des klassischen Tanzes als Technik und Genre. Der einflussreiche Kritiker André Levinson charakterisierte diese Eigenschaften als ›ex-zentrisch‹; sie ermöglichen dem Tänzer, sich von den gewöhnlichen, habituellen Limitierungen menschlicher Bewegung zu befreien, ›ideal‹ zu funktionieren und über sich, d.h. seine Körperlichkeit hinauszuwachsen. Der Tanz werde, so Levinson, in den Bereich der Fantasie überführt.[22] Der klassische Tanz ist ein

---

Kostümen, die im Stil von Raoul Dufy gehalten sind. Als der Maler das Mädchen entdeckt, das er liebt, verändert sich die Szenerie in einen Blumenmarkt nahe der Madeleine und der Stil des Dekors würdigt Jean Renoir. Die Stimmung ist traurig und ruhig. Einer Straßenszene in den Farben Utrillos folgt – in der Dekoration à la Rousseau – ein Tanz in der Art von George M. Cohan: Er wird von vier Amerikanern ausgeführt (sie tragen Jacken in unterschiedlichen Farben), die den amerikanischen Unabhängigkeitstag feiern. Im nächsten Teil ändern sich die Emotionen von Ausgelassenheit zu Leidenschaft, als der Maler wieder in seine sehnsüchtige und bedauernde Stimmung fällt. Dieser leidenschaftliche Tanz findet in und um einen Brunnen wieder auf der Place de la Concorde statt. Die Dekoration zeigt zunächst die Pariser Oper im Stil von Vincent van Gogh und wechselt dann zu Toulouse Lautrecs Montmartre, wo der Maler in einer Szene mit Cancan-Tänzerinnen den schwarzen Clown Chocolat verkörpert. Noch einmal ist der Brunnen auf der Place de la Concorde zu sehen. Dann verschwinden plötzlich alle Beteiligten; die Stimmung schlägt wieder um – von Ekstase zu Desillusion. Der Maler bleibt mit seiner Rose allein – ein Verweis auf das Beziehungsfeld *Invitation to the Dance* (Kelly), *Aufforderung zum Tanz* (von Weber), das dazu von Fokine choreographierte Ballett *Le spectre de la rose* mit der zurückgelassenen Rose, die den Geist des Tanzes beschwört […]?

21 Kerry Kelly in Trachtenberg: *Gene Kelly,* 35:50.

22 Acocella, Joan & Garafola, Lynn (Hg.): *André Levinson on Dance. Writings from Paris in the Twenties.* Hanover/London 1991, S. 45f.: »The movement [...] is ex-centric – the arms and legs stretch out, freeing themselves from the torso, expanding the chest. [...] The dancer spreads the hips and rotates both legs, [...], away from each other, outward from the body's centre, so that they are both in profile to the audience although turned in opposite directions.« Acocella, Garafola: *André Levinson on Dance,* S. 46: »[...] this turning outward of the legs permits

ausgesprochen theatraler Stil, der erst durch die Rahmung der Proszeniumsbühne seine volle Wirkkraft ausspielt. Und ein weiterer aufschlussreicher Aspekt: Richard Dyer verweist auf das utopische Potential des klassischen Balletts in Bezug auf Männlichkeit und Weiblichkeit: »Classical ballet celebrates the potential harmony of the human body, the utopian ideal of collective endeavor, the possibility of interchange between the sexes of human qualities which we now label masculine and feminine.«[23] Es wäre zu überlegen, ob sich Kelly als ›Star‹ von diesen ›neutralen‹ Qualitäten deshalb distanziert, um seinen dezidiert männlichen Tanzstil, seine athletisch repräsentative ›Glaubwürdigkeit‹, nicht infrage zu stellen.

Im Unterschied zu seinen klassisch geschulten Tanzpartnern in *An American in Paris, Singin' in the Rain* und *Invitation to the Dance* tanzt Kelly selbst also nicht ex-zentrisch, auch nicht in den Visionsszenen; der Transfer in den Traum, das Fantastische gelingt ihm jedoch durch choreographische und filmische Mittel. In den tänzerischen Interaktionen entgrenzt er seine Kompaktheit und Bodenbezogenheit durch den Tanzstil seiner Partnerin Leslie Caron[24].

Als filmische Mittel verwendet er in *An American in Paris* Lichteffekte und spektakuläre Kamerafahrten zur dramatisierenden Veränderung von inneren, emotionalen und äußeren, architektonischen Räumen – etwa durch die Reduzierung von Licht und Raum auf dem Brunnen der Place de la Concorde.

---

free motion in any direction without loss of equilibrium; forward, backwards, sideways, obliquely or rotating.« Acocella, Garafola: *André Levinson on Dance*, S. 47: »To discipline the body to this ideal function [...], it is necessary to begin by dehumanizing him, or rather by overcoming the habits of ordinary life. His muscles learn to bend, his legs are trained to turn outside from the waist, in order to increase the resources of equilibrium: His torso becomes a completely plastic body. His limbs stir only as part of an ensemble movement. His entire outline takes on an abstract and symmetrical quality. The accomplished dancer is an artificial being, an instrument of precision, [...].«

23 Dyer, Richard: *Classical ballet: a bit of uplift*. In: *Only Entertainment*. Hg. von Richard Dyer. London/New York 1992, S. 41–44, hier: S. 42.

24 Blumenmarkt-Pas de deux, 1:35:00 oder Brunnen-Pas de deux 1:41:30.

Singin' in the Rain[25]

Das erste Aufeinandertreffen des Protagonisten, eines ›Hoofers‹ (Gene Kelly) und einer schönen Gangsterbraut (Cyd Charisse) findet im Casino einer zwielichtigen Bar statt und verläuft nicht erfolgreich. Als sich die beiden nach der Reise des ›Helden‹ durch mehrere Tanzräume wiederbegegnen, öffnet sich der Raum zu einem Traum, in dem sich der von Kelly so genannte ›Crazy Veil Dance‹ (1:21:00) entspinnt: »It started off as a sort of scarf dance, [...] something that Isadora might have done. But there was nothing especially new about that, and my concern was to devise a scarf dance that *was* new, and that could work in the cinema.«[26] Auch in diesem Tanz bleibt Kelly der ›everyman character‹, der – so der Eindruck – ohne besondere, also ausgestellte Emotionalität mit der tanzenden Schönen interagierte, der sich vielmehr als filmisch und choreographisch ambitionierter ›Handwerker‹ (manufacturer) um die Spektakularität und die Effekte kümmerte, die ein etwa 15m langer Schleier in ständiger Bewegung vermittelte.

Hinzuzufügen wäre noch zu Kellys eigener historischer Positionierung des Schleiertanzes, dass sich das Tanzgerät Schleier bereits in der Ballettpraxis des 19. Jahrhunderts großer Beliebtheit erfreute – als Mittel zur Verhüllung und Enthüllung von Frauenkörpern, aber ebenso zur choreographischen Herstellung ornamentaler Wirkungen. Beides findet sich im ›Crazy Veil Dance‹.

II – Gruppenszenen / Historisiertes Milieu

An American in Paris

Das choreographische Prinzip im Schlussdivertissement (Kap. 31) ist die zum Teil vereinzelte, zum Teil konforme Verwendung der Gruppentänzer. Werden sie als Einzelpersonen behandelt, erscheinen sie meistens in Stillstellung, als tableaux vivants, in, was deren Ausdrucksgehalt betrifft, übertriebenen Haltungen und mit

---

25 Hirschhorn: *Gene Kelly*, S. 187f.: Szenario zu ›Gotta Dance‹. Ein junger Tänzer/Stepptänzer (Gene Kelly) tanzt sich – mit einem Koffer voller Träume aber zunächst ergebnislos – von einer Audition zur nächsten. Schließlich bekommt er einen Job in einem Nachtclub, wo er ein schönes Mädchen (Cyd Charisse) trifft und leidenschaftlich mit ihr tanzt. Das Mädchen verliert jedoch das Interesse an ihm, als ihr ein Gangster ein Diamantarmband schenkt. Zeit vergeht; der Tänzer wird über Auftritte in mehreren Shows zum Broadway-Star. Er trifft das Mädchen wieder und stellt sich vor, wieder mit ihr zu tanzen – in idyllischer Umgebung, weit weg vom Broadway. Tatsächlich aber weist sie ihn erneut zurück. Das Divertissement endet, wie es begann, am Times Square – mit einem weiteren Tänzer von woanders her, der entschlossen ist, den Broadway zu erobern.

26 Hirschhorn: *Gene Kelly*, S. 188.

exzessiver Gestik. Die konform geordneten Gruppeninszenierungen weisen kaum Variationen im Gebrauch von Schrittmaterial auf – Schrittmaterial, das die Gruppe von der Bewegung her identisch und rhythmisch simultan ausführt. Es gibt Stepptanznummern mit ihrem dynamischen Fokus auf höchst schneller Bein- und Fußarbeit ebenso wie so genannte Corps de ballet-Szenen, die sich in Haltung und Körpertonus dem Bewegungskonzept von Stepptanz annähern; in beiden neutralisieren sich die tänzerischen Konditionierungen der einzelnen Körper (seien sie ›amerikanisch‹ oder eurozentrisch). Die häufige Betonung der Richtung vorwärts wirkt vor allem energetisch, drängend, explorativ. Die Tanzszenen überzeichnen habituelle Bewegungen und transformieren sie ins Groteske; sie verdichten Dynamisches zu Explosivem.

In der komplexen Nutzung von chorischen Formationen ähnelt die Struktur dieser Gruppeninszenierungen der räumlichen und rhythmischen Homogenität eurozentrischer Ballettchoreographie, auch wenn sie dort ornamentaler eingesetzt werden. Und sie benutzt verschiedene Dekorationen, deren Abfolge an Szenenwechsel erinnert, wie sie auch auf einer Theaterbühne möglich wären.

Singin' in the Rain

In ›Gotta Dance‹ (Kap. 43) hingegen zeigt Kelly keine geordneten Gruppen außer den so genannten Chorus Lines, sondern inszeniert heterogene Massen. Als Einzelpersonen sind die Tänzer in diesem Film weniger häufig stillgestellt, vielmehr befinden sie sich in exponierter Bewegung und kommunikativer Interaktion, die sie in Haltungen und Gesten übertreiben. Auch hier sind die Fortbewegung selbst und ihre Richtung vorwärts drängend. Linearität wird betont – sichtbar wird dieses Mittel vor allem durch die Verwendung eines explizit theatralen Effekts, des Laufbands zu Beginn des ›ballet‹ oder eben durch die Chorus Lines von Burlesque, des Vaudevilles oder der Ziegfeld Follies im Kontrast zu den Gesellschaftstanz-Szenen in den beiden Casinos.

Die Tanzgeschichte, auf die Kelly hier anspielt, nutzt (mit Ausnahme der Visionsszene und ihrem Isadora-Duncan-Zitat aus der europäischen Wirkungsperiode der amerikanischen Tänzerin) fast ausschließlich – das habe ich bereits erwähnt – choreographische Stereotype aus der amerikanischen Bühnentanzkultur.

Die beiden in Hollywood gedrehten Musicalfilme und der in Europa entstandene Tanzfilm unterscheiden sich, was die Quantität der eurozentrischen Entlehnungen betrifft: Im Tanzfilm selbst sind sie per definitionem zahlreicher, aber es finden sich auch Spuren in den so genannten ballets (in meiner Terminologie: Divertissements) vor allem in *An American in Paris*. Die qualitative Erkenntniseffektivität meiner Spurensuche aus eurozentrischer Perspektive hält sich also in Grenzen, vor allem in Bezug auf die Hollywood Musicals. In ihnen ist Gene Kelly der Star, der sich als ›song and dance man‹ präsentiert und weniger als wandelbarer Künstler, d.h. Tänzer, der unterschiedliche Rollen verkörpert. Dieses Muster ist durchgängig und färbt jegliche Transfers, instantisiert sie, ja ordnet sie bis zur Auflösung der spezifischen Performance Kellys und auch seiner Handwerklichkeit als Choreograph für den Film unter. Alf Brustellin metaphorisiert diesen Sachverhalt:

> Ein aus archaischen Wunschträumen und maschineller Perfektion gezimmertes Menschbild prägen die Tanzstars in allen Musicalfilmen, die nicht auf Tanz und Artistik verzichten. Ihre Auftritte machen für die meisten Zuschauer offenbar die größte Faszination des Musicals aus. Eine Faszination übrigens, die die Bühne so vollkommen und losgelöst von aller Erdenschwere niemals bieten kann. Denn allein die Filmtechnik [...] erlaubt eine Addition von Fähigkeiten und Leistungen. Allein sie kann große Einzelanstrengungen zu einer Einheit zusammenfügen. Aus dem fertigen Film ist keine *menschliche Schwäche* mehr zu lesen: Schweiß, Erschöpfung oder auch nur schneller Atem sind unvorstellbar.[27]

Gene Kelly als Tänzer erscheint als mit sich selbst identisch und ist mit dieser unwandelbaren Identität der Unterhaltung verpflichtet, in Richard Dyers Worten

> [...]eine[r] Art der Performance [...], die für den Profit produziert wird, die vor einem unspezifischen Publikum (der »Öffentlichkeit«) aufgeführt wird, und zwar von einer ausgebildeten und bezahlten Gruppe, die nichts anderes tut, als Aufführungen zu produzieren, deren einziger (bewusster) Zweck es ist, Vergnügen zu bereiten.[28]

Mit umgekehrter Perspektive aber, nämlich ausgehend vom popularen und von Profit geleiteten Genre amerikanischer Unterhaltungskultur in Richtung auf die so genannte (und wahrscheinlich nur vermeintliche) Hochkultur des (europäischen) Balletts, stellt eine andere Spurensuche ein methodologisches und historiographisches Desiderat der Tanzwissenschaft dar: die Suche nach der unterhaltenden und kommerziellen Dimension eurozentrischer Tanzkultur. Eine solche Suche würde den Blick öffnen für den bislang wenig verhandelten aber durchaus existenten Unterhaltungswert von Bühnentanz, könnte demnach als strukturales wie ästhetisches Modell funktionieren für die Erkundung der choreographischen wie den jeweiligen Produktionsbedingungen geschuldeten ›Gesetze‹ einer Popularkultur, die Unterhaltung erzeugt. Dieser Idee folgend, ließen sich Kellys einziger Tanzfilm und die Divertissements aus den Hollywood-Musicals der frühen 1950er Jahre – in einem weiteren Schritt und jenseits von den hier nur selektiv und (vor allem:) einseitig angedachten Spuren, punktuellen Entlehnungen, teilhaften Aneignungen – wenn nicht als visuelle Dokumentationen, so doch als visuelle Verweise auf eurozentrisch geprägte Bühnenchoreographie lesen, deren

---

27 Brustellin, Alf: *Das Singen im Regen. Über die seltsamen Wirklichkeiten im amerikanischen Filmmusical.* In: *Singen und Tanzen im Film.* Hg. von Andrea Pollach, Isabella Reicher und Tanja Widmann. Wien 2003, S. 13–39, hier: S. 31.

28 Dyer, Richard: *Entertainment und Utopie.* In: *Singen und Tanzen im Film.* Hg. von Andrea Pollach et al., S. 40–60, hier: S. 41.

filmische Aufzeichnung in den frühen 1950er Jahren noch rar waren. Letztlich stelle ich also die Frage nach dem Zusammenhang von Ästhetik und Kommerzialität. Ob diese Frage allerdings Erkenntnisse ermöglicht über ästhetische, d.h. kategoriale Inter- oder Transmedialitäten in den Musicalfilmen, an die ich mich durch meine Themenstellung annähern wollte, muss ich nach dieser vom Erkenntniswert her kaum weiterführenden Ouvertüre zu meinen Musical-Überlegungen bezweifeln.

> »[…] entertainment is not so much a category of things as an attitude toward things.«[29]

---

29 Dyer: *The notion of entertainment*. In: *Only Entertainment*, S. 11–15, hier: S. 12.

Ralph J. Poole

»I cayn't make love to a bush!« Lina Lamont und die Austreibung weiblicher Komik in *Singin' in the Rain*

In seinem kleinen Artikel »Silent Tributes«, der an die Regisseure und Filme erinnert, die den Pionieren des Stummfilms huldigen, schreibt Michel Hazanavicius, der Regisseur der preisgekrönten Stummfilm-Hommage *The Artist* (2011) über *Singin' in the Rain*: »[Gene] Kelly's Don Lockwood makes the jump to sound, and into the arms of Debbie Reynolds's Kathy, while Jean Hagen, his onscreen ›lover‹ Lina Lamont, just ›cayn't‹.«[1] Hazanavicius' Aussage zur Figur des Stummfilmstars Lina Lamont trifft sicherlich den Kern der Handlung des Films *Singin' in the Rain* von 1952, der auf das Geburtsjahr des Tonfilms 1927 zurückblickt. Während Lina gemeinsam mit ihrem Filmpartner Don Lockwood auf dem Höhepunkt ihrer Stummfilmkarriere ist, bedeutet die abrupte Ankunft und der schnelle Erfolg des Tonfilms für sie das filmische Aus. Ihrem Partner hingegen gelingt es problemlos, in das neue Medium überzuwechseln und dort sofort Erfolg zu erzielen. Die Gründe für Linas Scheitern sind vielfältig und doch deutet Hazanavicius lediglich einen dieser Faktoren an: Linas sprachliches Unvermögen. Statt des neutral standardenglischen »can't« benutzt sie das regional dialektal gefärbte »cayn't« und katapultiert sich damit aus einer Filmpraxis, die sich im Zuge ihrer Etablierung auf einen vermeintlich neutralen Sprachduktus ›einigt‹.

Zu fragen ist, welche Instanzen der Etablierung und Konsolidierung einer Sprachpraxis hier den Ton angeben und inwieweit Lina diese Vorgaben nicht erfüllt. Zu fragen ist allerdings weiterhin, ob dies wirklich der entscheidende Faktor für Linas Karriereende ist oder ob es nicht vielmehr um ein Modell von Weiblichkeit geht, das hier verabschiedet werden soll. Linas Sprache stellt lediglich einen Code ihres Scheiterns dar, und zu dem Ensemble von Codes zählen weiterhin ihre Schauspielkunst und ihre Charakterkomik, die beide der veralteten Ära des Stummfilms geschuldet sind und im neuen Zeitalter des modernen Tonfilms kei-

---

1 Hazanavicius, Michel: *Silent Tributes*. In: *Sight & Sound* 22/1 (2012), S. 32–33, hier: S. 32. Hazanavicius' eigener Film *The Artist* zeugt von dem anhaltenden Interesse am Subgenre des »Hollywood-on-Hollywood«-Films, der sich besonders mit der Stummfilmära beschäftigt und an dem auch Martin Scorsese mit *Hugo* (2011) partizipiert. Siehe O'Brien, Geoffrey: *The Rapture of the Silents*. In: *The New York Review of Books* (24. Mai 2012), S. 15–16.

nen Ort mehr haben – nicht einmal jenen Ort der Verwerfung, dem Komik im Allgemeinen und weibliche Komik im Speziellen so oft zugeordnet wird. Diese absolute Verabschiedung einer unbrauchbar gewordenen Figur wie Lina Lamont, die der Film in drastischer Weise vorführt, ruft jedoch einen fatalen sekundären Effekt hervor: das Abdrängen und oftmals gänzliche Vergessen dieser Figur sowie ihrer Darstellerin Jean Hagen in der wissenschaftlichen Beschäftigung mit dem Film. Ich möchte diese ›Amnesie‹ als symptomatisch bezeichnen, da sie eine Leerstelle produziert und de facto reproduziert, die weiblicher Komik und deren Trägerin keinen oder lediglich marginalen Ort im Wissensdiskurs einräumt.

»Ta, te, ti, toe, too.« Sprachwechsel vom Stummfilm zum Tonfilm

Als der Produzent R. F. Simpson in *Singin' in the Rain* seiner geladenen Gesellschaft eine Demonstration des neuen Mediums vorstellt, stößt dieses auf verlachende Ablehnung. Er selbst kündigt den Vorführfilm an mit den Worten: »This is going to hand you a lot of laughs. There's a madman coming into my office for months, and, well [...].«[2] Die Reaktionen auf den Film, der einen Mann zeigt, der die Revolution der Synchronisation von Bild und Ton preist, bestätigen die Vorannahme des Regisseurs: »It's just a toy.« – »It's a scream!« – »It's vulgar.« – »You think they'll ever use it?« – »I doubt it. The Warner Brothers are making a whole talking picture with this gadget, *The Jazz Singer*. They'll lose their shirts.« Es wird sich bald erweisen, dass R. F. und alle anderen eine eklatante Fehlannahme machten und *The Jazz Singer* und damit der Tonfilm ein unaufhaltsamer Erfolg sind. Ein Teil des Vergnügens auf Seiten des Publikums von *Singin' in the Rain* war und ist natürlich der Vorsprung an filmhistorischem Wissen, mit dem über solche falschen Annahmen gelacht werden darf.

Singin' in the Rain, der Film von 1952, spielt in dem für die Entwicklung des Hollywoodfilms historischen Jahr 1927. In diesem Jahr kam *The Jazz Singer* in die amerikanischen Kinos, vermarktet als ›erster Tonfilm‹, auch wenn das nicht ganz stimmt. Lediglich die musikalischen Einlagen waren vertont, und doch reichte dies, um diesem Film schon damals einen fixen Platz im Olymp des Kinofilms zu garantieren.[3] Der Film war vor allem auch das Vehikel für Al Jolson, einen der ersten großen Stars seiner Zeit. In den 1930er Jahren verdiente kein Unterhal-

---

2   Dieses und folgende Zitate aus dem Film *Singin' in the Rain*. Regie: Stanley Donen und Gene Kelly, USA 1952.

3   Auch *Singin'* bezeichnet, wie gezeigt, *The Jazz Singer* als ersten kompletten Tonfilm, wohingegen wohl erst *Lights of New York* (1928) als solcher zu bezeichnen ist. Siehe Hess, Earl J. & Dabholkar, Pratibha A.: *Singin' in the Rain. The Making of an American Masterpiece.* Lawrence 2009, S. 62.

tungskünstler mehr als er. Teil seines Erfolgs war die ungeheure Bühnen- und Leinwandpräsenz, die eine erotische Körperlichkeit ausstrahlte, welche auch heute noch in den Aufnahmen spürbar ist. Seine Nummer »Toot Toot Tootsie« aus *The Jazz Singer* zeugt beispielsweise davon. Obwohl *The Jazz Singer* keine reine Komödie ist, haben diese Gesangsszenen Jolsons Ruf als Komödiant gefestigt.

Gerald Mast betont, dass die Stummfilmkomödien den Körper und die Persönlichkeit des Stars ins Zentrum stellen, im Unterschied zur Tonfilmkomödie, in denen Struktur und Stil wichtiger sind und damit Fragen wie: Was geschieht, wie geschieht es, und auf welche Art wird das Geschehen dargestellt? Die Stummfilmkomödie hingegen, so Mast, »was born from delight in physical movement. [...] The essential comic object was the human body«[4]. Der Wechsel des Leitmediums brachte einen Wechsel im Leitbild des Starkörpers mit sich, die reine Physis des Stummfilmstars wurde ausdifferenziert, »because he could talk, the sound performer was more like all ordinary human beings in society than a specially gifted comic-athlete-dancer-gymnast-clown«[5]. Die großen Stummfilmkomödienstars waren freilich männlich: Charles Chaplin, Buster Keaton, Harold Lloyd. Bei ihnen war das Erbe des Vaudeville, der Burleske, der Music Hall und des Zirkus deutlich spür- und vor allem sichtbar. Der sich bewegende Körper, der fliegende, fallende, stolpernde, zerbrechliche und potentiell zerstörbare Körper war das Werkzeug eines visuellen Spektakels, intellektuelle Redekunst wurde ihm nicht abverlangt. All das änderte sich mit dem Tonfilm, wo es nun viel mehr um die Dramaturgie zwischen Charakteren, um Kontraste im sozialen Milieu, sprich um eine Hinwendung zum Literarischen ging, der Film näherte sich dem Roman oder dem Schauspiel an.

In *Singin' in the Rain* gelingt nur Don Lockwood der Wechsel von einem aus dem Vaudeville stammenden Stummfilmstar zum Schauspieler im Tonfilm. Seine komödiantische Körperlichkeit kann er tanzend-singend im neuen Filmmusicalgenre gekonnt einsetzen, nicht so Lina Lamont. Ohne, dass dies thematisiert würde, scheint ihr Karrierehintergrund nicht im Vaudeville zu liegen. Im Übergang zum Tonfilm unterliegt sie, wie Martin Roth meint, einem doppeltem Ausschluss: »she doesn't talk like a lady and she doesn't sing like a star. Her voice promises no ecstasy; it cannot be desired as a fetish.«[6] Im Film wird ihr dies als mangelndes Talent ausgelegt, doch Amy Lawrence attestiert Frauen im klassischen Hollywoodfilm generell einen technologisch bedingten Stimmverlust im

---

4   Mast, Gerald: *Comic Films*. In: *What's So Funny. Humor in American Culture*. Hg. von Nancy A. Walker. Wilmington 1998, S. 225–248, hier: S. 244.
5   Mast: *Comic Films*, S. 245.
6   Roth, Martin: *Pulling the Plug on Lina Lamont. Women in Hollywood Musicals*. In: *Jump Cut* 35 (1990), S. 59–65. http://www.ejumpcut.org/archive/onlinessays/JC35folder/LinaLamont.html (7.2.2014).

Vergleich zu früheren Filmperioden und -genres: »woman's natural ability to speak is interrupted, made difficult, or conditioned to a suffocating degree *by sound technology itself*. [...] it is the very recording process that fractures a woman's body and voice into irreconcilable pieces.«[7] Für einige Darstellerinnen war dieser prinzipielle Stimmverlust allerdings noch gravierender, so für Norma Talmadge, ein historisches Vorbild für Lina Limont. Wie Lina in *Singin'* nahm der Stummfilmstar Talmadge Sprachunterricht, um im Tonfilm weiterhin reüssieren zu können, was ihr aber nicht gelang.[8] Lawrence verweist weiterhin darauf, dass Repräsentationen von Frauenstimmen im klassischen Hollywoodkino unter drei Facetten untersucht werden müssen: »(1) the physical ability to make a sound, which is then reproduced through cinema/sound technology, (2) a woman's relationship to language or verbal discourse, (3) her possession of authorial point of view, as in the author's ›voice‹.«[9] Im Stummfilm, vor allem in Genres wie dem Melodram, hatte die Stimme der Frau noch einen deutlich höheren Stellenwert, obwohl – oder gerade weil – wir sie nicht hören, sondern ›nur‹ sehen, wie sie spricht. Der Stimmgebrauch der Heldin war für die gelungene Charakterdarstellung essentiell. Es wäre zu erwarten gewesen, dass mit der neuen Technologie diese Qualität transferiert würde, doch das ist nicht geschehen, denn neben technischen Problemen gab es die bereits etablierten Geschlechternormen in Bezug auf Stimmen, wie sie sich beispielsweise durch das Medium des Telefons ausgebildet haben, wo die weichen, sanften Töne der weiblichen Stimme und ihre besänftigende Wirkung auf das leicht irritierbare männliche Gemüt gelobt wurden.[10] Diese Vorstellung, was eine weibliche Stimme zu leisten habe, implizierte auch, was Monumental Picturete: lautstarken Widerstand leisten, weder in öffentlicher noch in stimmbasierenden Medien wie dem Film: »Yet when they open their mouths, what often comes out is resistance – which must be suppressed«, konstatiert Amy Lawrence.[11] Auch Kaja Silverman betont, dass im klassischen Hollywoodkino weibliche Stimmen ständig männlicher oder institutioneller Kontrolle unterworfen waren. Sie wählt u.a. *Singin' in the Rain* als ein Beispiel für diese Weiblichkeitskontrolle, die nicht nur Lina, sondern letztlich auch Kathy betrifft,

---

7   Lawrence, Amy: *Echo and Narcissus. Women's Voices in Classical Hollywood Cinema*. Berkeley 1991, S. 5, Hervorhebung im Original.

8   Auch John Gilbert wird genannt als Beispiel für einen großen Stummfilmstar, dessen Stimmqualität den Ansprüchen des Tonfilms nicht genügte. Die Drehbuchautoren von *Singin'*, Adolph Green und Betty Comden, spielten wohl mit dem Gedanken, dass ein männlicher Darsteller die Stimmprobleme haben sollte. Siehe Peary, Danny: »*Singin' in the Rain*«. In: ders. *Cult Movies: The Classics, the Sleepers, the Weird, and the Wonderful*. New York 1981, S. 321–325, hier: S. 322.

9   Lawrence: *Echo and Narcissus*, S. 3.

10   Siehe Lawrence: *Echo and Narcissus*, S. 10.

11   Ebd.

die Lina ihre Stimme ›leiht‹: »Not only must Lina rely upon Kathy for her singing and speaking voice, but at a climactic moment in the diegesis, the voice of Cosmo (Donald O'Connor) is superimposed over her moving lips.«[12]

Es gibt in *Singin'* mehrere Szenen, die auf komödiantische – und historisch einigermaßen belegbare – Weise vorführen, was alles schiefgehen kann, wenn die Schauspieler dem neuen Medium (noch) nicht gewachsen sind. Die ersten Szenen für den Film-im-Film *The Duelling Cavalier*, dem neuen Starvehikel für Lina und Don, stehen noch ganz im Zeichen des Stummfilms. Es ist ein historischer Kostümfilm und die beiden Stars mimen ein Liebespaar während der Französischen Revolution. Hier sehen wir beide völlig in ihrem Element, routiniert gelingt die Szene beim ersten Drehversuch. Die Komik der Situation ergibt sich nicht aus der gedrehten Szene selbst, sondern aus der Asynchronität durch die Dissonanz von Bild und Ton. Während die Filmspur eine Liebesszene zeigt – ganz professionell von beiden Darstellern gemimt –, leisten sich Lina und Don vor laufender Kamera ein heftiges Wortgefecht, das Linas Eifersucht, verursacht durch Dons Interesse an dem jungen Starlet Kathy Selden, zum Kern hat. Die Szene ist kaum zur vollsten Zufriedenheit des Regisseurs Roscoe Dexter gedreht, als der Produzent R. F. mit der Botschaft kommt, dass aufgrund des Erfolgs von *The Jazz Singer* nun *The Duelling Cavalier* ein Tonfilm werden müsse. Auch wenn man von der neuen Technologie nichts verstünde, sei das kein Problem, denn: »What do you have to know? It's a picture. You do what you always did. You just add talking to it. It will be a sensation: ›Lamont and Lockwood. They talk!‹« Lina mischt sich an dieser Stelle mit ihrer schrillen, undamenhaften Stimme ein: »Well, of course we talk. Don't everybody?« Die Blicke des Männertrios bestehend aus Filmpartner Don, Regisseur Roscoe und Produzent R. F. zeigen unmissverständlich, dass Lina ›ein Problem‹ hat und ›das Problem‹ des Filmes sein wird.

Dies bestätigt sich in den folgenden beiden Szenen, in denen Lina im Mittelpunkt steht. Zunächst muss sie sich dem Drill des *diction coach* Phoebe Dinsmore unterwerfen, die sie beim Üben von »ta, te, ti, toe, too« ständig und erfolglos ermahnt, »round tones« zu benutzen, und die ebenso scheitert, Lina eine standardisierte Aussprache von »And I caaan't stan' 'im« beizubringen. Diese humoristisch-ironische Szene, unterbrochen und kontrastiert durch Dons fulminant erfolgreiche Absolvierung seiner Ausspracheübungen, setzt sich am Filmset in der für mich komödiantischsten Szene des Films fort.[13] Es werden die ersten Tonaufnahmen gedreht und ein Versuch nach dem anderen scheitert, weil Lina nicht

---

12 Silverman, Kaja: *The Acoustic Mirror. The Female Voice in Psychoanalysis and Cinema.* Bloomington 1988, S. 46.

13 Auch James Card nennt diese Szene als eine der »most mirth-provokinng scenes« des Films. Card, James: »*More Than Meets the Eye*« in Singin' in the Rain and Day For Night. In: *Literature/Film Quarterly* 12/2 (1984), S. 87–95, hier: S. 88.

willens oder unfähig ist, in das Mikrophon zu sprechen, das zunächst in einem Busch und schließlich in ihrem Dekolleté versteckt ist. Komische Höhepunkte sind Linas aufbrausender Kommentar: »Well, I can't make love to a bush!«, Linas Herzklopfen, das deutlicher vernehmbar ist als ihre Stimme, und letztlich der Moment, als R. F. über das Mikrophonkabel stolpert und dabei Lina mit fliegenden Röcken hintüber stürzen lässt. Wiewohl hier Linas Unfähigkeit, sich im neuen Medium zurechtzufinden, drastisch vorgeführt wird, so sind dies die Momente, in denen die Schauspielerin Jean Hagen ihr darstellerisches Können besonders zur Schau stellen kann. Hier lebt die Tradition des Slapstick und damit eine Variante der Stummfilmkomödie weiter, in dem der Körpereinsatz des meist männlichen Komödianten im Vordergrund stand. Diese pantomimische Qualität, die der Figur Linas generell zu fehlen scheint und aus ihren Filmen eine »dumb show« macht, wie Kathy sich abschätzig über den Stimmfilm äußert, kann Lina in diesem Moment hoher körperlicher Agilität sehr wohl unter Beweis stellen. Demgegenüber fasst Peter Chumo die vor allem von Don, aber auch von Kathy und Cosmo geleistete Dopplung von körperlicher und generischer Flexibilität in vernichtender Weise als Versagensleistung Linas, als Unterscheidungskriterium der

> true show people from the untalented Lina (Jean Hagen), whose movements are a series of poses for the camera, suitable for the silent films she is accustomed to, but hopelessly inadequate for the birth of the sound film, and especially inadequate for the musical that ultimately will be the solution to the problem facing Lockwood and Lamont's new film, *The Duelling Cavalier*.[14]

Die Premiere von *The Duelling Cavalier* wird erwartungsgemäß ein komplettes Desaster. Die Nebengeräusche wie das Rascheln von Linas Halskette und ihres Kleides oder Dons einsilbiges Wiederholen von »I love you, I love you, I love you ...« bringen das Publikum zum hysterischen Lachen. Gänzlich komisch ist schließlich die technische Panne, durch die die Ton- und Bildspur auseinandergeraten und Lina, während sie widerwillig von Dons Widersacher geküsst wird, »No, no, no« ruft. Durch die Asynchronität kommt dies mit ihrer schrillen Stimme aus seinem Mund und sein »Yes, yes, yes« scheint dann aus Linas Mund zu ertönen. Die Vorführung wird an dieser Stelle als fulminante Katastrophe abgebrochen. Und obwohl hier die technische Panne im Vordergrund steht, suggeriert diese Szene doch auch, dass Linas Rolle und die des Bösewichts durch die Bild/Ton-Asynchronität austauschbar sind. Lina wird durch die Fehlleistung der Technik an dieser Stelle bereits proleptisch als die wahre Betrügerin enttarnt, als

---

14 Chumo II, Peter N.: *Dance, Flexibility, and the Renewal of Genre in »Singin' in the Rain«*. In: *Cinema Journal* 36/1 (1996), S. 39–54, hier: S. 40.

die sie in der Schlussszene zur Freude der Männercrew von der Bühne gejagt wird.[15]

Viele Kritiker haben darauf hingewiesen, dass die vorgeführte Künstlichkeit im Film andere Verfahren der ›Kunst‹ verschleiert. Der offensichtlichste Betrug in *Singin' in the Rain* betrifft die« Synchronisation. Dies muss auf zwei Ebenen gelesen werden. Zunächst ist auf der diegetischen Ebene der Filmhandlung der Coup, der zum Erfolg führt, dass *The Duelling Cavallier* in *The Dancing Cavallier* verwandelt wird, ein Kostümfilm also in ein Filmmuscial. Damit findet nicht nur eine zeitgemäße Adaption an das neue Medium des Tonfilms statt, sondern durch die Synchronisation von Linas schriller Stimme durch Kathys wohllautende Stimme wird Bezug genommen auf eine mit dem neuen Medium sich schnell etablierende Praxis des *postdubbing*. Darüber hinaus aber ist ein cleverer Schachzug der Filmemacher von *Singin'*, dass diese durch die Filmhandlung plausibilisierte Stimmersetzung in Wirklichkeit gar nicht bzw. ganz anders stattgefunden hat. Es entsteht so ein metafilmischer Kommentar über eine gängige Praxis und diese Ironie erschließt sich nur den Eingeweihten. Wir wissen heute, dass Debbie Reynolds in ihrer Rolle als Kathy selbst zunächst alle Songs aufgenommen hat, aber nicht alle verwendet wurden. So hören wir sie selbst in »Good Morning« und »Singin' in the Rain« in der Schlussszene, während sie in »Would you?« und »You Are My Lucky Star« von der Sängerin Betty Noyes synchronisiert wurde.

»Would you?« ist hierbei ein besonders interessantes Beispiel, weil es den ironischen Umgang mit Synchronisation sowohl in der Filmhandlung selbst wie auch im finalen Filmprodukt *Singin' in the Rain* aufzeigt. »Would You?« ist eine der beiden Synchronisationsszenen, die wir als Publikum sehen. Zunächst wird Kathy im Studio gezeigt, wie sie das Lied einspielt. Die Szene geht fließend über zu Linas Einspielung desselben Stückes, um dann auf die Live-Dreharbeiten zu *The Dancing Cavalier* zu blenden und schließlich das fertige Filmprodukt zu zeigen. Während die Musik nahtlos weiterspielt, sehen wir also vier verschiedene Produktionsstadien von der heimlichen Synchronisation durch Kathy bis hin zur perfekten Filmversion mit Lina, die den Song mimt. Während Linas quietschige Stimme durch Kathys in der Filmhandlung ersetzt wird, wurde tatsächlich Kathys Stimme, die bei den Probeaufnahmen wohl ebenfalls »shrill and tinny« klang,[16] von der unsichtbaren Sängerin Betty Noyes ersetzt.

Noch ironischer ist allerdings, dass in den Sprechsequenzen von *The Dancing Cavalier*, in denen ebenfalls Kathy Linas Stimme ersetzt, in Wahrheit die Darstellerin Jean Hagen selbst sprach. Jean Hagen synchronisiert also Debbie Reynolds,

---

15 Siehe auch Chumo II: *Dance, Flexibility, and the Renewal of Genre in »Singin' in the Rain«*, S. 45.
16 Hess & Dabholkar: *Singin' in the Rain*, S. 147.

die als Kathy Lina synchronisiert. Tatsächlich hatte Jean Hagen nämlich eine durchaus wohlklingend kultivierte Stimme, die schrille Lage von Lina ist ein Markenzeichen von Jean Hagens darstellerischem Talent, was ihr nicht zuletzt die Oscarnominierung für diese Rolle einbrachte. Es ist die Praxis der Synchronisation, die etliche Kritiker zum Anlass nahmen, hier eine proto-postmoderne Lesart von *Singin'* zu propagieren. So beziehen Earl Hess und Pratibha Dabholkar diese »bizarre exercise« auf die »deceptive, widely known ›secret‹ in the industry while cooly practicing the deception themselves in the very sequence that makes fun of it. It adds quite another layer of irony to the lyrics, ›And would you dare to say? Let's do the same as they‹.«[17] Silverman wiederum bezeichnet die eben beschriebenen Synchronisationsszenen als »barocke« Inszenierung und behauptet ein spezifisches Gendering:

> The bewildering array of female voices marshaled at both the diegetic and extradiegetic levels for the purpose of creating direct sound suggests, even more forcefully than the difficulties Lina encounters in attempting to articulate and record her lines, that the rule of synchronization simultaneously holds more fully and necessitates more coercion with the female than with the male voice – suggests, in other words, that very high stakes are involved in the alignment of the female voice with the female image.[18]

Ironisch am Scheitern von Linas Kariere ist die Tatsache, dass *sound dubbing* von Beginn der Tonfilmzeit eingesetzt wurde, demnach also historisch gesehen kein Hindernis für Linas weitere Karriere gewesen wäre. Filmemacher haben das allerdings nicht so gerne öffentlich gemacht, so diskutierte die Zeitschrift *Photoplay* bereits 1929 den Prozess des »vocal doubling«, wie das Synchronisationsverfahren damals genannt wurde, als Geheimnis der Studiobosse, weil keine Illusion gestört und keinem Kassenerfolg geschadet werden sollte.[19] Nun hat gerade in den 1950er Jahren, also der Produktionszeit des Films, das *dubbing* einen Höhepunkt erreicht, und damit die Praxis, bekannte Stars mit wenig Gesangserfahrung von unbekannten Sängern und Sängerinnen synchronisieren zu lassen. Man kann also daraus schließen, dass zum einen *Singin'* komödiantisch auf den Beginn einer Praxis zurückschaute, zum anderen aber auch kritisch auf eine zeitgenössische Praxis Bezug nahm. Dass *postdubbing* auch eine Kontrollfunktion im Hinblick auf Geschlechtlichkeit innehat, zeigt sich an der problemlosen Synchronisation von Stimme und Körper im Fall von Don, sein leinwandtauglicher Darstellerkörper ist mit dem Wohlklang seiner Stimme kongruent. Nicht so bei Lina, deren Starkörper mit einer ›falschen‹ Stimme versehen ist, die durch Kathys ersetzt werden muss. In beiden Fällen muss dem Publikum jedoch suggeriert werden, dass die Stimme, die wir hören, von dem Körper stammt, den wir sehen. Die

---

17 Hess & Dabholkar: *Singin' in the Rain*, S. 147.
18 Silverman: *The Acoustic Mirror*, S. 46.
19 Siehe Hess & Dabholkar: *Singin' in the Rain*, S. 145.

schiefgelaufene Probevorführung von *The Duelling Cavalier*, in der Linas Körper
mit einer Männerstimme zu sehen ist, verletzen dieses Diktum und wirken komisch, ebenso wie die Schlussszene, als Cosmo vorübergehend Kathys Stimme
am Mikrophon übernimmt, während Lina, die zunächst nicht weiß, dass Kathy
von der Bühne geflüchtet ist, weiterhin stumm mimt, nun statt zu einer Frauenstimme, die ihre eigene sein könnte, zu einer Männerstimme, die für alle Anwesenden ersichtlich von einer anderen physischen Quelle stammt. Wieder ergibt
sich hier ein komischer Moment, und wieder ist es die Figur Linas, die Objekt
dieser Komik ist. Ihre charakterlichen Mängel werden durch die fehlerhafte Deckung von Stimme und Körper offengelegt. Kritiker in der Nachfolge von Henri
Bergsons Thesen in *Das Lachen* haben gezeigt, dass Humor als Agens für Gruppenkonsolidierung und Sozialkontrolle eingesetzt werden kann: »If the humor
expressed in one group (the ingroup) disparages another group (the outgroup), it
boosts the morale of and solidifies the ingroup as well as promoting hostility
against the outgroup.«[20] Ist es also ein Zufall, dass sich hier eine männliche »ingroup« in konsequenter Manier über eine weibliche Figur lustig macht? Und ist
es in Folge lediglich Zufall, dass der Film *Singin' in the Rain* diese »ingroup« als
normativ und dominant setzt, während die Position von Lina sich als asozial,
dumm und somit unterlegen im dramaturgischen Gefüge erweist?

»What's the big idea? Am I dumb or something?« Dumme Blondinen und clevere Brünette: ein kulturelles Missverständnis

Schaut man sich Besprechungen des Films *Singin' in the Rain* an, so wird die Figur Lina Lamonts selten bis gar nicht erwähnt oder aber meist nur in abschätziger
Form. So wird sie in dem Überblickswerk von Douglas Brode, *The Films of the
Fifties*, nicht nur konsequent falsch geschrieben, sondern auch sehr tendenziös
charakterisiert: »Linda Lamont (Jean Hagen), a moronic, ego-oriented but highly
popular blonde bombshell«.[21] Dumm, blond, selbstsüchtig und aufreizend: Lina
ist Objekt der Verlachung aufgrund »her endless efforts to land Don as a hus-

---

20 Walker, Nancy A. & Zita Dresner: *Women's Humor in America*. In: *What's So Funny? Humor in American Culture*. Hg. von Nancy A. Walker. Wilmington 1998, S. 171–184, hier: S. 174. Walker und Dresner konstatieren weiterhin: »If the ingroup is culturally dominant (in America, white middle-class men), the humor not only reinforces its sense of superiority but, at the same time, controls the behavior of the disparaged group (e.g., women, minorities) by creating or fostering conflict in or the demoralization of the disparaged group. In other words, humor is used by those in power, whether consciously or not, to preserve the status quo« (S. 174–175). Siehe Bergson, Henri: *Das Lachen. Ein Essay über die Bedeutung des Komischen*. Zürich 1972.

21 Brode, Douglas: *The Films of the Fifties. Sunset Boulevard to On the Beach*. Secausus 1976, S. 71.

band« sowie dem fehlgeschlagenen Versuch, ihre Karriere zu retten, bei dem sie sich endgültig als »fool« entblößt.[22] In einer der ganz wenigen Untersuchungen, die sich besonders mit Lina Lamont beschäftigen, verteidigt Martin Roth ganz entgegen dem dominanten Trend Linas emanzipatorischen Charakter: »The filmmakers clearly want me to read Lina as a stupid, egotistical, greedy, and vindictive woman. Yet, if I detach myself from that reading, I find Lina's behavior in the film abstractly commendable. [...] I want to read Lina against the men (mainly) who made her.«[23] In der Tat spielt Lina eine widersprüchliche Rolle: Ist sie so dumm, wie alle glauben und sie selbst von sich behauptet? Auch was ihren Status als Star betrifft, lässt der Film einige Fragen offen. Der Film führt sie unzweideutig als Stummfilmstar ein, ihr Ranking scheint noch vor dem von Don Lockwood zu sein. Und doch wird nicht ernsthaft versucht, ihren Starstatus aufrechtzuerhalten. Sie wird schnell als lästige Bürde empfunden und später als noch lästigere Intrigantin.

Andererseits und im Unterschied zur größtenteils eher brav-biederen Inszenierung von Kathy bleibt Lina bis zu ihrem heiklen Auftritt am Ende des Films, der sie als Hochstaplerin entblößt, die Aura des Glamourösen erhalten und damit ein Hauptmerkmal des Hollywood-Starimages. Das zeigt sich bereits in ihrer aufwendigen, stets ultra-schicken Garderobe. So hat der Kostümdesigner Walter Plunkett besonders darauf geachtet, dass ihre Kostüme so authentisch und elegant wie möglich waren, was dadurch garantiert werden sollte, dass sie die Roben der Schauspielerin Lilyan Tashman duplizierten, die zu der Zeit als »the epitome of chic« galt.[24] Für Lina gilt, was Richard Dyer über Stars allgemein sagt:

> Star images are always extensive, multimedia, intertextual. [...] A star image consists both of what we normally refer to as his or her ›image‹, made up of screen roles and obviously stage-managed public appearances, and also of images of the manufacture of that ›image‹ and of the real person who is the site or occasion of it. Each element is complex and contradictory, and the star is all of it taken together.[25]

Lina ist im Film sowohl ein Leinwandstar wie auch eine reale Person. Von Anfang an wird deutlich, in welchem Maße ihr Starimage für die Öffentlichkeit konstruiert wird. Gleichzeitig zeigt bereits die Eröffnungsszene, inwiefern Lina, der realen Person, die zentrale Bedeutung für die komödiantische Struktur des Films zukommt. Es ist vor allen anderen Dingen die Deckungsungleichheit zwischen dem rein visuellen, stumm-passiven Starimage und der sprechend-agierenden Realperson, die den komischen Effekt dieser Figur produziert. Der erste Wende-

---

22 Ebd.

23 Roth: *Pulling the Plug on Lina Lamont*, n.p.

24 Plunkett zit. in Hess & Dabholkar: *Singin' in the Rain*, S. 81.

25 Dyer, Richard: *Heavenly Bodies. Film Stars and Society.* 2. Aufl. London und New York 2004, S. 3 u. 7.

punkt der Handlung ereignet sich nämlich, als Lina das erste Mal spricht. Sofort wird evident, dass sie bzw. ihre Stimme das Problem der Handlung sein wird.[26] In der Eröffnungsszene wird zunächst parodistisch überhöht der Starkult Hollywoods ausgestellt. Zur Premiere des neuesten Monumental Pictures »Lockwood Lamont«-Film *The Royal Rascal*, dem »Biggest Picture of 1927«, wie die Leuchtreklame verkündet, erscheinen Hollywoods Größen, umjubelt von einer kreischenden Menschenmenge und moderiert von der Klatschkolumnistin Dora Bailey. Ein eingeblendetes Titelbild der Kinozeitschrift *Screen Digest* zeigt das Paar, untertitelt mit der Schlagzeile: »Lockwood & Lamont: *Reel Life or Real Life* Romance?« Auch Bailey fängt das Paar mit der Frage ab, ob die Gerüchte um eine Traumhochzeit wahr sind. Obwohl beide auf dem roten Teppich stehen, ist die Frage an Don gerichtet und er ist auch derjenige, der antwortet, während Lina Dons Ausführungen lächelnd, aber schweigend beiwohnt. Statt allerdings zu den Gerüchten Stellung zu nehmen, erzählt Don die Geschichte seiner Künstlerfreundschaft zu Cosmo Brown, der ebenfalls, wenngleich von Dora etwas zur Seite gedrängt, anwesend ist. Die Kamera fasst zunächst alle vier – Don, Lina, Dora und Cosmo –, schwenkt dann nach links und rechts, um schließlich ein *close up* von Don alleine zu zeigen. Dons wiederholt proklamiertes Künstlermotto »Dignity. Always dignity« wird dabei als Lüge entblößt, wenn er von seiner und Cosmos elitären künstlerischen Karriere samt Konservatorium und Konzertsaal spricht, die eingeblendeten Bilder aber Billardbars, Amateurtheater und Wanderbühnen zeigen. Teil der Lügengeschichte, die wir sehen, die Don so aber nicht erzählt, offenbart, dass Lina bereits im Filmgeschäft reüssiert, während Don noch versucht, eine Rolle zu landen. Endlich vom Stuntman zum Filmpartner von Lina befördert, zeigt er ihr, die zuvor nichts von ihm wissen wollte, die kalte Schulter, worauf sie ihm in den Hintern tritt. Auch dies ist ein Moment körperlicher Agilität, die im Kontrast zur sonst allseitig behaupteten Inflexibilität und Unspontaneität Linas steht. Diese Szene zeigt zuallererst Linas Charakter als glamouröse Diva mit zickigen Allüren, temperamentvoll und unberechenbar.

Die Doppelbödigkeit der Szene mit dem beschönigenden, aber verlogenen Kommentar von Don und den die Szene konterkarierenden wahren, entblößenden Einblendungen, wird fortgesetzt in der folgenden Szene, die einen Ausschnitt aus dem Stummfilm *The Royal Rascal* zeigt. Hier wird eine Nahaufnahme von Lina, die wir gerade bei dem sehr undamenhaften Fußtritt gesehen haben, kommentiert von einer Zuschauerin: »She's so refined, I think I'll kill myself.« Kurz darauf kommen beide Stars auf die Bühne, um den Applaus des Publikums entgegenzunehmen. Wieder ergreift Don das Wort, bedankt sich und verabschiedet sich mit den Worten »We screen actors aren't much good at speaking in public«, eine

---

26 Hess & Dabholkar: *Singin' in the Rain*, S. 59.

Aussage, die er bereits in allen vorherigen Szenen widerlegt hat, woraufhin er eine sichtbar unleidliche Lina von der Bühne schiebt. Dort, hinter der Bühne und abgeschirmt vom Publikum, explodiert Lina und wir hören sie das erste Mal sprechen, 13 Minuten nach Filmbeginn. Und wir wissen sofort, was das Problem ist: Lina hat eine schrille, blecherne Stimme und eine nasale, stark dialektgefärbte Intonation, was in totalem Kontrast zu ihrem schillernden Starimage steht. Ihr scheint das nicht bewusst zu sein, ebenso wie die Tatsache, dass die Romanze zwischen ihr und Don eine Erfindung für das Publikum ist und nicht auf wahren Gefühlen beruht. Sie Szene birst vor misogynen Untertönen, vor allem artikuliert durch Cosmo:

> Cosmo: »Lina, you looked pretty good for a girl.«
>
> Lina: »For heaven's sake. What's the big idea? Can't a girl get a word in edgewise? After all, they're my public too.«

Umringt von Männern des Monumental-Pictures-Teams wird ihr von verschiedenen Seiten erklärt, dass sie zwar eine schöne Frau sei, das Publikum aber erwarte, dass eine solche Frau eine passende Stimme haben müsse und es Aufgabe der Studios sei »to keep their stars from looking ridiculous at any cost«. Cosmo kommentiert erneut bösartig: »No one's got that much money«, woraufhin Lina kontert: »What's wrong with the way I talk? What's the big idea? Am I dumb or something?« Das Schweigen der Männergruppe suggeriert genau das: Lina hat den Nagel auf den Kopf getroffen, jeder hält sie für eine dumme Blondine.

Ein entscheidender dramaturgischer Faktor, der den Effekt von Linas Verhöhnung so effektiv gestaltet, ist die positiv besetzte Figur von Kathy Selden. Im Originalskript war der Kontrast der beiden Frauenfiguren weniger drastisch, so sollte Linas Entblößungsszene, d.h. die Offenbarung, dass ihre Stimme und ihr Gesang synchronisiert werden, bei Don zu Hause stattfinden und nicht im Kino vor dem Premierenpublikum. Der private Rahmen hätte ihre öffentliche Schande geschmälert. Außerdem war vorgesehen, dass Don im Rausch des Filmerfolgs Lina küsst und Kathy bittet, für Lina weiterhin die Synchronisation zu übernehmen, worauf Kathy entrüstet reagiert, Don rücksichtslose Selbstliebe vorwirft und ihm in Liebesdingen den Korb gibt, wohl aber bereit ist, ihren Vertrag zu erfüllen: »Don't worry little man. The Lockwood-Lamont career is safe. I've got a contract and it pays well and I'm not going to walk out on it. I'll go right on being her double and you can have one smash after another. And you can have Lina too! She may be a cross between a toad-stool and a rattle-snake but I still think she is a little too good for you.«[27] Kathy wurde zwar auch hier als klar definiertes Gegenbild zu Lina konstruiert, ihr Charakterbild wäre aber stärker von Karrieredenken

---

27 *Singin' in the Rain* Screenplay. 10. August 1950. Folder 1230. Turner/MGM Script Collection. Herrick Library, AMPAS, S. 80–81, zit. in Hess & Dabholkar: *Singin' in the Rain*, S. 25.

bestimmt gewesen, was eine Gemeinsamkeit mit Lina dargestellt hätte. Hess und Dabholkar sehen die Änderung als Glücksfall: »Fortunately, all of this rancor was dropped and Don's character also became much more likable.«[28] Nicht nur äußert Kathy diese Worte in der finalen Version nicht, sondern sie werden zum Teil Lina in den Mund gelegt; auch Don insistiert letztlich nicht mehr darauf, dass Kathy weiter Lina synchronisieren soll. Damit werden beide Charaktere positiver besetzt. Unerwähnt lassen die Autoren, dass im Gegenzug zur erhöhten Sympathie des Liebespaares Linas Beliebtheit bzw. die Bereitschaft, ihr Mitgefühl zu zollen, drastisch sinkt. Im finalen Skript werden zwar Kathys beleidigende Worte nicht eingesetzt, es gibt aber ausreichend andere Momente der Beleidigung.

So steht die erste Konfrontation zwischen Lina und Kathy bereits im Zeichen von Verhöhnung und Beleidigung. Sie findet auf dem Empfang des Produzenten statt, wo Linas und Dons Erfolg gefeiert werden soll. Kathy – auch sie hat bei ihrer ersten Begegnung mit Don ein Lügenmärchen erzählt, nämlich dass sie eine seriöse Bühnenschauspielerin ist – tritt als Chorus-Girl auf, springt aus der Festtorte und wehrt sich nebenbei gegen Dons hämische, aber ernstgemeinte Annäherungsversuche. Lina kommt hinzu und fragt: »Say, who is this dame anyhow?«, worauf Don spöttelnd erklärt: »Someone lofty and far above us all. She couldn't learn anything from the movies. She's an actress on the legitimate stage.« Kathy, erzürnt, greift zu einer Torte, um sie nach Don zu schleudern. Der duckt sich aber und die Torte landet in Linas Gesicht. Und wieder ist Cosmo zur Stelle mit einer seiner abschätzigen Bemerkungen, die zusätzlichen Spott zu Linas Schaden bringt: »You never looked lovelier.«[29] Es ist einer der wenigen Momente, in denen Kathy wirklich impulsiv und undamenhaft reagiert, und doch ist es Lina, über die gelacht wird, die ›ihr Gesicht verliert‹. Chumo deutet diese Szene dahingehend, dass mit der Agilität Dons (er kann sich rechtzeitig ducken, um der Torte zu entgehen, die eigentlich ihm gilt) ebenso auch Linas Unbeweglichkeit unter Beweis gestellt wird, »a frozenness that will doom her to annihilation when posing for the came-

---

28 Hess & Dabholkar: *Singin' in the Rain*, S. 25.

29 Cosmo ist eine interessante Nebenfigur nicht nur durch sein tänzerisches Talent, das ihn in Konkurrenz zu Don setzt, sondern auch in seiner desexualisierten Männlichkeit, die ihn wiederum deutlich von Dons sexueller Anziehungskraft unterscheidet. Cosmo hat kein Liebesobjekt im Film, seine Boshaftigkeit Lina gegenüber stellt ihn allerdings fast auf die Ebene eines Rivalen und daher ließe sich auch durchaus ein verdecktes Liebesinteresse an Don vermuten. Martin Roth stellt hier ein »gender reversal« fest: »The ›second-man‹ position […] is, as is usual, an affectionate but bracketed homosexual ideal. […] O'Connor always accompanies Kelly, is always available to him. In two numbers, ›Fit as a Fiddle‹ and ›Moses Supposes‹, through the passes of the dance, the two men are depicted in startling intimacy: Kelly sits on O'Connor's lap, O'Connor rides Kelly, etc.« (Roth: *Pulling the Plug on Lina Lamont*, n.p.).

ra is no longer acceptable.«[30] Das bedeutet über diese Szene hinausgehend, dass Lina ein historisches Bewusstsein über komische Stummfilmgenres abgeht, womit ihr wiederum eine Adaptionsfähigkeit für gegenwärtige körperbezogene Genres fehlt:

> [Lina] has no knowledge of Hollywood's past, slapstick comedy, or ›low‹ vaudeville humor, and, in a film in which those characters who survive are those who turn to the past to adapt to the future, she is the one hit by the cake and later struck down when she cannot adapt to Hollywood's changes.[31]

Im Sinne dieser Argumentation kann Lina ›nur‹ hinter den Kulissen agieren, indem sie zum Beispiel Kathy feuern lässt oder heimlich eine Publicitykampagne für sich selbst lanciert. Aber auch andere Protagonisten agieren heimlich, vor allem Don und Kathy, die Linas Stimme ohne ihr Wissen synchronisieren lassen und auch ihre Liebe vor Lina geheim halten. Das führt zu einer zweiten, direkten Konfrontation zwischen Lina und Kathy, in der sich der doppelte Verrat an Lina offenbart: Sie muss erkennen, dass Don eine andere liebt und dass diese andere auch noch ihre Stimme im Film ersetzen soll – und das bei öffentlicher Nennung von Kathys Mitwirkung. Lina ist außer sich: »You mean it's gonna say up on the screen that I don't talk and sing for myself? [...] They can't do that. [...] They can't make a fool out of Lina Lamont. They can't make a laughing stock out of Lina Lamont. What do they think I am, dumb or something?« Im Bewusstsein, dass ihr öffentliches Starimage Schaden nehmen könnte, startet Lina heimlich eine Werbekampagne in eigener Sache, und noch einmal wiederholt sie im Büro des Produzenten R. F. ihr Motto: »What do you think I am, dumb or something?«

Linas Charakter ist damit sowohl als körperlich passiv wie auch als heimtückisch aktiv gekennzeichnet und in dieser Hinsicht zumindest ist ihre ›blonde Dummheit‹ ambivalent. Kathy, die liebreizend-anmutige Brünette, ist der artifiziellen Persönlichkeit und Performance Linas entgegengestellt. Ihre Natürlichkeit suggeriert Authentizität, sie kann sich scheinbar mühelos an die neue Hollywoodnotwendigkeit anpassen und damit auch ebenso mühelos Dons Herz erobern. Die Wahrheit und Tiefe ihrer Gefühle für Don werden nie angezweifelt im Unterschied zu Lina, deren Gefühle darauf zu basieren scheinen, was die Zeitschriften darüber berichten.

Auch wenn Linas wasserstoffblond gefärbten Haare, wie Don am Ende in der Bemerkung »I thought there was something cooking under those bleached curls of yours« suggeriert, Gefühlskälte und Charakterlosigkeit repräsentieren, so muss die ebenfalls von Kritikern konstatierte »chilly, vapid whiteness« von Linas gestylten Auftritten nicht notwendig als »fakery, cunning, and gloom« gedeutet

---

30 Chumo II: *Dance, Flexibility, and the Renewal of Genre in »Singin' in the Rain«*, S. 42.
31 Ebd., S. 42.

werden.[32] Linas gekünsteltes Styling ist vielmehr Teil der Strategie des Films, auf solche Kunstgriffe hinzuweisen. Die Kontrastierung von Kathy als ›natürlicher‹ Brünette und Lina als ›unnatürlicher‹ Blondine scheint den Schluss zuzulassen, dass vom Aussehen auf den Charakter geschlossen werden könne. Lina wird in ihrer Rolle als männliches Liebesobjekt als Albtraum konstruiert, Kathy im Gegenteil als Männerfantasie: »Debbie Reynolds represents everything that Lina Limont is not. She is male-identified, completely dependent emotionally on men's action and moods: She is as soft and pliant and girlish as Kelly sings of her.«[33] Doch genau das widerlegt der Film gekonnt durch seine metatextuelle Struktur: die Darstellerin von Kathy, Debbie Reynolds, wurde teilweise in ihrer Singstimme von Betty Noyes, in ihrer Sprechstimme von Jean Hagen und in ihren Stepptanzeinlagen von Gene Kelly synchronisiert und damit künstlich verschönert. Und auch Jean Hagen, in Wahrheit eine Brünette, ließ ihre Haare bleichen, um den gewünschten künstlichen Lina-Effekt zu erzielen.[34] Peter Wollen betont, dass *Singin'* besonders das Bild der Frau als Ort der Täuschung hervorhebt, um Hollywood als Traumfabrik auszuweisen: »Here woman is placed on the side of fantasy rather than nature, and fantasy requires artifice.«[35] Die im Film proklamierte, ›natürliche‹ Romanze zwischen Don und Kathy ist letztlich so artifiziell wie die von der Presse kolportierte zwischen Don und Lina, denn beide bestehen auf denselben geschlechtlich codierten Klischees von Starimages und deren vermeintlichen Realitätseffekten.

Dass die Gleichung: dumme, falsche Blondine versus clevere, natürliche Brünette nicht aufgeht, zeigt nicht zuletzt die Kunstfigur der Tänzerin, verkörpert durch Cyd Charisse, in der »Broadway Melody«-Sequenz. Auch sie ist eine Brünette, körperlich flexibel und anmutig sexy, aber eher in der Flapper-Optik des Stummfilmstars Louise Brooks und im Gebaren einer *femme fatale*. Der Frauentyp des Flappers zeichnete sich vor allem durch die Ablehnung ›alter‹ viktorianischer Moralvorstellungen aus. Stattdessen waren sexuelle Freiheit und ein modernes Styling tonangebend: »Her boobed hair (a release from the weight of tradition) represented female daring and eroticism. Smoking, drinking and cosmetics – traditionally associated with prostitutes – further underscored women's right to sexuality and personal expression.«[36] Wie Lina zeichnet sich die namenlose Tänzerin als ultramodisch aus, im Unterschied zu Lina aber mit erhöhtem gefährlichem

---

32 Hess & Dabholkar: *Singin' in the Rain*, S. 222, zitieren hier Judy Gerstel: *Singin' in the Rain (1952)*. In: *The A List: The National Society of Film Critics' 100 Essential Films*. Hg. von Jay Carr. New York 2002, S. 266.

33 Roth: *Pulling the Plug on Lina Lamont*, n.p.

34 Siehe Hess & Dabholkar: *Singin' in the Rain*, S. 68.

35 Wollen, Peter: *Singin' in the Rain*. London 1992, S. 57.

36 Currell, Susan: *American Culture in the 1920s*. Edinburgh 2011, S. 29.

Sexappeal. Wie Kathy kann sie Don den Kopf verdrehen, im Unterschied zu Kathy tut sie dies aber mit weiblicher Verführungskunst und nicht mit mädchenhafter Natürlichkeit. Sie lässt Don, den sonst agilen Tänzer, fast erstarren und das nur durch ihren körperlichen Ausdruck. Martin Roth spricht hier gar von einem »gender reversal«: »In this dance's story, a ›feminine‹ Kelly has a desperate emotional dependency on a strong woman who does not speak and who exploits and rejects him. The woman, Cyd Charisse, presents an image that seems hard and unfeminine because overly feminized.«[37] In der Tat bleibt die namenlose Tänzerin schweigend, Chumo sieht hierin die Suggestion »that graceful body movement, not voice quality, is the ultimate proof of talent in *Singin' in the Rain*. [...] the ability to dance, this sequence suggests, will allow such a figure to make the transition to sound.«[38] Somit ist diese Tanzsequenz, die in der Kritik allzu oft als deplatziert in der Filmhandlung wahrgenommen wurde, stattdessen als geschlechtlich-generischer Metakommentar zu verstehen. Das bedeutet weiterhin, dass Linas Stimmproblem und ihre ›dumme Blondheit‹ möglicherweise erneut und von einer anderen Warte aus betrachtet werden sollte.

»I ain't people.« Lina Lamont und Jean Hagen: Wer lacht zuletzt?

Singin' in the Rain mag der vielleicht erste Film sein, der das Thema der Synchronisation zum zentralen Fokus seiner Handlung machte. Der Film erinnert damit zwar an eine vergangene Ära der experimentellen Phase des Tonfilms, entstand aber in einer Übergangsperiode, als sich ebenfalls neue technologische Entwicklungen ereigneten. So wurde mit Blick auf die Erfolgsgeschichte des ›kleinen‹ Rivalen Fernsehen nach Möglichkeiten gesucht, die Großleinwand aufzuwerten. Verschiedene Widescreen-Methoden wurden in den frühen 1950er Jahren entwickelt, die sich langfristig aber nicht gegen das 35mm-Standardformat durchsetzen konnten. Auch mit stereophonem Klang und 3-D-Technologie wurde zu der Zeit experimentiert, all dies wurde aber für *Singin'* nicht in Betracht gezogen.[39]

Dass der Starkörper des Darstellers Gene Kelly nun aber gerade ein Leitbild der 1950er Jahre und nicht der späten 1920er Jahre darstellt, gehört zu den kreativen Anachronismen dieses Films. Lina Lamonts Starimage wird im Film allerdings ersetzt durch dasjenige von Kathy Selden. Die These des kreativen Anachronis-

---

37 Roth: *Pulling the Plug on Lina Lamont*, n.p.

38 Chumo II: *Dance, Flexibility, and the Renewal of Genre in »Singin' in the Rain«*, S. 46.

39 Hess & Dabholkar: *Singin' in the Rain*, S. 77. Chumo verweist darauf, dass *Singin'* sehr wohl ein Bewusstsein einer revolutionären Ära hat, wenn er als Film-im-Film ein Melodrama aus der Französischen Revolution wählt: »both the French Revolution and the Hollywood transition to sound are eras of revolution so that in some loose sense they tell similar stories that share massive upheaval and change as their main theme« (S. 44).

mus greift auch hier, denn die Darstellerin Debbie Reynolds entspricht sicherlich eher einem der weiblichen Leitbilder der 1950er als der 1920er Jahre. Im Reigen von sexualisierten Traumstars wie den Blondinen Marilyn Monroe und Jayne Mansfield einerseits und stärker auf hausfraulichen und damit erreichbaren Qualitäten beruhenden desexualisierten Frauentypen wie Doris Day und Ginger Rogers andererseits, fällt Debbie Reynolds eindeutig in die zweite Kategorie.[40] Wieso aber hatte eine Figur wie Lina Lamont ebenso wie ihre Darstellerin Jean Hagen keine cineastischen Überlebenschancen? Immerhin wurde Jean Hagen für ihre Darstellung der Lina Limont für einen Oscar als beste weibliche Nebenrolle nominiert, es war die einzige Nominierung neben bester Originalmusik.[41]

Die 1950er Jahre stehen in den USA gemeinhin für ein kulturell repressives, wenn nicht gar paranoid-schizophrenes Klima. Es ist die McCarthy-Ära, die Dekade der Kommunisten- und Homosexuellenhetze, der Kalte Krieg beginnt zu eskalieren, die Androhung der Atombombe ist ubiquitär. Hollywood wird vorgeworfen, pro-kommunistisch zu sein, populäre Männerbilder bewegen sich zwischen den Extremen von »Elvis the Pelvis« oder Marlon Brando als »The Wild One« und Gregory Peck als »The Man in the Gray Flannel Suit«. Die Menschen ziehen in die Suburbia, wenn sie sich nicht *On the Road* begeben, und die Schulen werden mit militärischer Gewalt desegregiert. Das Fernsehen erobert das Wohnzimmer und bringt Hollywood in eine schwere Krise – und dann gibt es ein Musical wie *Singin' in the Rain*, das auf den ersten Blick in dieser Ära überhaupt keinen Sinn ergibt. Es steht außer Zweifel, dass der Film überlebt hat und als eines der innovativsten Hollywoodmusicals gilt, und doch bleibt zu fragen, ob und was der Film über seine Zeit erzählt.[42] Brode behauptet für seine Auswahl von 100 Filmen der 1950er Jahre, sie würden den Geist der Zeit einfangen: »They are the films which did not *happen* to be made in the fifties but, in fact, could *only* have been made in the fifties; they mirrored our world in that decade which, more than any other, has seized hold of our propensity for nostalgia.«[43] Und obwohl er einräumt, dass

---

40 Ich habe an anderer Stelle versucht zu zeigen, dass der Kontrast zwischen Mansfield und Day komplexer und ambivalenter konstruiert ist, als dies auf den ersten Blick scheinen mag. Siehe Poole, Ralph J.: *Blonde Bombshell and Homely Housewife: Selling the Woman in 1950s Hollywood Comedies*. In: *Almighty Dollar*. Hg. von Heinz Tschachler, Eugen Banauch und Simone Pfuff. Wien 2010, S. 209–221.

41 Donald O'Connor gewann den Golden Globe für seine Darstellung von Dons Künstlerfreund Cosmo Brown.

42 Dass *Singin' in the Rain* auch heute künstlerisch noch inspirieren kann, zeigt das Video »Windowlicker« des britischen Electronic-Musikers Richard D. James unter dem Pseudonym Aphex Twin aus dem Jahr 1999, in dem es (sexuell explizite) Anspielungen auf Gene Kellys berühmte Regentanzszene gibt. Siehe http://www.muzu.tv/aphex-twin/windowlicker-directors-version-musikvideo/475311/ (7.2.2014).

43 Brode: *The Films of the Fifties*, S. 19.

Singin' in the Rain nun gerade nichts über die sozialen Belange der Zeit zu sagen hatte, warf der Film doch einen nostalgisch-ironischen Blick auf Hollywood, wie er zuvor nicht möglich war.[44] Auch John White und Sabine Haenni inkludieren *Singin' in the Rain* in ihren *Fifty Key American Films* und behaupten, es geht ihnen weniger um die besten US-amerikanischen Filme aller Zeiten, sondern sie verweisen auf das soziale Erlebnis von Produktion und Rezeption der ausgewählten Filme:

> Films are clearly not created in isolation from what is happening in society during the period in which they come into being. They are products of particular societies and each is made at a particular moment in that society's history. In viewing them, for us, it is crucial to see them as determinedly exploring, purposefully commenting upon, or unwittingly reflecting issues relevant to their particular socio-historical moment, but also to see them as being continually re-framed and re-constituted by their reception at different times.[45]

Das Paradox von *Singin' in the Rain* ist hierbei sicherlich, dass der Film sich einer solchen Lektüre zu entziehen scheint, aber doch von bleibendem Wert ist, ja gar einen privilegierten Platz im Kanon amerikanischer Filme einnimmt, wie der Beitrag von Elliot Shapiro in Whites und Haennis Anthologie behauptet.[46] Shapiro betont vor allem das Genre des Musicals als Grund für den anhaltenden Erfolg, verweist aber auch auf das ›Magische‹, das sich aus der nostalgischen Rückschau und der damit implizierten Abgrenzung zur televisuellen Gegenwart generiert: »Set in the historical moment when sound film threatened the supremacy of silent film, this movie mythologizes the development of the movie musical, and presents movie magic as evidence of film's superiority to the cinema's new, terrifying, and never mentioned competitor: television.«[47] Der Film und seine drei Stars Kelly, O'Connor und Reynolds markieren laut Shapiro den dreifachen medialen Paradigmenwechsel, *Singin' in the Rain* wird so zum Status eines Schwellenfilms erhoben: musikalisch rekreiert er den Wechsel vom Vaudeville zum Film und technisch vom Stummfilm zum Tonfilm; beides verweist auf den gegenwär-

---

44 Ebd., S. 74.

45 White, John & Haenni, Sabine (Hg.): *Fifty Key American Films (Introduction)*. London und New York 2009, S. xvi.

46 Shapiro, Elliot: *Singin' in the Rain (1952)*. In: *Fifty Key American Films*. Hg. von John White und Sabine Haennie. London und New York 2009, S. 99–104, hier: S. 99. Shapiro vergleicht den Einfluss des Films mit demjenigen von Elvis und den Beatles und nennt verschiedene Bestenlisten, die den Film auf den Toprängen platzieren: »the most emblematic (and most frequently cited) may be *Sight & Sound*'s 1982 poll of critics for the ten best movies of all time: *Singin'* came in fourth; no other musicals made the list« (S 99). Auch Hess und Dabholkar nennen einige Bestenlisten, so das prestigeträchtige American Film Institute, das *Singin'* 1998 als bestes Musical aller Zeiten kürte und als zehntbesten Film überhaupt, 2007 gab das Institut dem Film sogar den 5. Platz für den besten Film aller Zeiten (S. 221).

47 Shapiro: *Singin' in the Rain (1952)*, S. 100.

tigen Wechsel vom Leitmedium Film zum neuen Massenmedium Fernsehen, wenngleich dieser im Film freilich nicht explizit thematisiert wird. Und doch wird über die Austreibung der komischen Lina, die auch bei Shapiro kaum figuriert, ein weibliches Komikmodell in doppelter Hinsicht verabschiedet: Lina, der optisch glamouröse, aber verbal vulgäre Stummfilmstar hat keinen Ort im Tonfilm (der zunächst ebenfalls als »vulgar« belächelt wird), aber auch seine Darstellerin Jean Hagen hat im Film der 1950er Jahre eine prekäre Existenz. Im Fernsehen kann eine solche komödiantische Figur schon eher Erfolge feiern, so Lucille Ball in ihrer eigenen TV-Show *I Love Lucy*.

Singin' in the Rain ist Teil einer selbstreflexiven Wende der frühen 1950er Jahre, in der überstrapazierte Genrekonventionen im Filmmusical selbst zum Thema werden. Gerade das Backstage-Format eignet sich besonders, um über das Musical nachzudenken und es als Erfolgsmodell zu bekräftigen.[48] In diesem Sinne ist *Singin' in the Rain* eine Hommage an ein Vierteljahrhundert Filmmusicalgeschichte. Robert Stam bezeichnet die intertextuelle Technik des Films, verschiedene Musik- und Tanzstile aus verschiedenen Zeiten zu mischen, gar als »anthology of self-quotations«.[49] Teil der Selbstreflexion und dem damit einhergehenden Vergnügen an der nostalgischen Retro-Optik beinhaltet das Wissen um einen kreativen Anachronismus,[50] der Jahre von Filmgeschichte in wenige Minuten kondensiert. Nicht nur ist die Technik der Synchronisierung 1927, mit der Linas Stimme durch Kathys ersetzt wird, so noch gar nicht verfügbar, auch die Kameratechnik, mit der Tanzszenen à la Busby Berkeley gefilmt werden, war erst in den 1930er Jahren revolutionär. Steven Cohan nennt daher den Film und seinen »feel-good escapism« »the first camp picture« und betont somit das Artifizielle sowohl auf der technologischen wie auf der Handlungsebene.[51] Der ironische Blick auf die Filmindustrie und deren Starkult, nostalgisch verklärt als Loblied auf die magische Frühphase Hollywoods, übersieht einmal mehr, dass Teil des Camp-Vergnügens die Figur von Lina ist.

Die Besetzung von Jean Hagen für die Rolle der Lina Lamont bietet einige Hintergrundinformationen, die für ein umfassenderes Verständnis der Figur dienlich sind. Die Autoren Betty Comden und Adolph Green hatten Judy Holliday für die Rolle vorgesehen, diese hatte aber bereits ein zu großes Starimage, weshalb eine

---

48 Feuer, Jane: *Self-Reflective Musical and the Myth of Entertainment*. In: *Hollywood Musicals. The Film Reader*. Hg. von Steven Cohan. London und New York 2002, S. 31–40, hier: S. 32.

49 Stam, Robert: *Reflexivity in Film and Literature. From Don Quixote to Jean-Luc Godard*. New York 1992, S. 91.

50 Shapiro: *Singin' in the Rain (1952)*, S. 101.

51 Cohan, Steven: *Incongruous Entertainment: Camp, Cultural Value, and the MGM Musical*. Durham 2005, S. 202–203, zit. in Shapiro, S. 103.

ähnliche, aber weniger bekannte Schauspielerin gesucht wurde.[52] Jean Hagen war nicht nur unbekannt genug und verfügbar, sondern auch auf besondere Weise mit Judy Holliday verbunden. Hollidays Durchbruch gelang in ihrer Darstellung von Billie Dawn in der Bühnenfassung und Verfilmung (1950 unter der Regie von George Cukor) der Komödie *Born Yesterday*, Hagen hatte diese Rolle auf der Bühne in der Off-Broadway-Inszenierung gespielt. Comden und Green hatten die eigenwillige, vulgär-komische Figur der Billie Dawn in ihrer Verkörperung durch Holliday als Modell für Lina Lamont im Sinne und daher war Hagen ein durchaus adäquater Ersatz für Holliday. Im Unterschied zu allen anderen Schauspielerinnen, die für die Rolle vorsprachen, zeigte laut Gene Kelly nur Hagen ausreichend komödiantisches Talent.[53]

Zentrales Moment des Vergleichs ist die Inszenierung der »horrors of the harsh female voice« und in beiden Fällen stehen die Filme, wie Roth meint, »as a sacred relic in the world of entertainment.«[54] Denn ein Blick auf die Figur von Billie Dawn offenbart, dass sie wie Lina ein derbes Auftreten und eine schrille Stimme hat. Im Unterschied zu Lina aber ist Billie als gutherzige Person gezeichnet, die im Verlauf des Films eine Transformation zum Guten erfährt, während Lina mit ihren manipulativen Strategien am Ende scheitern muss. Aber alleine der Beginn der beiden Filme ähnelt sich stark im Hinblick auf die komödiantische Struktur: wie Lina in *Singin'* wird auch Billie in *Born Yesterday* zunächst ultraglamourös, aber schweigend eingeführt. Erst in dem Moment, wo Billie das erste Mal spricht – sie kreischt »What?!« durch mehrere Räume ihrer Hotelsuite hindurch –, weiß man um die paradoxe Komik dieser Figur. Kathleen Rowe nennt Judy Holliday in ihrer Rolle als Billie Dawn – neben Marilyn Monroe – als Modell der »unruly woman« der 1950er Jahre, die im Leben wie in der Kunst gekonnt ein »dumb-blonde image« kultivierten, das nicht ganz in das propagierte Bild der amerikanischen Frau der Zeit passen wollte. Rowe nennt einige Charakteristika der Billie-Figur, die sich für eine Betrachtung von Lina ebenfalls eignen:

> Billie Dawn is an unruly heroine more out of the tradition of carnivalesque performance than romantic narrative. Her portrait of unruliness depends largely on the

---

52 Kurzfristig wurde Nina Foch in Betracht gezogen, die gerade in *An American in Paris* eine Nebenrolle gespielt hatte, bei Probeaufnahmen für *Singin'* aber nicht gefiel. Siehe Hess & Dabholkar: *Singin' in the Rain*, S. 52.

53 Kelly zit. in Hess & Dabholkar: *Singin' in the Rain*, S. 53. Hagen hatte außerdem bereits in ihrem Filmdebut in der Screwball-Komödie *Adam's Rib* (1949), wo sie neben Holliday auftrat, ihr Talent als ›billiges Flittchen‹ bewiesen. Hagens schauspielerische Leistung wird unterschiedlich bewertet, so schwärmt Peary, dass sie nie besser gewesen sei (S. 325), während Judy Gerstel lästert: »Jean Hagen plays Lamont as Judy Holliday with PMS« (S. 265). Gerstels Einschätzung zeigt, wie ich meine, dass in der Kritik gerne von der Rolle (Lina Lamont) auf die Darstellerin (Jean Hagen) geschlossen wird.

54 Roth: *Pulling the Plug on Lina Lamont*, n.p.

character's working-class background, with its motifs of the impropriety and bad taste that so often cause women to make spectacles of themselves. [...] Holliday exaggerates Billie Dawn's [class background] through the character' body language, her voice, and her »dumbness«. [...] Billie's voice is unruly in both tone and language.[55]

Rowe sieht in Billie – unterstützt durch die oscarprämierte Darstellung durch Holliday – einen entscheidenden Wechsel in der Repräsentation widerständiger Frauengestalten. In den Screwball-Comedies der vorangehenden Dekaden wie *Bringing Up Baby* oder auch in den filmischen *blonde-bombshell*-Inkarnationen durch Mae West wurden die Ticks der Protagonistinnen nicht als Dummheit, sondern als exzentrisch und unkonventionell verstanden. Billie hingegen wird zunächst als ungebildet und dumm eingeführt, nicht jedoch ohne Billies selbstermächtigende rhetorische Geste »I like being dumb«, mit der sie sich genüsslich und schelmisch von den gesellschaftlichen Gepflogenheiten absetzt. Hinter ihrer ›Dummheit‹ verbirgt sich allerdings, wie in der Pygmalionhandlung schnell festzustellen ist, ein wacher und lernfähiger Geist, so dass sie nicht nur das Herz ihres ›Lehrers‹ Paul (dargestellt von William Holden) erobert, sondern ganz clever und geschäftstüchtig ihren korrupten Verlobten ausbootet. Rowe sieht diese charakterliche Entwicklung von Billie problematisch und symptomatisch, steht sie doch für eine in den späten 1940er Jahren fortschreitende Konventionalisierung und Domestizierung des amerikanischen weiblichen Leitbildes, das auf die Anweisungen von Männern angewiesen ist. Das Happy End für Billie in der Eheschließung mit Paul ist daher nicht nur ein Verlust an widerständiger Freiheit; die ›Zähmung‹ Billies schmälert auch das komödiantische Vergnügen des Films, das sich vor allem durch Billies soziales und geschlechtliches ›Fehlverhalten‹ ergeben hat. Der Film sei letztlich eine »comic morality tale« und symptomatisch für das Verschwinden starker Frauenfiguren im Kino:

> Indeed, *Born Yesterday* signals a shift in interest from women to men [...]. This trend, which began in the early 1940s [...] and accelerated through the 1950s and 1960s, contributed to the disappearance of strong roles for women. [...] This configuration locates the couple in its proper place as the bulwark of the nation, and the once-unruly woman in her proper place beneath the man.[56]

Auch Lina und ihre Darstellerin Jean Hagen fallen unter das Verdikt des Verschwindens starker Frauen in der Hollywoodkomödie der Fünfziger. Mit Vergnügen können wir daher in Filmen wie *Born Yesterday* und *Singin' in the Rain* noch rare Exemplare an widerständigen Komödiantinnen finden, auch wenn sie in einem Fall in die Ehe gezähmt und im anderen von der Bühne verbannt werden. Die Schlussszene in *Singin'* ist natürlich problematisch, will man in Lina ein

---

55 Rowe, Kathleen: *The Unruly Woman. Gender and the Genres of Laughter.* Austin 1995, S. 175–176.
56 Rowe: *The Unruly Woman*, S. 174 u. 178.

Beispiel aufmüpfiger Weiblichkeit erkennen, zu schmachvoll ist ihre öffentliche Demütigung, zu banal ihr Abgang. Das Filmende ist ganz auf die Vereinigung des romantischen Liebespaares Don und Kathy fixiert, ihnen folgt auch die Kamera. Lina huscht lediglich, kaum bemerkbar, nach ihrer Entblößung als Hochstaplerin von der Bühne, ihr ist weder ein letztes gehässiges Wort noch eine unflätige Geste gestattet. Beides wäre ihr zu wünschen gewesen.

So muss ihr Auftritt hinter der Bühne als letztes Auftrumpfen gelten, aber was für ein Auftritt und welch flammende Rede! Kaum ein Kritiker oder eine Kritikerin lässt diese Schlussszene unerwähnt, aber selten bildet hierbei Lina das Zentrum des Interesses. Hess und Dabholkar beispielsweise bemerken zwar, dass »Dubbing itself was not the issue, but treating people in a moral way«, betonen dann aber die (rechtmäßige) Entblößung der (unmoralischen) Lina und die charakterliche Aufwertung Dons durch seine Liebe und sein Bekenntnis zu Kathy.[57] Chumo wiederum zeigt Interesse an Linas Ende, vermerkt aber, dass sich hier endgültig ihr Versagen offenbare, sich den kreativen Künstlern anzuschließen. Der Film manifestiere insgesamt ein Misstrauen gegenüber der Sprache und gerade Linas Vertrauen darauf sei ihr Untergang. Das Unvermögen, mit ihrem Körper zu sprechen, lässt sie im falschen Genre verharren, und statt tanzend ins Musical zu wechseln, kann sie nur melodramatisch auf ihren Vertrag pochen und die Zeitungsartikel zitieren, die sie selbst platziert hat. Der Vergleich mit Norma Desmond aus *Sunset Boulevard* zeigt hier eine Lina, die hoffnungslos in der falschen Zeit lebt:

> Just as Norma Desmond in *Sunset Boulevard* tries to create her own reality by declaring, ›I am big. It's the pictures that got small,‹ so Lina, another silent-screen star whom time is passing by, tries to create her own reality but relies on legal jargon and publicity columns, ›genres‹ whose veracity we question, especially in a musical that celebrates physical movement as the highest form of communication.[58]

Ganz im Gegensatz hierzu will Martin Roth in Linas letzter Rede ein feministisches Manifest erkennen. Zu Recht verweist er darauf, dass wir Lina als »dummy« in ihrem Scheitern sehen sollen,[59] dass das Motiv der geraubten Stimme aber auch anders gelesen und verstanden werden kann. Auf dieses Motiv weisen etliche Kritiker hin, so vor allem Peter Wollen, der mit Bezug auf Hans Christian Andersens Märchen *Die Kleine Meerjungfrau* meint: »The heroine has her voice taken from her by a wicked witch and cannot marry the hero unless it has been recovered. At the end, like Cinderella, she is transfigured into a fairy-tale princess (a star), so that she can marry her prince.«[60] Wollens Anspielung auf den Stimm-

---

57 Hess & Dabholkar: *Singin' in the Rain*, S. 224.
58 Chumo II: *Dance, Flexibility, and the Renewal of Genre in »Singin' in the Rain«*, S. 52.
59 Roth: *Pulling the Plug on Lina Lamont*, n.p.
60 Wollen: *Singin' in the Rain*, S. 54.

raub setzt natürlich Kathy in die Rolle des unschuldigen, aber siegreichen Opfers und Lina in die Rolle der bösen und letztlich vernichteten Hexe. Diese Variante lässt keinen Raum für eine andere als negative Bewertung der Figur Linas. Ich möchte hier Lina stattdessen als eine Frau verstehen, die sich als harte Vertragspartnerin erweist, die ihre eigene Publicity organisiert und eine Position der Unabhängig reklamiert, auch und gerade weil sie verlangt, dass Kathy weiterhin ihr Stimmdouble sein soll. Auf R. F.s Kommentar »You'd be taking her career away from her. People just don't do things like that«, kontert Lina: »People? I ain't people. I am [nimmt eine Zeitung und liest:] ›A shimmering, glowing star in the cinema firmament.‹ It says so … right there.« Nicht zu Unrecht argumentiert Lina mit dem Publikumserfolg und den zu erwartenden Einnahmen:

> Never mind, R.F.! Listen to that applause out there. And wait till the money starts rolling in. You won't give all that up because some little nobody don't wanna be my voice. … You're the big Mr. Producer, always running things, running me. But from now on, as far as I'm concerned, I'm running things. [...] A speech? Yeah, everybody's always making speeches for me. Well, tonight, I'm gonna do my own talking. I'm gonna make the speech.

In der Tat, so könnte man argumentieren, ist die Entscheidung, auf die Bühne zu gehen und die Rede zu halten, die sonst immer Don zugeeignet war, eine fatale Fehlentscheidung. Sie führt zur Charade der Männer, durch die Linas *dubbing* publik gemacht wird. Sie führt aber auch zum Anfang des Films zurück und zur ersten Szene, in der Lina schweigend Dons Lügenmärchen ertragen musste. Ist es daher nicht vielmehr Lina, der von Anfang an die Stimme geraubt wird und die in einem mutigen Kampf versucht, sich dieser Stimme zu bemächtigen? Nur Don ist es gestattet, Körper und Stimme synchron zu verwenden, Lina (wie auch Kathy) werden ständig gezwungen, sich asynchron zu vermarkten. Wollen hat in einer poststrukturalistischen Lektüre das *dubbing* bezeichnet als »cinematic form of writing, through which sound is separated from its origin and becomes a potentially free-floating, and thus radically unreliable, semantic element«.[61] Demensprechend lässt sich die Schlussszene interpretieren, in der der Vorhang von den hämisch grinsenden Männern hochgezogen wird und die beiden Frauen in ihrer jeweiligen Zerstückelung offenbart werden – die eine nur Körper, die andere nur Stimme. Wollen spricht vom *logos* als Spektakel, repräsentiert durch das Lüften des grammatologischen Vorhangs und dem Bloßlegen der nackten Wahrheit.[62] Diese poststrukturalistische Lesart entbehrt nicht einer gewissen Melodramatik, die in der Tat darauf verweist, dass diese Musical-Comedy nicht nur im ›leichten‹ Unterhaltungsregister spielt. In dem Maße, wie Linas versuchte SelbstPräsentation als krimineller Akt deklariert wird, scheitert das Projekt der Eroberung des *logos*. Jean Hagen wiederum, die als ›dumme Blondine‹ Lina brilliert,

---

61 Wollen: *Singin' in the Rain*, S. 56.
62 Ebd.

kann aus Linas Entmachtung einen schauspielerischen Triumph gewinnen. Und gerade, weil solche Rollen rar gesät sind – und das nicht nur im Hollywood der 1950er Jahre – dürfen wir keinesfalls vergessen, dass *Singin'* hier einen Star hervorbringt, der, so untypisch und unbequem er auch scheinen mag, uns doch in seiner kulturellen Konstruiertheit etwas über die Gesellschaft seiner Zeit erzählt.

Joachim Brügge
Dramaturgische und formale Aspekte zu ausgesuchten Songs zu *Singin' in the Rain*

In welcher Reihenfolge entstehen Musicalsongs? Wird erst der Text und dann die Musik geschrieben? Oder umgekehrt? Werden nach dem Buch die einzelnen Songs chronologisch komponiert? Oder ist deren Reihenfolge in der Entstehung willkürlich bzw. den jeweiligen künstlerischen Umständen geschuldet? Überlegungen dieser Art lassen sich weder auf eine (vermeintliche) Idealtypik in der Zusammenarbeit von Librettisten und Komponisten eines Musicals beziehen noch beschwören sie einen dramaturgisch homogenen Entstehungsprozess, wenn etwa Songs nachträglich für eine Szene komponiert oder gegenteilig gestrichen wurden. So entging der wohl berühmteste Musicalsong *Somewhere Over the Rainbow* nur knapp einer Streichung aus dem Filmmusical *The Wizard of Oz*[1] – ein einzigartiger Leadsong, der seine kompositorische Entstehung einer Autofahrt von Harold Arlen nebst Stopp vor einer Apotheke in Los Angelos, Schwab's Drugstore, verdankt.[2] Eingedenk solcher Ambivalenzen in der Entstehung eines Musicalsongs erweist sich auch das Filmmusical *Singin' in the Rain* als ein Ausnahmestück besonderer Art: Betty Comden und Adolph Green wurden von Arthur Freed beauftragt, ein Musical zu schreiben, wobei die größten Hits von Arthur Freed und Nascio Herb Brown verwendet werden sollten – allen voran *Singin' in the Rain*. Aus heutiger Perspektive betrachtet eine durchaus modern anmutende Kompilation, für ein Konvolut ursprünglich nicht zusammengehörender Songs eines Interpreten[3] oder einer Popgruppe wie etwa Abba nachträglich eine Geschichte zu schreiben, um diese Songs dann in einem Musical – wie im Fall von Abba: *Mamma Mia!* – präsentieren zu können. Dass *Singin' in the Rain* dabei nicht das Kritikerurteil zu *Mamma Mia!*: »As theatre forgottable«[4] erleiden muss-

---

1   Harmetz, Aljean: *The Making of The Wizard of Oz*. New York 1983, S. 81ff.

2   Vgl. dazu im Überblick ebd., S. 78.

3   Ein dramaturgischer Weg, dieses Dilemma zu lösen, besteht dann darin, die Songs als Stationen der Biographie zu positionieren, vgl. etwa das Musical *Buddy Holly* (1989) oder das Beatles-Musical *All you need is love* (2000).

4   Vgl. dazu die Kritik von David Cote an *Mamma Mia!* in Time Out: »Almost two dozen hits by ABBA form the spine of this worldwide smash, which book writer Catherine Johnson

te, liegt an der mehrschichtig selbstreferentiellen Handlung von Comden und Green, die von zwei Überlegungen ausgingen: Thematisiert wird einerseits der Einblick in das Broadway-charakteristische Entstehen einer Musicalshow (als ›Show in der Show‹), wobei der Zeitraum der späten 1920er, frühen 1930er Jahre den Zeitraum berührt, in dem die bekanntesten MGM-Musicals von Freed und Brown entstanden sind und deren Songs in *Singin' in the Rain* Verwendung fanden; andererseits wurde die dramaturgisch dankbare Idee aufgegriffen, den Wechsel vom Stumm- zum Tonfilm in die Handlung miteinzubeziehen, wie sich dieser mit dem ersten Tonfilm *The Jazz Singers* von 1927 etablierte. *Singin' in the Rain* blickt also gleich zweimal hinter die Kulissen – der einer Broadway-Show und eines Tonfilmes.

In der Dimension der MGM-Filme von Freed/Brown funktionieren die Songs aus *Singin' in the Rain* als auf den Punkt komponierte, aber zumeist eindimensionale Musical-Comedy-Songs – was in der Transformation zu einem ›echten‹ Musicalsong zum Problem wird, diese in eine jeweils komplexere Szene dramaturgisch zu integrieren. Solches zeigt sich vor allem in den Bühnenversionen von *Singin' in the Rain*, die als Stage-Version letztlich nicht funktionieren[5]; im Film dagegen war es neben der visuell aufwendigen Inszenierung vor allem die intelligente Instrumentation des Teams um Conrad Salinger[6], die den Songs aus *Singin' in the Rain* ein mehr musicalspezifisches Gewicht verleiht (auch in Ergänzung der neu komponierten Songs). Im Folgenden werden exemplarisch drei Songs, *Broadway Rhythm*, *Good Morning* und *Singin' in the Rain* in Bezug auf die dramaturgisch jeweils unterschiedliche Situation der Vorläufermusicals sowie auf formale Aspekte der Vertonung besprochen, ferner die beiden neu komponierten Songs *Moses* und *Make 'em laugh*.

Broadway Rhythm

Der MGM-Musicalfilm *Broadway Melody of 1936* enthält gleich fünf der Songs aus *Singin' in the Rain*: *Broadway Rhythm* (1935) / *You Are My Lucky Star* (1935) / *Broadway Melody* (1929) / *I've Got a Feelin' You're Foolin'* (1935) / *All I Do Is Dream Of You* (1934) – in der Zusammenarbeit von Arthur Freed und Herb Nas-

---

has feebly fleshed out into a mother-daughter comedy-drama. As theater, *Mamma Mia!* is forgettable. As a delivery system for pop-culture nostalgia, it's ruthless.« Zitiert nach: http://www.timeout.com/newyork/theater/mamma-mia-1 (Stand: 11. Januar 2013).

5   Vgl. dazu im Überblick das Referat von Wolfgang Jansen, »*Singin' in the Rain* auf der Bühne. Zur internationalen Rezeption des Musicals«, dort: »Aus der Zeit gefallen«, S. 97-100.

6   Alexander Courage (1919–2008), Robert Franklyn (1918–1980), Wally Heglin (1904–1972), Skip Martin (1916–1976), Maurice de Packh (1896–1960), Ferner Jeff Alexander (1910–1989), Musik- und Vokalarrangements.

cio Brown. Auch in diesem Stück geht es um die Entstehung eines Broadway-Musicals, dessen Finanzierung nur dadurch gewährleistet werden kann, indem der Produzent Robert »Bob« Gordon von einer jungen Witwe Lilian Brent ein Darlehen erhält unter der Bedingung, dass sie die Hauprolle als Tänzerin erhält. Ihre Gegenspieler sind dabei der Zeitungsreporter Bert Keeler und Irene Foster (gespielt von Jack Benny und Eleanor Powell), eine ehemalige Mitschülerin Gordons, die dann nach diversen Ränkeleien schließlich die Hauptrolle zugesprochen bekommt. Der Film erhielt 1936 einen Oscar für die beste Tanzregie (für den Choreographen Dave Gould), den Gesangspart von Eleanor Powell übernahm Marjorie Lane, Robert Taylor spielte den Part von Robert Gordon.

Im Vergleich beider Musicals, *Broadway Melody of 1936* und *Singin' in the Rain*, ist der Song *Broadway Rhythm* jeweils Teil einer großangelegten ›song- and dance-scene‹ mit entsprechend anspruchsvollen Tanz-Szenen, die mit dem Intro »Got ta dance!« emphatisch eingeleitet wird. Darauf folgt der Refrain, der die Idee von ›Rhythmus‹ verbindet mit Synkopen und einem Reduzieren der Melodie auf eine Note – in der Art vergleichbarer Melodien wie der berühmten ›One-Note-Samba‹[7] von Antonio Carlos Jobim; diese Spannung entlädt sich dann in dem Aufschwung der vier Achtelnoten bei »Everybody dance!«, wobei der viertaktige Liegeton (bei »dance!« in der Wiederholung auf d'') in seiner melodischen Reduktion dem Beginn des Refrains entspricht. Eine für die Choreographie im Ganzen also sehr dankbare Musik, die mit ihren verschiedenen gestischen Charakteren (Synkopen, Achtelaufgang und übergebundener Liegeton) Raum schafft für zahlreiche choreographische Umsetzungen (vgl. Notenbeispiel 1). Dieses zeigt auch die Fortsetzung des Songs bei »Out on the Gay White Way«, die erneut die Idee von Spannung generierenden Synkopen aufgreift und den Verlauf zugleich dadurch parodiert, indem sich die absteigende Sequenz in den sieben Takten gleichsam ›verliert‹ und so die Textzeile »taking your breath away with a« musikalisch tonmalerisch unterstreicht – metrische ›Ordnung‹ (sprich Atem) wird erst wieder erreicht, wenn der Refrain neuerlich einsetzt. Der darauf folgende B-Teil bei »Oh, that Broadway rhythm« greift vor allem die Idee des übergebundenen Liegetones auf und stellt in seinem mediantisch dubitativen Gestus ein Gegenstück zu dem emphatisch (diatonischen) »Got ta dance!« dar, mit dem es die absteigende Intervallik (d''-a'-g' zu b'-as'-f') teilt. Im Schlussteil des Songs bei »When I hear that happy beat« werden erneut Motive aus dem vorhergehenden Verlauf (»Out on the Gay White Way«) verwendet und leiten zum Refrain zurück.

---

7   Auch mit einer lang anhaltenden Tradition in der europäischen Kunstmusik von Henry Purcells *Henry Purcell, Fantazia upon one Note* bis hin zu *Il penseroso* aus Franz Liszts *Années de pèlerinage.*

Notenbeispiel 1, *Broadway Rhythm*[8], Synkopen + Achtelaufgang + Liegeton

In beiden Filmen dient *Broadway Rhythm* als Grundlage für eine große ›song-
and dance-scene‹, die den Protagonisten Gene Kelly in *Singin' in the Rain* und
Eleanor Powell in *Broadway Melody of 1936* Gelegenheit gibt, sich als Solotänzer
zu profilieren. Und in beiden Fällen ist interessant, wie die jeweilige Bearbeitung
den Song als Grundlage für eine größere Szene mehrfach variiert und durch zahlreiche Finessen der Instrumentation abwechselungsreich gestaltet.

Good Morning

Die Verfilmung des Musical-Klassikers *Babes in Arms* von Richard Rodgers and
Lorenz Hart (1937) brachte 1939 mit dem jugendlichen Traumpaar Judy Garland
und Mickey Rooney für Arthur Freed seinen ersten durchschlagenden Erfolg ei-

---

8　*Singin' in the Rain. Basierend auf dem MGM-Film.* Piano-Conductor. [Klavierauszug, Leihmaterial o. D.] Music Theatre Int., New York.

nes Filmmusicals. In seinen dramaturgischen Komponenten ist dieser Film *Singin' in the Rain* durchaus ähnlich: Hintergrund ist, dass das Vaudeville-Theater durch den aufkommenden Tonfilm in kommerzielle Bedrängnis gerät, wodurch die Vaudeville-Darsteller Joe and Florrie Moran gezwungen sind, auf Tour zu gehen und dabei ihren Sohn Mickey zurückzulassen, der selber schon ein angehender Songwriter ist. Aus dieser Situation heraus entwickelt sich dann das weitere Geschehen, indem die Kinder auch anderer Vaudeville-Darsteller alles daran setzen, eine eigene Show auf die Beine zu stellen. Wie in *Singin' in the Rain* hat dabei die weibliche Hauptrolle (Judy Garland als Patsy Barton) auch mit einer Rivalin zu kämpfen, June Preisser (als Baby Rosalie Essex), die anstelle von Garland die Rolle in der Kinder-Show übernehmen soll und erst in letzter Sekunde durch Garland ersetzt wird. Zudem vermittelt *Babes in Arms* einen ebenso stark kompilatorischen Eindruck wie *Singin' in the Rain*, indem von dem ursprünglichen Broadwaymusical nur zwei Songs übernommen wurden, *Babes in Arms* und *Where or When*. So wurde der spätere Jazz-Klassiker schlechthin, *The Lady Is a Tramp*, als eigenständiger Song einfach ausgespart und taucht nur als Hintergrundmusik in der zwölften Szene, *Dinner with Rosalie*, auf (auf *My Funny Valentine* wurde sogar vollständig verzichtet!). Der Grund dafür liegt wohl sicherlich darin, dass diese Songs für das stilisierte Teenagerpaar Garland/Rooney als »too sophisticated for the teens«[9] galten. Ebenso entschieden sich Arthur Freed und Roger Edens als der verantwortliche MGM-Musicalleiter für die Lösung, das große Finale mit zwei Songs von Harold Arlen und E.Y. Harburg zu gestalten, *Let's Take a Walk* und *God's Country*. In *Babes in Arms* ist *Good morning* ein von Freed und Brown neu komponierter Charm-Song, den Garland (als Patsy Barton) und Ronney (als Mickey Moran) als Begleiter vortragen, um einen Produzenten für sich einzunehmen, der den Song dann auch für 100 Dollar kauft. Im Unterschied dazu die Situation in *Singin' in the Rain*: Die drei Protagonisten Gene Kelly, Debby Reynolds und Donald O'Connor entwickeln in einer mitternächtlichen Krisensitzung den Plan, wie man den Stummfilm *Duelling Cavaliers* doch noch als Tonfilm retten kann, indem man ihn zu einem Musicalfilm verwandelt. Wie in *Babes in Arms* verkörpert *Good morning* auch in *Singin' in the Rain* eine emphatische Aufbruchsstimmung der Protagonisten, die sich in einer weiteren, für *Singin' in the Rain* berühmten Tanz-Szene entlädt (später wurde der Song auch noch in dem Film *Mr.&Mrs. North* von 1942 verwendet, die dortige Inszenierung des Songs war bisher nicht zu eruieren).

In formaler Hinsicht verkörpert *Good morning* erneut einen analytischen Modellfall aus melodischer Eingängigkeit, bei einer gleichzeitigen strukturellen Unscheinbarkeit des Notentextes. Wie bei *Singin' in the Rain* (s.u.) hält auch hier ei-

---

9   Fricke, John: *Booklet Text*, Mickey Rooney & Judy Garland Collection 2007. Bonus DVD, S. 15.

ne Art Klangfeld den Song zusammen, wobei die Achse f'-d"-b' unterschiedlich metrisch adressiert wird (auf- und abtaktig, vgl. Notenbeispiel 2).

Notenbeispiel 2, *Good morning*[10]

Die unscheinbare Korrespondenz setzt sich dann in der Textzeile »Good Morning, good morning to you!« fort, die den Rhythmus aus dem Beginn des Refrains mit der nunmehr modifizierten Klangachse f'-c"-a' verbindet. Im Sinne der oben geschilderten Problematik ist *Good morning* ein Charm-Song, der in *Babes in Arms* eher als bloße Folie dient, das Teenagerpaar Garland/Rooney eingangs des Films frühzeitig zu präsentieren und auch durch einen beliebigen anderen Charm-Song hätte ersetzt werden können. Im Unterschied dazu erweist sich *Good morning* in *Singin' in the Rain* als eine dramaturgisch sehr viel ansprechendere Szene, die in der Metapher einer Begrüßung des anbrechenden neuen Tages die drei Protagonisten Gene Kelly, Debby Reynolds und Donald O'Connor in ei-

---

10 *Singin' in the Rain. Basierend auf dem MGM-Film.* Piano-Conductor. [Klavierauszug, Leihmaterial o. D.] Music Theatre Int., New York.

ner groß angelegten Song-and-Dance-Szene zeigen. Zugleich liefert *Good morning* in einzelnen melodischen Bausteinen auch ein bezeichnendes Beispiel für eine (nicht nur für den Broadway) spezifische Idiomatik, wenn etwa der B-Teil »When the band began to play« schlicht identisch ist mit dem Anfang von Gershwins *Tea for Two*, ohne dass hier jemand ein vergleichbares Plagiat moniert hätte wie bei *Make 'em laugh* zu Cole Porters *Be a Clown* (s.u.).

Singin' in the Rain

Nach *Over the Rainbow* and *As Times Goes By* steht *Singin' in the Rain* auf Platz drei des Rankings der 100 besten Filmsongs des American Film Institute[11] (weitere Songs aus *Singin' in the Rain*, die es auf diese Liste geschafft haben, sind: *Make 'em laugh*, Platz 49, und *Good Morning*, Platz 72) – eine Reputation, die sich nicht nur der musikalischen Qualität des Songs verdankt, sondern auch aus der Verbindung zur Präsentation einer enigmatischen Tanz-Szene (Gene Kelly) und kongenialer Instrumentation (Team um Conrad Salinger, s.o.) resultiert. Ein wesentlicher Eingriff in den Song stellt hier schon das sehr viel verhaltenere Tempo dar, besonders im Vergleich zu der früheren Aufnahme von ›Ukulele Ike‹ alias Cliff Edwards und den Brox Sisters aus dem Film *Hollywood Revue of 1929*. Dieser entpuppt sich als eine Folge von Varieté-Nummern, die in keiner inneren dramaturgischen Verbindung stehen, wie die Übersicht zum zweiten Akt verdeutlicht:

Tabelle: *Hollywood Revue of 1929*, 2. Akt

The Pearl Ballet, James Burrows (Gesang), Beth Laemmle und das Albertina Rasch Ballett (Tanz)
The Dance of the Sea, Buster Keaton (ein Unterwassertanz)
Lon Chaney's Gonna Get You If You Don't Watch Out, Gus Edwards (Gesang)
The Adagio Dance, Natova Company
Romeo and Juliet, John Gilbert und Norma Shearer
Singin' in the Rain, eingeleitet von Cliff Edwards und den Brox Sisters
Charlie, Gus, and Ike, Charles King, Gus Edwards und Cliff Edward
Marie, Polly and Bess, Marie Dressler, Polly Moran und Bessie Love
Orange Blossom Time, Charles King (Gesang) und das Albertina Rasch Ballett
Singin' in the Rain, Finale, gesamtes Ensemble

---

11 http://www.afi.com/100Years/songs.aspx (Stand: 11. Januar 2013).

Dieser beliebig anmutende Reihungscharakter einzelner dramaturgisch nicht zusammengehörender Songs ist auch symptomatisch für die weitere Verwendung von *Singin' in the Rain* in zahllosen MGM-Filmen (bzw. in Filmen anderer Studios): Ursprünglich geschrieben für die Bühnenshow *The Hollywood Music Box Music* in Los Angelos von 1927, wobei einige Textpassagen aus einem früheren Song Freeds mit Abel Baer (*The Sun is in My Heart*) und dem Auftritt in *Hollywood Revue of 1929* übernommen wurden, wurde der Song 1930 gleich in fünf MGM-Filmen verwendet: *The Divorce, The Girl said No, The Ship from Shanghai, The Woman Racket* und *The Dogway Melody*; 1932 in drei MGM-Filmen: *Speak Easily*[12], *The Old Dark House* und *Skyscraper Souls*. Weitere Filme, auch die anderer Studios, waren: *Idiot's Delight* (1939), *Dulcy* (1940), *Little Nellie Kelly*[13] (1940), *Maisie Gets Her Man* (1942)[14]; RKO's[15] *Unexpected Uncle* (1941), Paramount's *Happy Go Lucky* (1943) und Universal's *Hi Beautiful* (1944).

In Gegensatz zu diesen Filmen scheint sich das Potential von *Singin' in the Rain* überhaupt erst in der vorliegenden Version zu erschließen, indem hier im triolisch wiegenden wie verhaltenen Duktus der Instrumentation so eine neue, reflektierende wie vertiefende Dimension eines Lovesongs vorliegt, die in den frühen MGM- und anderen Filmversionen fehlt. Dazu trägt auch ganz wesentlich das neu komponierte Intro bei, mit der kongenialen Textzeile »Doo-dee doot doo« (hier zeigt sich zugleich auch eine klassische Coversituation, wobei erst eine spätere Bearbeitung einen Song zu einem Klassiker gemacht hat[16], vgl. Notenbeispiel 3):

---

12 Vgl. http://www.youtube.com/watch?v=F653GgOBSZw (Stand: 1. Juli 2013), dort 0:37.01 ff.

13 Vgl. http://www.youtube.com/watch?v=wQDrBJwYqm0 (Stand: 1. Juli 2013), dort 1:23 ff.

14 Hess, Earl J. & Dabholkar, Pratibha A.: *Singin' in the Rain. The Making Of An American Masterpiece*. University Press of Kansas 2009, S. 124.

15 Radio-Keith-Orpheum Pictures Inc.

16 Vgl. dazu auch den Beitrag des Verfassers, *Von Richard Chamberlain zu den Carpenters: Wie They Long To Be Close To You ein Hit wurde – alles nur Strategien unterschiedlicher Soundkonzepte?* In: ders. (Hg.): *Coverstrategien in der Popularmusik nach 1960* (=klangreden Bd. 11). Rombach: Freiburg u.a. 2013, S. 147–163, hier: S. 154, das von Richard Carpenter neu komponierte Intro zu *(They Long to Be) Close to You*.

Notenbeispiel 3, *Singin' in the Rain*[17], neu komponiertes Intro

Notenbeispiel 4, *Singin' in the Rain*[18], Refrain

Diese wird als begleitender ›Klang-Teppich‹ im Refrain durchgängig beibehalten, wobei erneut ein Klangfeld (d''-h'-g'-e') metrisch unterschiedliche Textteile und Motive zusammenhält. Nach der symmetrischen Entsprechung der Textzeilen »I'm singin' in the Rain« zu »just singin' in the Rain« variiert das nachfolgende »What a glorious feeling« die Textzeile »just singin' in the Rain«, ebenso wie die

---

17 *Singin' in the Rain. Basierend auf dem MGM-Film.* Piano-Conductor. [Klavierauszug, Leihmaterial o. D.] Music Theatre Int., New York.

18 *Singin' in the Rain. Basierend auf dem MGM-Film.* Piano-Conductor. [Klavierauszug, Leihmaterial o. D.] Music Theatre Int., New York.

Textzeile »I'm happy again« eine Modifikation von »I'm singin' in the Rain« darstellt (also die formale Lesart: A-B-B'-A' bedient). Gegenüber dem eingängigen Refrain mutet der B-Teil etwas unscheinbar wie routiniert unambitioniert an und zeigt die von Herb Nacio Brown öfters verwendete melodische Pendelfiguration am Ende einer melodischen Phrase.

Moses

In der Kombination aus dramaturgisch stimmiger Einbettung, virtuosem Sprachwitz und kongenialer Choreographie sticht der Comedysong *Moses* in *Singin' in the Rain* besonders hervor. Zu der Musik von Roger Edens haben hier Betty Comdon und Adolph Green ein weiteres Meisterstück ihres literarisch einfühlsamen wie zugleich ironisch motivierten Schreibstils abgeliefert, wobei mehrere Versionen zu der Entstehungs- bzw. Vorgeschichte des Songs überliefert sind: Eine Verbindung bezieht sich dabei auf den Sprachunterricht von George Abbott für John Mariani anlässlich der Bühnenversion von *On the Town*; eine direkte Vorlage soll ferner der alte ›College‹-Song *Old Man Moses* von David Hume (1887) darstellen, vor allem in seinem Sprachspiel:[19]

> Old Man Moses, he sells posies,
> all he knows is the prices of roses.
> Old Man Moses, he sells posies,
> Red as a rose is, Moses' nose is.
>
> Old Man Moses now reposes
> where the roses deck his toes-es.[20]

Unbeschadet dieser weiteren Plagiatsdebatte karikiert der Text in *Moses* all jene ›Zungenbrecher‹-Übungen, die Nonsenseworte zur Übung einer verbesserten Artikulation und Aussprache benutzen, wie schon die Nonsensezeile: »Moses supposes his toeses are roses« anschaulich demonstriert. Grundlage ist dabei eine jeweils zweitaktige Kadenzformel (T-Tp-DD^7-D), die wie in einer Dauerschleife endlos fortgesetzt werden könnte. Auf die Spitze getrieben wird diese Dekonstruktion schließlich am Ende des mediantischen B-Teils – mit dem lapidaren Eingeständnis, dass sich die Worte inhaltlich vor allem des Reimes wegen verdanken:

---

19 Hess & Dabholkar: *Singin' in the Rain*, S. 72.

20 Ebd. Vgl. dazu auch die weitere Einschätzung: »It is quite possible that Comden and Green had no knowledge oft he Hume song, having become familiar with a variant o fit through the auspices of George Abbott«, ebd., S. 72f.

A Moses supposes, supposes his toeses
Couldn't be a lily or a daffy daffidilly.
It's got to be a rose,
'cause it rhymes with ›Mose‹.

Ein weiterer gelungener musikalischer wie szenischer Witz ist dabei die wieder-holte Beschwörung des Namens »Moses«, die mit Akkordblöcken in Halbenoten und der Quarte etwas ›Gesetzhaftes‹ wie ›Statuarisches‹ beschwört – wie aus ei-nem überzogen anmutenden Hollywood-Kostümfilm wie *Die Zehn Gebote* mit Charlton Heston in der Rolle des Moses, der allerdings erst 1956 in die Kinos kam. In der Tanz-Szene in *Singin' in the Rain* spielen Gene Kelly und Donald O'Connor auch dadurch mit diesem Genre, indem sie die Vorhänge als stilisierte ›Wüsten‹-Verkleidung verwenden, während sie den sichtlich überforderten Sprachlehrer (herausragend gespielt von Bobby Watson) komplett mit Papier und großen Teilen der Zimmereinrichtung vollständig überschütten. Zugleich wird an dieser Tanz-Szene auch die Differenz zu einer bühnentauglichen Version dieses Musicals deutlich: In der aktuellen Inszenierung in London (2011–2013) agiert der Tanzlehrer hier weniger als ›Opfer‹, sondern als gleichberechtigter Tanzpartner von Adam Cooper (als Don Lockwood) und Stephane Anelli (als Cosmo Brown) – dadurch fehlt dieser Szene die Ironie und Boshaftigkeit gegen-über dem ›Akademischen‹ des Films und das Ganze wirkt eher wie eine die Mu-sik begleitende Tanzeinlage und nicht mehr.

Make 'em laugh

Nachdem Donald O'Connor endgültig anstelle von Oscar Levant in *Singin' in the Rain* ausgewählt worden war, entstand die Idee, für ihn speziell einen neuen Song zu schreiben: »Kelly and Donen wanted something snappy and funny as a chee-ring-up song, something like ›Be a Clown‹.«[21] Das *Make 'em laugh* dabei aber zu einem (vermeintlichen) Plagiat von Cole Porters *Be a Clown*, komponiert für den Film *The Pirate* von 1948, geriet, war wohl weniger beabsichtigt: »Donen […] sta-ting that it was ›100-percent plagiarism, and partly we are to blame. None of us had the courage to say to him, ›For Christ's sake, it obviously works for the num-ber, but it's a stolen song, Arthur‹.«[22] Cole Porter selber hat nie irgendwelche Re-gressansprüche gestellt und so gehen bis heute die Meinungen weit auseinander, wie man diesen Song zu bewerten hat, wie auch die folgende Einschätzung von Rudy Behlmer (1982) verdeutlicht: »No one has ever discovered whether this was an amazing coincidence, a private joke between songwriters, or an innocent and

---

21 Ebd., S. 71.
22 Ebd., S. 72.

amusing pastiche.«[23] In Bezug auf eine Plagiatsdebatte greift *Make 'em laugh* lediglich den Anfangsgestus von *Be a Clown* auf und mutet im Ganzen betrachtet mehr auf den ›Punkt‹ komponiert zu sein an.[24] Solches verdeutlichen auch die stimmigen Fortsetzungen bei »My dad said« und »Oh, you could study Shakespeare and be quite elite«, wobei die zuletzt zitierte Textzeile in Verdacht geraten könnte, ein »private joke between songwriters« (s.o.) zu sein – in Bezug auf Cole Porters *Brush up Your Shakespeare* aus dessen Erfolgsmusical von 1948, *Kiss me Kate.*

In seiner melodischen Gestaltung ist *Make 'em laugh* ein Beispiel für all jene Songs, die in ihren melodischen Zieltönen gegenüber den Stammstufen 1-3-5 (Grundton-Terz-Quinte) die nächsthöhere Sekunde bedienen (etwa die Sexte statt der Quinte oder die Sekunde statt des Grundtons wie im vorliegenden Fall bei den Worten: »Make« und »laugh«). Dieses führt dann zu einer Harmonik mit mehr ›schwebendem‹ Charakter, wenn, wie im vorliegenden Fall, die ganze Zeit die Tonika F-Dur durchgehalten wird. Eine klangliche Schattierung, die dem Song etwas Verhaltenes gibt und – boshaft auf das Cole-Porter-Plagiat bezogen – auch gut zu der Melancholie eines Clowns passen würde. Die Melodik weist in ihrem Refrain so einen latent durchgehenden Vorhaltscharakter zu den Grundstufen des Tonikaakkordes auf, wobei man hier auch von einer durchgehenden ›Klangfläche‹ sprechen könnte, mit Sixte-ajoute- bzw. Sekundstufen in den Zieltönen. Dieses verleiht dem Song, bei aller Motorik und extrovertierter Haltung eines Comedysongs, auch ein Stück weit eine Poesie und Mehrdeutigkeit.

***

Bei aller Wertschätzung und Respekt gegenüber ihrer beider Lebensleistungen: Arthur Freed und Herb Nascio Brown haben als Autorenpaar insgesamt eher Songs mit austauschbarem Vaudeville- bzw. Revue-Charakter geschrieben – und keine dramaturgisch vielschichtigen Musicalsongs wie eben *My Funny Valentine* oder *The Lady is a Tramp*, die auf eine herausfordernde Handlung abzustimmen waren; ebenso haben sie auch kein ›klassisches Musical‹ komponiert, wie Freed diese als Produzent in den Musicalfilmen bei MGM betreut hat: *The Wizard of Oz* (1939), *Annie get your Gun* (1950), *An American in Paris* und *Show Boat* (1951), *Brigadoon* (1954) oder *Gigi* (1958). Das *Singin' in the Rain* hierbei dennoch die Ausnahme darstellt und zu ›dem‹ amerikanischen Filmmusical schlechthin geriet, lag vor allem an der Fähigkeit von Arthur Freed, gute Leute an

---

23 Zitiert nach ebd.

24 Auch die folgende Diskussion unterstützte die Einschätzung, dass nach aktuellen Plagiatsregeln *Make 'em laugh* nicht als »100-percent plagiarism« aufzufassen wäre.

sich zu binden, zu fördern und zu motivieren.[25] Vor allem ist es dem kongenialen Skript von Comden und Green, in Verbindung mit der klugen Regiearbeit von Gene Kelly und Stanley Donen und der musikalisch einfühlsamen Orchestrierung des Teams um Conrad Salinger[26] zu verdanken, dass die zum Teil recht beliebige Revue- bzw. austauschbare MGM-Musikfilmsphäre solcher Songs wie *Broadway Rhtyhm* oder *Singin' in the Rain* in diesem Stück gut in eine echte Handlung integriert worden ist. Das betrifft auch jene wenig dramaturgisch fundierten Songs wie *Beautiful Girls*, das in einer mehr als seichten Handlung solcher tendentiellen ›Plotless‹-Filmmusicals wie *Going Hollywood* von 1933 auch eher als austauschbar anmutet. Man könnte in diesem Zusammenhang sogar darüber spekulieren, ob es *Singin' in the Rain* nicht auch gut getan hätte, wäre neben *Moses* und *Make 'em laugh* noch der eine oder andere Song neu komponiert worden (wie im gelungenen Fall gerade bei *Moses* zu sehen, der die Handlung witzig und intelligent zugleich bereichert)? Arthur Freed war sicherlich kein Lyriker vom Format eines Alan Jay Lerner, Oscar Hammerstein II oder eines Edgar Y. Harburgs, genauso wie Herb Nascio Brown nicht mit Musicalkomponisten wie Frederick Loewe, Richard Rodgers oder Harold Arlen auf gleicher Stufe steht. Auch von hier aus betrachtet verdankt sich die Reputation von *Singin' in the Rain* der Zusammenarbeit aus Musik, Tanz und Story – eben ein »american masterpiece«, welches hohe und zum Teil wohl auch unüberwindbare Maßstäbe für das Genre ›Filmmusical‹ gesetzt hat.

---

25 Vgl. dazu auch den Beitrag von Frédéric Döhl, »From Arthur Freed Down«: Über den Produzenten als Teil kooperativer Autorschaft im amerikanischen Musical am Beispiel der »Arthur Freed Unit«, dort: »Zu Freeds Talent für Talente«, S. 60–65.

26 Bzw. seinem Team, vgl. Anm. 6. Conrad Salinger (1901–1962) orchestrierte die meisten der berühmten MGM-Musicalverfilmungen wie *An American in Paris* (1951), *Annie Get Your Gun* (1952) oder *Kiss Me Kate* (1954).

Die Autorinnen und Autoren

Joachim Brügge, Ao.Univ.-Professor für Musikwissenschaft an der Universität Mozarteum Salzburg. Seine Forschungsschwerpunkte sind: Musik des 18.–20. Jahrhunderts, u.a. Wiener Klassik (u.a. W. A. Mozart), Instrumentalmusik des 19. und frühen 20. Jahrhunderts (u.a. J. Sibelius) u. Neue Musik nach 1975 (u.a. W. Rihm), Rezeptionsforschung in Verbindung zu analytisch-hermeneutischen Fragestellungen und wissenschaftstheoretische Fragestellungen zum musikwissenschaftlichen Methodendiskurs (Kanondebatte, Intertextualität, postmoderne Theorien u. a.), Popularmusik und amerikanisches Musiktheater (Broadway).

Frédéric Döhl, Dr. phil., Ass. iur., ist Musikwissenschaftler und Jurist. Derzeit forscht er als wissenschaftlicher Mitarbeiter am DFG-Sonderforschungsbereich 626 »Ästhetische Erfahrung im Zeichen der Entgrenzung der Künste« der Freien Universität Berlin. Zu seinen Publikationen gehören die Monographien *...that old barbershop sound. Die Entstehung einer Tradition amerikanischer A-cappella-Musik*, Stuttgart 2009, und *André Previn. Musikalische Vielseitigkeit und ästhetische Erfahrung*, Stuttgart 2012, sowie die mitherausgegebenen Sammelbände *Musik bei Ken Russell*, Kiel 2011, *Konturen des Kunstwerks. Zur Frage von Relevanz und Kontingenz*, München 2013, und *Zitieren, Appropriieren, Samplen. Referenzielle Verfahren in den Gegenwartskünsten*, Bielefeld 2014.

Ivana Dragila studierte Musikwissenschaften und Germanistik sowie Populäre Musik und Medien an der Universität Paderborn. Seit November 2010 arbeitet sie als Redakteurin bei dem Branchenmagazin »Musikmarkt« in München und ist dort für den Bereich Live Entertainment mitverantwortlich. Darüber hinaus ist Ivana Dragila Dozentin für den Bereich Musikwissenschaften am Detmolder Jungstudierenden-Institut der Hochschule für Musik Detmold. Sie promoviert derzeit im Fach Musikwissenschaften zum Thema Hollywood- und Broadway-Musicals.

Nils Grosch, Universitätsprofessor für Musikwissenschaft an der Universität Salzburg. Er studierte Musikwissenschaft, Geschichte und Germanistik in Bochum und Freiburg i. Br. Promotion 1997 an der Universität Freiburg mit einer Arbeit über *Die Musik der Neuen Sachlichkeit*. Habilitation 2010 an der Universität Basel mit einer Arbeit über *Lied und Medienwechsel im 16. Jahrhundert*. Seine Forschungsschwerpunkte sind u.a. Exilforschung, Populäres Musiktheater, Musik des 16. und des 20. Jahrhunderts.

Wolfgang Jansen, Theaterwissenschaftler und Kulturmanager. Er studierte Theaterwissenschaft und Germanistik an der Freien Universität Berlin und promovierte in Theaterwissenschaft mit einer Arbeit zur Geschichte des Varietétheaters. Danach: Wissenschaftlicher Mitarbeiter im Bildarchiv der Stiftung Preußischer Kulturbesitz Berlin. Zahlreiche Publikationen zum populären Musiktheater (Revue, Operette, Musical). Lehrtätigkeit in Theaterwissenschaft und Kulturmanagement in Berlin, Düsseldorf, Essen, Hamburg und Hildesheim. Theaterwissenschaftliche Vorträge im In- und Ausland. Gründer des Deutschen Musicalarchivs. Seit 2008 unterrichtet er an der Universität der Künste Berlin Theater- und Musicalgeschichte. Wolfgang Jansen lebt in Berlin. Zu seinen letzten Publikationen gehören u.a. *Cats & Co. Geschichte des Musicals im deutschsprachigen Theater* (2008), und *Zwischen den Stühlen, Remigration und unterhaltendes Musiktheater in den 1950er Jahren* (2012).

Claudia Jeschke, Universitätsprofessorin für Tanzwissenschaft an der Universität Salzburg und Leiterin der dortigen Derra de Moroda Dance Archives. Als Autorin zahlreicher wissenschaftlicher Publikationen beleuchtet sie – als ausgebildete Theaterwissenschaftlerin und Tänzerin – Tanzgeschichten und -theorien vor allem unter bewegungsanalytischen und praxisorientierten Gesichtspunkten (zuletzt: *Interaktion und Rhythmus. Zur Modellierung von Fremdheit im Tanztheater des 19. Jahrhunderts*, 2010). Die Verbindung von Historie, Theorie und Praxis dokumentiert sie außerdem in zahlreichen Re-Konstruktionen zu Tanzphänomenen des 18., 19. und 20. Jahrhunderts.

Olaf Jubin unterrichtet Medienwissenschaften und Musicalgeschichte an der Regent's University London und ist Gastdozent am Goldsmiths College/University of London im Magisterstudiengang Musical Theatre. Er studierte Publizistik- und Kommunikationswissenschaft, Allgemeine und Vergleichende Literaturwissenschaft sowie Theater-, Film- und Fernsehwissenschaft an der Ruhr-Universität Bochum, wo er 2003 mit einer komparativen Analyse von Rezensionen zu den Musicals von Stephen Sondheim und Andrew Lloyd Webber promovierte. Zu seinen weiteren Veröffentlichungen zählen u.a. eine Studie zur Synchronisation bzw. Untertitelung von Hollywoodmusicals für den deutschsprachigen Raum. Er ist Mitbegründer des British Musical Theatre Research Institute und bereitet zurzeit zusammen mit Robert Gordon die Herausgabe des Oxford Handbook of the British Musical vor.

Renaud Lagabrielle, Dr. phil., Senior Lecturer am Institut für Romanistik der Universität Wien. Nach der Promotion 2005 in französischer Literaturwissenschaft (= *Représentations des homosexualités dans le roman français pour la jeunesse*, L'Harmattan 2007), Publikationen zum Themenkomplex (Homo-)Sexualität im zeitgenössischen französischen und französischsprachigen Roman und Film. 2013–2016 APART-Stipendiat der Österreichischen Akademie der Wissenschaften für sein Habilitationsprojekt zum französischen Musikfilm.

Jonas Menze studierte »Populäre Musik und Medien« an der Universität Paderborn und »Medien und Musik« an der Hochschule für Musik, Theater und Medien Hannover. Seit 2008 hat er als freier Mitarbeiter an diversen Musicalproduktionen mitgewirkt. Er ist Stipendiat der Österreichischen Akademie der Wissenschaften (DOC) im Fachbereich Kunst-, Musik- und Tanzwissenschaft der Universität Salzburg und promoviert zu den konstituierenden Rahmenbedingungen des Musicals im deutschsprachigen Raum.

Ralph J. Poole, Professor für Amerikanistische Literatur- und Kulturwissenschaft an der Universität Salzburg. Seine Forschungsschwerpunkte liegen im Bereich der transkulturellen und transatlantischen Amerikanistik, des Films, Fernsehens und Theaters, der *Gender/Queer Studies* und der Populärkultur. Veröffentlichungen u.a.: *Gefährliche Maskulinitäten: Ein subversiver Blick auf Männlichkeit am Rande der Kulturen* (2012); *Performing Bodies: Überschreitungen der Geschlechtergrenzen im Theater der Avantgarde* (1996).

Populäre Kultur und Musik, Band 10

Jan Bäumer

The Sound of a City?

New York und Bebop
1941–1949

2014, 384 Seiten, br., 39,90 €,
ISBN 978-3-8309-2963-5
E-Book: 35,99 €, ISBN 978-3-8309-7963-0

New York in den 1940ern: Während des Zweiten Weltkriegs entsteht innerhalb der pulsierenden Metropole mit Bebop die wohl kontroverseste und vielleicht einflussreichste Stilistik der Jazzgeschichte. Eine Musik, deren Zerrissenheit und Brüchigkeit, irrsinnige Tempi und dissonante Tonsprache eine Zeit zu spiegeln scheinen, die aus den Fugen geraten war. Ist Bebop in seiner Komplexität der musikalische Ausdruck einer ganz bestimmten New Yorker Stadterfahrung?

Das Buch widmet sich den Zusammenhängen von Musik und Stadt. Konkret wird untersucht, welche Rolle New York bei der Entstehung und Entwicklung von Bebop gespielt hat. Ökonomische, politische und stadtgeographische Faktoren werden mit musikalischer Analyse verbunden – die ortsgebundene Betrachtung der Stilentwicklung versucht letztlich auch eine Antwort auf die Frage: Ist Bebop der Sound New Yorks in den 1940ern?

Michael Fischer

Religion, Nation, Krieg

Der Lutherchoral
„Ein feste Burg ist unser Gott"
zwischen Befreiungskriegen
und Erstem Weltkrieg

2014, 350 Seiten, br., 34,90 €,
ISBN 978-3-8309-2901-7
E-Book: 30,99 €, ISBN 978-3-8309-7901-2

Diese Studie beschäftigt sich mit dem Choral „Ein feste Burg ist unser Gott", der zu den wirkmächtigsten Gesängen der deutschen Geschichte zählt. Von Martin Luther im 16. Jahrhundert als Glaubens- und Vertrauenslied gedichtet, erfuhr der Choral schon bald eine religionspolitische Aufladung. Bereits in der Frühen Neuzeit wurde er als konfessionelles Bekenntnis verstanden und entwickelte sich so zu einem „Identitätssignal des Protestantismus". Seit dem frühen 19. Jahrhundert traten nationale und bellizistische Interpretationen hinzu, die im Ersten Weltkrieg ihren Höhepunkt erreichten.

Zunächst wird in der vorliegenden Untersuchung die Entwicklung nachgezeichnet, welche die propagandistische Verwendung des „Lutherliedes" im Ersten Weltkrieg überhaupt erst ermöglicht hat. Wichtige Schlüsselereignisse sind in diesem Zusammenhang die antinapoleonischen Kriege und das Wartburgfest von 1817, die Errichtung des Wormser Lutherdenkmals 1868 sowie die Reichsgründung 1870/1871. Den Schwerpunkt bildet sodann der nationalreligiöse Gebrauch – und Missbrauch – des Chorals zwischen 1914 und 1918. Anhand zeitgenössischer Quellen wie Predigten, Erbauungsliteratur, Liedpostkarten und Lyrik wird den Leserinnen und Lesern die ideologische Indienstnahme des Kirchenliedes vor Augen geführt.

Der Band richtet sich an Historiker, Germanisten und Theologen sowie alle an der Kultur- und Religionsgeschichte Interessierten.